日本語読解

일본어뱅크 독해 3

메구로 마코토 지음

동양books

일본어뱅크 **독해 3**

초판 인쇄 | 2014년 5월 5일
초판 발행 | 2014년 5월 10일

지은이 | 메구로 마코토
발행인 | 김태웅
총괄 | 권혁주
책임 편집 | 조혜연, 하시모토 나나에
편집 | 김소영
디자인 | 차경숙
마케팅 | 서재욱, 김홍태, 정상석, 장영임,
김귀찬, 왕성석, 김철영
관리 | 김훈희, 이국희, 김승훈, 최국호
제작 | 현대순

발행처 | 동양북스
등록 | 제 10-806호(1993년 4월 3일)
주소 | 서울시 마포구 동교로 22길 12 (121-842)
전화 | (02)337-1737
팩스 | (02)334-6624
웹사이트 | http://www.dongyangbooks.com

ISBN 978-89-98914-01-1 14730
ISBN 978-89-8300-905-0 14730 (세트)

이 도서의 국립중앙도서관 출판시도서목록(CIP)은 서지정보유통지원시스템 홈페이지(http://seoji.go.kr)와 국가자료공동목록시스템(http://www.nl.go.kr/kolisnet)에서 이용하실 수 있습니다.
(CIP제어번호:CIP2014010079)

머리말

이 교재는 이문화(異文化) 이해를 위한 시리즈 중 하나입니다. 앞서 출간된 일본어뱅크 독해1, 2와 같은 문화시리즈의 독해 교재를 만들었습니다만, 모두 전달되지 못한 점이 있습니다. 그것은 한마디로 '일본인의 마음의 세계입니다.' 기술은 진보하고 생활양식도 커다란 변화를 맞고 있지만 '희로애락', '애증'이라는 사람의 마음 세계는 그다지 변하지 않은 것 같습니다.

옛부터 전해 내려온 일본의 민화는 메이지 시대 국정교과서에 실려 있던 당시보다 크게 변했습니다. 잔혹한 장면과 복수하는 장면 등이 삭제되고, 상냥하지만 강한 주인공, 악한 사람도 마지막에는 반성하고 착한 사람이 된다는 단조로운 형태의 동화처럼 바뀌었습니다.

여기서 다룬 '민화15선'은 현재 시판되고 있는 동화집과는 조금 내용이 다를지도 모르겠습니다. 이유는 「今昔物語《こんじゃくものがたり》(곤쟈쿠 이야기)」와 「御伽草子《おとぎぞうし》(오토기조시)」, 「日本諸国物語《にっぽんしょこくものがたり》(일본제국 이야기)」, 「風土記《ふどき》(풍토기)」 등의 고전을 참고로 해서 될 수 있는 한 여러분들에게 메이지 시대 이전의 오래된 이야기를 소개하고 싶었기 때문입니다.

이들 작품을 읽어 오신 분들은 '우리나라에도 비슷한 설화가 있다'고 생각하실지도 모르겠습니다. 그것은 아마도 고대 실크로드를 거쳐 세계에서 중국 · 한반도로부터 전해져 온 많은 이야기가 일본의 풍토 속에 융합되면서 민화로 다시 태어났기 때문이라고 생각됩니다.

그럼, 여러분 나라의 민화와 비교하면서 일본의 민화를 읽어 보세요. 민화 속에는 일본인의 마음의 세계와 풍경이 살아 있습니다.

메구로 마코토

일러두기

해설

민화가 전해진 지역과 시대 그리고 줄거리를 정리하였습니다. (MP3 무료 다운로드 및 낱말 해석)

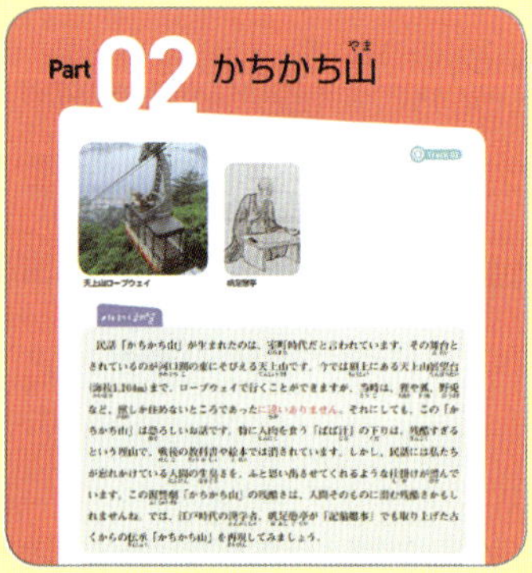

본문

너무 무섭고 잔혹하다는 이유로 현대인에게는 미화(美化)해서 읽히고 있는 일본 민화를 있는 그대로 엮었으며, 높은 수준의 내용은 독해력을 높이는 데 큰 도움이 될 것입니다. (MP3 무료 다운로드 및 낱말 해석)

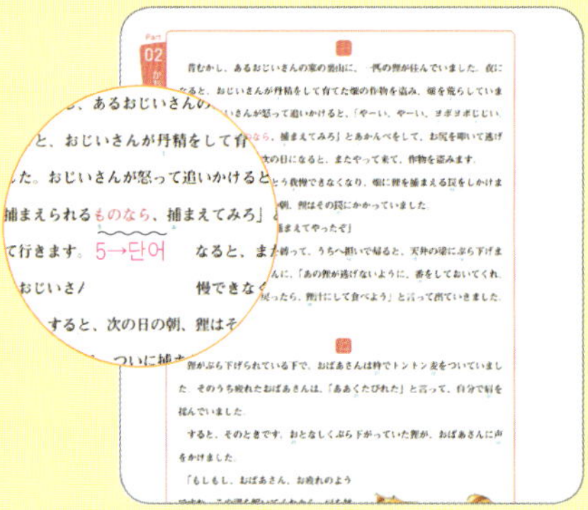

낱말과 표현

뜻이 어렵고 혼동되기 쉬운 낱말을 정리하였을 뿐만 아니라 각각 번호를 붙여 찾기 쉽게 표시하였기 때문에 학습시간 단축에 큰 도움이 될 것입니다.

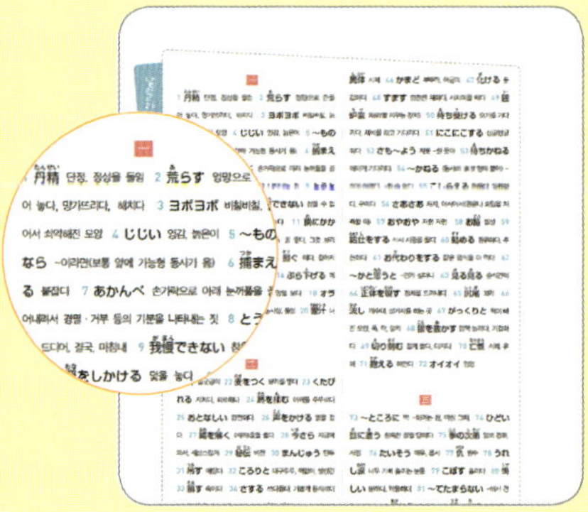

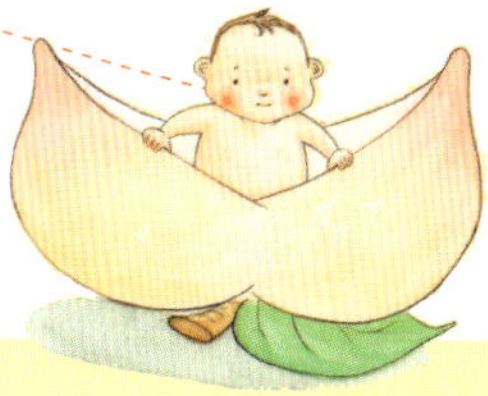

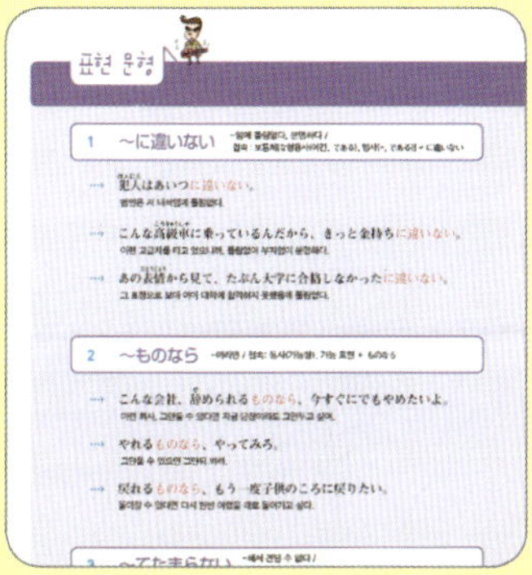
표현 문형

1 ~に違いない

→ 犯人はあいつに違いない。

→ こんな高級車に乗っているんだから、きっと金持ちに違いない。

→ あの表情から見て、たぶん大学に合格しなかったに違いない。

2 ~ものなら

→ こんな会社、辞められるものなら、今すぐにでもやめたいよ。

→ やれるものなら、やってみろ。

→ 戻れるものなら、もう一度子供のころに戻りたい。

3 ~てたまらない

표현 문형

본문에서 나오는 표현 문형 중 가장 자주 쓰이고 시험에 주로 출제되는 것을 골라 예문을 덧붙여 정리하였으며, 쓰인 위치도 표시하였기 때문에 쉽게 찾을 수 있도록 하였습니다.

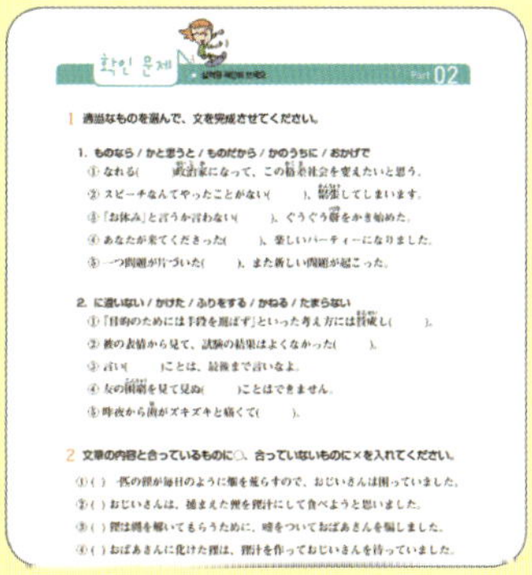
확인 문제 Part 02

1 適当なものを選んで、文を完成させてください。

1. ものなら / かと思うと / ものだから / かのうちに / おかげで

① なれる(　　) 政治家になって、この[illegible]社会を変えたいと思う。

② スピーチなんてやったことがない(　　)、緊張してしまいます。

③「お休み」と言うか言わない(　　)、ぐうぐう鼾をかき始めた。

④ あなたが来てくださった(　　)、楽しいパーティーになりました。

⑤ 一つ問題が片づいた(　　)、また新しい問題が起こった。

2. に違いない / かけた / ふりをする / かねる / たまらない

①「目的のためには手段を選ばず」といった考え方には賛成し(　　)。

② 彼の表情から見て、試験の結果はよくなかった(　　)。

③ 言い(　　)ことは、最後まで言いなよ。

④ 友の困窮を見て見ぬ(　　)ことはできません。

⑤ 昨夜から歯がズキズキと痛くて(　　)。

2 文章の内容と合っているものに○、合っていないものに×を入れてください。

①( ) 一匹の狸が毎日のように畑を荒らすので、おじいさんは困っていました。

②( ) おじいさんは、捕まえた狸を狸汁にして食べようと思いました。

③( ) 狸は縄を解いてもらうために、嘘をついておばあさんを騙しました。

④( ) おばあさんに化けた狸は、狸汁を作っておじいさんを待っていました。

확인 문제

독해에서 가장 중요한 이해력을 테스트해 볼 수 있도록 확인 문제를 실었습니다.

*정답 및 해석, MP3 음성은 동양북스 홈페이지 (http://www.dongyangbooks.com)에서 다운받을 수 있습니다.

차례

민화의 발상지

日本地方	
東北	01-07
関東	08-15
信越・北陸	16-20
東海	21-24
近畿	25-30
中国	31-35
四国	36-39
九州・沖縄	40-47

학의 보은

노인 버리는 산

우라시마타로

모모타로

소몰이와 마귀할멈

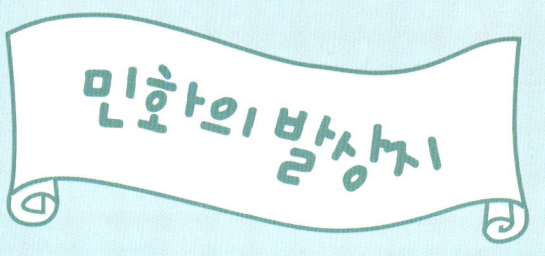

※ 猿蟹合戦 / 舌切り雀 (발상지 불명)
花咲《はなさ》かじじい (발상지 중국)

Part 01 鶴《つる》の恩返《おんがえ》し

鶴布山珍蔵寺

Track 01

이야기 해설

「鶴《つる》の恩返《おんがえ》し」のお話は、広く東北地方に伝承《でんしょう》されている民話です。その中で一番有名なのが、山形県《やまがたけん》の南陽市《なんようし》にある鶴布山珍蔵寺《かくふざんちんぞうじ》に、古くから開山縁起《かいさんえんぎ》として伝承されてきた民話「鶴の恩返し」でしょう。珍蔵寺は鶴《つる》の女房の夫が仏門《ぶつもん》に帰依《きえ》したのが開基《かいき》とされていて、鶴が織《お》ったとされる毛織物《けおりもの》が寺《てら》の宝《たから》にされていたという言い伝えも残されています。この地区には、鶴巻田《つるまきた》や羽付《はねつき》といった「鶴の恩返し」にちなんだ地名がたくさん残っていて、明治時代には製糸《せいし》の町として栄《さか》えました。現在、「鶴の恩返し」をはじめとする民話を後世《こうせい》に残していくために、「夕鶴《ゆうづる》の里《さと》資料館・語《かた》り部《べ》の館《やかた》」がつくられています。

恩返《おんがえ》し 은혜를 갚음 | 縁起《えんぎ》 유래 | ～として ~으로서 | 伝承《でんしょう》されてきた 전해져 왔다 | 帰依《きえ》する 귀의하다 | 開基《かいき》 개기(터를 닦음, 절을 세움) | 言《い》い伝《つた》え 전설, 전갈 | ～や～といった ~나(이) ~라고 하는 | ちなむ 연관 짓다 | 栄《さか》える 번창하다 | ～をはじめとする ~을 시작하는 | 語《かた》り部《べ》 전설이나 고사(古事)를 외워서 이야기하는 것을 소임으로 한 씨족(氏族)

一

昔むかし、織機川《おりはたがわ》のほとり[1]人里離《ひとざとはな》れたある山に、金蔵《きんぞう》という若い木こり[2]が住んでいました。金蔵は働き者[3]で、貧しいながらも[4]正直[5]に暮らしていました。

ある日のことです。金蔵はいつものように町へ薪[6]を売りに出かけました。その帰り道、子どもたちが一羽の鶴を縛り[7]、寄ってたかって[8]いじめて[9]いるところに通りかかり[10]ました。鶴は哀し[11]げ[12]な目をして、クウクウ鳴《な》いています。

金蔵は、「かわいそうじゃないか。放しておやり[13]」と言いましたが、子供たちは「嫌だ。オラ[14]たちが捕まえた鶴だ」と口々に言います。しかたがありません。金蔵はその日薪を売って稼いだ[15]お金を全部はたいて[16]、その鶴を買い取りました。そして、「今助けてやるからな。これからはお前も気をつける[17]んだよ」と言って、鶴を逃がして[18]やりました。鶴はうれしそうに山の方に飛んでいきました。

金蔵は、「今日の稼ぎはなくなってしまったが、よいことをした。ま、いいか」と、自分に言い聞かせる[19]ように言いながら、家に帰りました。

二

何日かしたある雪の夜、金蔵の家の戸をトントン叩く音がします。「こんな寒い日に、いったい[20]誰だろう」といぶかしがり[21]ながら、金蔵は戸を開けました。すると、そこには一人の美しい娘が立っているではありませんか。

「夜分[22]すみません。雪が激しくて道に迷って[23]しまいました。一晩《ひとばん》でいいですから、ここに泊めていただけないでしょうか」

「今夜は特に冷える。さあ、お入りなさい。ご覧のとおり[24]貧しくて、十分な食べ物もないが、それでよければ泊まっていきなさい」

娘は喜び、金蔵のうちに泊まることにしました[25]。翌朝、金蔵が目を覚ますと、そこには朝食の支度[26]を整えて[27]、待っている娘がいました。

次の日も、また次の日も雪は降り続き、数日が過ぎました。娘は金蔵のために、炊事《すいじ》、洗濯、何でもしました。金蔵もしだいに[28]娘に心が引かれる[29]ようになり、雪よ、いつまでも止まないでくれと、いつしか[30]心の中で祈る[31]ようにな[32]っていました。

ある晩のこと、娘は金蔵に「私をここに置いて、あなたの妻にしてください」と言いました。「こんな貧乏なオラでよければ、いつまでもここにいておくれ」、金蔵も大喜び[33]です。こうして二人は夫婦になりました。貧乏でしたが、二人は幸せでした。

しかし、長い冬が続いて、お金も食べものもなくなりました。そんなある日、女房は困り[34]きって[35]いる金蔵に、「私が機[36]を織りましょう」と言いました。そして、「ただ一つ[37]だけお願いがあります。私が織り終わって出てくるまで、絶対に部屋を覗か[38]ないでください」と頼み[39]ました。金蔵は約束しました。

女房は奥の部屋の戸を閉めて、機を織り始めました。三日目の夜、織物ができあがりました。女房はとても疲れた様子で部屋から出てきましたが、その織物はすばらしいできばえ[40]でした。金蔵は、糸も買わずに[41]、どうやってこんなにすばらしい織物を織れるのか、不思議[42]でなりません[43]でした。

織った布は町でとても高く売れました。金蔵は今まで手にした[44]こともないようなお金を入れ、大喜びで帰ってきました。これに味を占めた[45]金蔵は、その晩、「もう一度、機を織ってくれ」と女房に頼みました。女房は「旦那[46]さまのためですから、いたしますが、これを最後にしてください」と言うと、また奥の部屋の戸を閉めて、機を織り始めました。

三日目の夜、織物ができました。前よりももっと立派な織物でした。しかし、女房

は見る影もない[47]ほどやつれ[48]、前にもまして[49]疲れ切った[50]様子でした。

金蔵はそれを町の市場[51]で売って、ますますお金持ちになったので、もう有頂天[52]です。しかし、その日を境に[53]、あんなに働き者だった金蔵は、すっかり人が変わってしまいました。しだいに仕事にも出かけなくなり、怠け者[54]になってしまいました。

三

２月が来て正月[55](太陰暦[56])も過ぎましたが、北国の厳しい冬は、まだ終わりそうもありません[57]。

金蔵が毎日町に出かけては[58]、酒を飲んだり博打[59]をしたり、遊んでばかり[60]いるので、お金もすぐに底をついて[61]しまいました。そこで金蔵は、女房にもう一度、機を織ってほしいと頼みました。

女房は、「旦那さまへのご恩返しに、もう一度だけ機を織ります。しかし、これが本当に最後の最後です。前よりもっと立派な布[62]を織りますから、７日の間、決して私の部屋を覗かないでください。決して、決して覗かないでください」と言いました。

金蔵は「わかった。決して覗かない。だからすばらしい[63]布を織ってくれ」と言いました。

女房は部屋に閉じこもる[64]と、コトコト、コットン機を織り始めました。夜になっても出てきません。次の日も次の日も出てきません。奥から聞こえてくるのは、夜も昼も、コットンコットンと、機を織る音だけです。女房はどうやって機を織っているのだろうか、金蔵の見たい気持ちは募り[65]ます。

見るなと言われれば、人はよけいに[66]見たくなるもの。７日目の夜のこと、金蔵はとうとう[67]待ちきれなく[68]なり、忍び足[69]で離れの部屋に近寄って[70]、窓の隙間[71]から中を覗いてしまいました。

そのとたん[72]、金蔵は思わず[73]「あっ」と叫んで[74]しまいました。それもそのはず[75]です。機を織っているのは、美しい女房ではなくて、なんと痩せ衰えた[76]一羽[77]の鶴でした。鶴は長いくちばし[78]を使って、自分の羽を一枚むしって[79]は機を織り、織ってはまた一枚むしって機を織っています。鶴は赤茶けた[80]醜い[81]肌[82]をさらし[83]、もう裸同然[84]になっていました。金蔵の叫び声に、機は止まり、羽のない鶴はさびしく言いました。「旦那さま、あれほど見ないでほしいとお願いしましたのに、どうして私との約束[85]をお破りになったのですか。私はご覧のとおり人間ではありません。実はこの間[86]、あなたに助けられた鶴でございます。しかし、私の姿を見られたからには[87]、もうここにいるわけにはいきません[88]。この布は私の形見[89]でございます。長い間お世話[90]になりました」と言うと、泣きながら家を飛び出していきました。

金蔵は後を追い[91]ましたが、鶴の女房は吹雪の中に消えていきました。鶴の足跡[92]は吹雪でかき消され[93]ています。金蔵はなんと愚か[94]なことをしたのかと、妻を失った哀しみと後悔[95]の念に、鶴女房が織った布を抱きしめて[96]、さめざめと[97]泣きました。何日も何日も泣き明かし[98]ました。そんな日々が何日続いたことでしょう。金蔵は出家[99]して僧[100]となりました。

金蔵が住みついた寺は金蔵寺と呼ばれていましたが、鶴が織り上げた[101]布を宝[102]にしたことから[103]、後に鶴《かく》布《ふ》山《ざん》珍《ちん》蔵《ぞう》寺《じ》と呼ばれるようになりました[104]。

一

1 ほとり 근처, 부근 2 木《き》こり 나무꾼 3 働《はたら》き者《もの》 일을 열심히 하는 사람 4 ～ながらも ~하면서도 5 正直《しょうじき》 정직 6 薪《まき》 장작 7 縛《しば》る 묶다 8 寄《よ》ってたかって 여럿이서, 합세해서 9 いじめる 괴롭히다 10 通《とお》りかかる (그곳을) 마침 지나가다 11 哀《かな》しげ 슬픈 듯한 12 ～げ ~한 듯한 13 ～ておやり ~해라 14 オラ(俺)나 15 稼《かせ》ぐ 돈을 벌다 16 はたく탕진하다, 몽땅 털다 17 気《き》をつける 조심하다 18 逃《に》がす 놓아 주다 19 言《い》い聞《き》かせる (알아 듣게) 말해 주다

二

20 いったい 대체 21 いぶかしがる 이상하게 생각하다 22 夜分《やぶん》 늦은 저녁 23 道《みち》に迷《まよ》う 길을 헤매다 24 ご覧《らん》のとおり 보이시는대로 25 ～ことにする ~을 하기로 하다 26 支度《したく》 준비 27 整《ととの》える 정리하다, 차리다 28 しだいに 차츰, 점점 29 心《こころ》が引《ひ》かれる 마음이 끌리다 30 いつしか 언제부터인가 31 祈《いの》る 기도하다 32 ～ようになる ~처럼 되다 33 大喜《おおよろこ》び 크게 기뻐함 34 困《こま》りきる 몹시 난처해지다 35 ～きる 완전히 ~하다 36 機《はた》を織《お》る 천(베틀)을 짜다 37 ただ ～だけ 다만 ~만 38 覗《のぞ》く 엿보다, 들여다보다 39 頼《たの》む 부탁하다 40 できばえ 만들어 낸 솜씨, 성과 41 ～ずに ~않고 42 不思議《ふしぎ》でならない 믿을 수가 없다 43 ～(で)てならない (신경이 쓰여) ~할 수가 없다 44 手《て》にする 가지다, 손에 넣다 45 味《あじ》を占《し》める 맛을 알다 46 旦那《だんな》さま 서방님 47 見《み》る影《かげ》もない 처참하다, 초라하다 48 やつれる 여위다 49 ～にもまして ~이상으로, ~보다 더 50 疲《つか》れ切《き》る 녹초가 되다, 완전히 지치다 51 市場《いちば》 시장 52 有頂天《うちょうてん》 하도 기뻐서 어찌할 바를 모름, 기고만장 53 ～を境《さかい》に ~을 경계로 54 怠《なま》け者《もの》 게으름뱅이

三

55 正月《しょうがつ》 정월 56 太陰暦《たいいんれき》 (태)음력 57 ～そうもない ~할 것 같지도 않다 58 ～ては ~해서는 59 博打《ばくち》 노름 60 ～てばかりいる ~만 하고 있다 61 底《そこ》をつく 바닥을 치다 62 布《ぬの》 천 63 すばらしい 근사하다, 훌륭하다 64 閉《と》じこもる 틀어 박히다 65 募《つの》る 점점 심해지다 66 よけいに 더욱, 한층 더 67 とうとう 드디어 68 待《ま》ちきれない 기다릴 수 없다 69 忍《しの》び足《あし》 살금살금 걸음 70 近寄《ちかよ》る 가까이 가다 71 隙間《すきま》 틈새 72 そのとたん 그 순간 73 思《おも》わず 엉겁결에 74 叫《さけ》ぶ 소리 지르다 75 それもそのはず 그것도 그럴 것임 76 痩《や》せ衰《おとろ》える 수척해지다 77 一羽《いちわ》 (새) 한마리 78 くちばし 부리 79 むしる 잡아 뽑다 80 赤茶《あかちゃ》ける 갈색으로 퇴색하다, 검붉게 타다 81 醜《みにく》い 볼품없다 82 肌《はだ》 피부 83 さらす 방치하다 84 裸同然《はだかどうぜん》 알몸과 같음 85 約束《やくそく》を破《やぶ》る 약속을 어기다 86 この間《あいだ》 요전, 일전 87 ～からには ~한 이상에는 88 ～わけにはいかない ~할 수는 없다 89 形見《かたみ》 유물, 유품 90 世話《せわ》になる 신세를 지다 91 後《あと》を追《お》う 뒤를 쫓다 92 足跡《あしあと》 발자국 93 かき消《け》す (완전히) 지우다 94 愚《おろ》か 어리석음 95 後悔《こうかい》の念《ねん》 후회하는 마음 96 抱《だ》きしめる 껴안다 97 さめざめ 하염없이 우는 모양 98 泣《な》き明《あ》かす 울며 지새우다 99 出家《しゅっけ》する 집을 떠나 승려가 되다 100 僧《そう》 스님, 중 101 織《お》り上《あ》げる 짜서 완성하다 102 宝《たから》 보물 103 ～ことから ~해서, ~때문에 104 ～ようになる ~하게 되다

표현 문형

1 ～をはじめとする (して)

~을 비롯한(비롯해서) /
접속 : 명사 + をはじめとする

…▸ 京都には金閣寺をはじめとして、有名な古跡《こせき》がたくさんある。
교토에는 긴카쿠지를 비롯하여, 유명한 유적지가 많이 있다.

…▸ 源氏《げんじ》物語をはじめとする平安《へいあん》文学は、和風文化の源《みなもと》となっている。
겐지 이야기를 비롯한 헤이안 문학은 일본문화의 원천이 되고 있다.

…▸ 環境《かんきょう》問題をはじめとして南北問題など、この世《よ》は様々な難題《なんだい》を抱えている。
환경문제를 시작으로 남 · 북 문제 등 이 세상은 여러 가지 어려운 문제를 안고 있다.

2 ～ながらも

~이지만, ~인데도 / 접속 : 동사(ます형), い형용사(い),
な형용사(어간, であり), 명사(–, であり) + ながらも

…▸ こんな失敗をするなんて、我ながらも情《な》けなくなる。
이런 실패를 하다니, 나에게(나이지만) 실망했다.

…▸ 「狭いながらも楽しいわが家」って歌があったね。
'좁지만 재미있는(행복한) 우리집'이라는 노래가 있었지.

…▸ 及ばずながらも、私でよければお力になりましょう。
부족하지만, 저라도 괜찮으시다면 힘이 되겠습니다.

3 ～にもまして

~이상으로, ~보다 더 / 접속 : 명사 + にもまして

…▸ 今日の君は、いつにもましてきれいだね！
오늘 너는 여느 때보다 아름답다!

…▸ 彼は幾多《いくた》の試練《しれん》を乗《の》り越《こ》え、前にもましてたくましくなった。
그는 수많은 시련을 극복하고, 예전보다 강해졌다.

…▸ あなたの一言は、何にもまして私を勇気《ゆうき》づけてくれました。
당신의 한 마디는 그 무엇보다도 나에게 많은 용기를 주었습니다.

4 ～からには

~한 이상에는, ~이니까 당연히 / 접속 : 보통체[な형용사(である), 명사(である)] + からには

···➝ 法《ほう》治《ち》国《こっ》家《か》であるからには、悪法《あくほう》であっても従わなければならない。
법치국가인 이상은, 악법이라 해도 따르지 않을 수 없다.

···➝ こんなに安いからには、きっと偽物《にせもの》に違いないよ。
이렇게 싼 이상은, 보나마나 가짜임이 틀림없다.

···➝ 約束したからには、必ず守ります。
약속한 이상은, 반드시 지킵니다.

5 ～わけにはいかない

~할 수는 없다 / 접속 : 동사(る) + わけにはいかない

···➝ これ以上、相手側に譲《じょう》歩《ほ》するわけにはいかない。
이 이상, 상대에게 양보할 수는 없다.

···➝ 我々の秘密を知られたからには、生かしておくわけにはいかない。
우리들의 비밀을 들켜버린 이상, 살려 둘 수는 없다.

···➝ 他人の物を壊したんだから、弁償《べんしょう》しないわけにはいかないよ。
남의 물건을 파손했으니까, 변상하지 않으면 안 된다.

1 適当なものを選んで、文を完成させてください。

1. ながらも / とおり / にもまして / からには / ことから

① 木村さんは、私が思っていた(　　　)の人だった。

② 石油価格が暴騰《ぼうとう》している(　　　)、株価の暴落《ぼうらく》が続いている。

③ 人類にとって、地球温暖化《ちきゅうおんだんか》問題は何(　　　)重要な問題だ。

④ 貧《まず》しい(　　　)、幸せな毎日だった。

⑤ 一旦引き受けた(　　　)、責任がある。

2. ことにする / ようになる / ならない / そうもない / わけにはいかない

① これは大切な思い出の品なので、君にあげる(　　　)んだ。

② 練習すれば、君にもパソコンが使える(　　　)。

③ 留学試験の結果が気になって(　　　)。

④ ダイエットのために、明日からジョギングする(　　　)。

⑤ 今日は仕事がたまっているので、早く帰れ(　　　)。

2 文章の内容と合っているものに○、合っていないものに×を入れてください。

①( ) 金蔵は子供たちが鶴をいじめているのを見て、厳しく叱りました。

②( ) 金蔵はその日の稼ぎを全部使って鶴を買ったことを後悔しました。

③( ) ある雪の日、金蔵は道に迷った若い娘を家に泊めてやりました。

④( ) 金蔵はその娘が好きになり、結婚して欲しいと娘にプロポーズしました。

⑤( ) 娘は機織りの名手で、糸もないのにすばらしい織物を織り上げました。

⑥( ) 金蔵にもう一度織ってほしいと頼まれ、娘は喜んで引き受けました。

⑦( ) ある日、金蔵はどうやって機を織っているのかと、女房に尋ねました。

⑧( ) 娘は、自分が本当は鶴であることを金蔵に知られたくありませんでした。

⑨( ) 金蔵は出家し、鶴の女房が最後に織った布を売って、お寺を建てました。

Part 02 かちかち山《やま》

Track 02

天上山ロープウェイ

帆足愚亭

이야기 해설

民話「かちかち山」が生まれたのは、室町《むろまち》時代だと言われています。その舞台《ぶたい》とされているのが河口湖《かわぐちこ》の東にそびえる天上山《てんじょうやま》です。今では頂上《ちょうじょう》にある天上山展望台《てんぼうだい》(海抜《かいばつ》1,104m)まで、ロープウェイで行くことができますが、当時《とうじ》は、狸《たぬき》や狐《きつね》、野兎《のうさぎ》など、獣《けもの》しか住めないところであったに違《ちが》いありません。それにしても、この「かちかち山」は恐《おそ》ろしいお話です。特に人肉《じんにく》を食う「ばば汁《じる》」の下《くだ》りは、残酷《ざんこく》すぎるという理由で、戦後《せんご》の教科書《きょうかしょ》や絵本《えほん》では消されています。しかし、民話には私たちが忘れかけている人間《にんげん》の生臭《なまぐさ》さを、ふと思い出させてくれるような仕掛《しか》けが潜《ひそ》んでいます。この復讐劇《ふくしゅうげき》「かちかち山」の残酷さは、人間そのものに潜む残酷さかもしれませんね。では、江戸時代の漢学者《かんがくしゃ》、帆足愚亭《ほあしぐてい》が「記翁媼事」でも取り上げた古くからの伝承《でんしょう》「かちかち山」を再現《さいげん》してみましょう。

室町時代《むろまちじだい》 무로마치 시대. 아시카가 다카우지가 무로마치 막부를 개설한 이후 오다 노부나가에 의해 막부가 쓰러질 때까지의 시대(1338년 ~ 1573년) | **そびえる** 높이 솟다, 치솟다 | **頂上《ちょうじょう》** 정상 | **ロープウェイ** 로프웨이 | **狸《たぬき》** 너구리 | **狐《きつね》** 여우 | **野兎《のうさぎ》** 산토끼 | **獣《けもの》** 짐승 | **～に違《ちが》いない** ~임에 틀림없다 | **それにしても** 그렇다고 해도, 그렇다고 치더라도 | **人肉《じんにく》** 인육 | **残酷《ざんこく》** 잔혹 | **下《くだ》り** 내려감, 하행 | **忘《わす》れかける** 잊을 뻔하다 | **～かける** (동사 **ます**형에 붙어) ~하기 시작하다, ~할 뻔하다 | **生臭《なまぐさ》さ** 건방짐, 세속적임, 비린내가 남 | **仕掛《しか》け** 장치, 속임수, 조작 | **潜《ひそ》む** 숨다, 내재하다 | **復讐劇《ふくしゅうげき》** 복수극 | **漢学者《かんがくしゃ》** 한학자 | **再現《さいげん》する** 재현하다

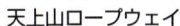

一

昔むかし、あるおじいさんの家の裏山に、一匹の狸が住んでいました。夜になると、おじいさんが丹精[1]をして育てた畑の作物を盗み、畑を荒らし[2]ていました。おじいさんが怒って追いかけると、「やーい、やーい、ヨボヨボ[3]じじい[4]。捕まえられるものなら[5]、捕まえて[6]みろ」とあかんべ[7]をして、お尻を叩いて逃げて行きます。そして次の日になると、またやって来て、作物を盗みます。

おじいさんは、とうとう[8]我慢[9]できなくなり、畑に狸を捕まえる罠[10]をしかけました。すると、次の日の朝、狸はその罠[11]にかかっていました。

「ざまを見ろ[12]。ついに[13]捕まえてやったぞ」

おじいさんは狸の足を縛って、うちへ担いで[14]帰ると、天井[15]の梁にぶら下げ[16]ました。そしておばあさんに、「あの狸が逃げないように、番[17]をしておいてくれ。オラ[18]が野良仕事[19]から戻ったら、狸汁[20]にして食べよう」と言って出ていきました。

二

狸がぶら下げられている下で、おばあさんは杵[21]でトントン麦[22]をついていました。そのうち疲れたおばあさんは、「ああくたびれた[23]」と言って、自分で肩[24]を揉んでいました。

すると、そのときです。おとなしく[25]ぶら下がっていた狸が、おばあさんに声[26]をかけました。

「もしもし、おばあさん、お疲れのようですね。この縄[27]を解いてくれたら、肩を揉んであげますよ」と、やさしい声で言いました。

「だめだよ。そんなことを言って、逃げ

るつもりじゃあないのかい？」

「いいえ、こうして捕まったんですから、[28]今さら逃げたりしませんよ。[29]狸秘伝の[30]まんじゅうも作ってあげますよ。おじいさんもきっとよろこびますよ。もちろん、作り終わったら、また、天井に[31]吊してください」

人のいいおばあさんは、狸の言葉に[32]ころりと[33]騙されてしまい、縄を解いてやりました。

すると、たぬきは「やれやれ」と縛られた手足を[34]さすりました。そして、[35]にやりと笑うと、「[36]どれどれ、おばあさん。私が麦をついてあげましょう」と言いました。「おお、そうかい。じゃ、お願いするよ」、おばあさんが杵を渡すと、狸はその杵を取り上げ、麦をつく[37]ふりをして、[38]いきなりおばあさんの[39]脳天に杵を[40]打ち下ろしました。「ぎゃっ」と激しい[41]悲鳴。おばあさんは頭から血を[42]吹き出して、倒れて死んでしまいました。

狸はおばあさんの[43]太ももの肉を[44]裂き取ってスープを作り、おばあさんの[45]屍体を[46]かまどの後ろに隠しました。そしておばあさんに[47]化けると、[48]すました顔で[49]囲炉裏の前に座って、おじいさんの帰りを[50]待ち受けていました。

夕方になって、なんにも知らないおじいさんは、「今晩はおいしい狸汁が食べられるな」と、一人で[51]にこにこしながら、うちへ帰って来ました。

狸のおばあさんは、[52]さも[53]待ち[54]かねたというように、「おじいさん、お帰りなさい。さっきから狸汁を[55]こしらえて待っていたんですよ。[56]さあさあ早くいっしょに食べましょうよ」と誘いました。

「[57]おやおや、そうかい。それはありがたい」

おじいさんは[58]お膳の前に座りました。狸のおばあさんは[59]給仕をしながら、「さあさあ、たくさん召し上がれ」と[60]勧めました。

おじいさんは、「少し肉が硬いようだが、なかなかうまいなぁ」と言いながら、何杯もお代わり[61]をしました。それを見た狸のおばあさん、突然「わっはっは」と大声で笑いだしたかと思うと[62]、おばあさんの顔は見る見る[63]狸になって、正体[64]を現しました。

狸は「やーい、じじいめ、ばばあを食った! ばば汁はうまかったかい？わっはっは。流しの下の骨を見るがいい」と言うと、大きな尻尾[65]を出して、裏口から逃げていきました。

おじいさんは流し[66]の下を見て、がっくり[67]と腰を抜かして[68]しまいました。そしておばあさんの切り刻まれた[69]亡骸[70]を抱えて[71]、オイオイ[72]泣いていました。

三

おじいさんがオイオイ泣いているところに[73]、「おじいさん、おじいさん、どうしたのです」と言って、裏の山に住む白兎がやってきました。

「ああ、ウサギさんか。まあ聞いておくれ。ひどい目に遭った[74]よ」と、事の次第[75]を話しました。

兎はたいそう[76]怒って、「なんとひどいことをする狸でしょう。おじいさん、おばあさんの仇[77]は、私がきっと取ってあげます」と言いました。

おじいさんはうれし涙[78]をこぼし[79]ながら、「どうか頼みます。わしは悔しく[80]てたまらない[81]」と言いました。兎は、「大丈夫。任せて[82]ください。明日にでも狸を誘い[83]出して、ぎゃふんと言わせて[84]やります」と言って、帰っていきました。

四

さて、狸はおじいさんのうちを逃げ出してから、どこへも出ずに、穴に隠れ[85]ていました。次の日、兎は鎌[86]を腰[87]にさして、わざと[88]狸が隠れている穴の側へ行くと、鎌を出して柴[89]を刈り始めました。そして柴を刈りながら、持って来た栗[90]

を出して、「おいしい。おいしい」と言いながら、ポリポリ[91]食べました。その音を聞きつけた[92]狸は、穴の中からのそのそ[93]はい出して[94]きました。

「ウサギさん、ウサギさん。何をそんなにうまそうに食べているのだね」

「栗の実さ」

「少し私にくれないか」

「上げてもいいけど、かわりに[95]この柴を向こう[96]の山までしょって[97]いってくれるかい？」

狸は栗がほしいものですから[98]、柴を背負って[99]先に立って[100]歩き出しました。向こうの山まで行くと、狸はふり返って[101]言いました。

「ウサギさん、ウサギさん。そろそろ[102]栗をくれないか」

「ああ、もちろん[103]上げるよ。もう一つ向こうの山まで行ってくれたらね」

しかたがないので[104]、狸は後ろもふり向かず、せっせと[105]歩いていきました。兎はそれを見て、懐[106]から火打ち石[107]を出すと、「カチカチ」と火を切り[108]ました。狸は変に思って聞きました。

「ウサギさん、ウサギさん、今、カチカチ言ったのは何の音だろう？」

「ああ、それは、この山がかちかち山だからさ」

狸は、「ああ、そうか」と言って、また歩き出しました。そのうちに兎がつけた火が、狸の背中の柴に移って、ぼうぼうと[109]燃え出し[110]ました。

「ウサギさん、ウサギさん、ぼうぼう言うのは何だろうねぇ」

「向こうの山が、ぼうぼう山だからじゃないか」「ああ、そうか」と、狸が言うか言わないかのうちに[111]、火はずんずん[112]背中に燃え広がり[113]ました。狸は、「ひゃー、熱い、熱い。助けてくれー」と叫びながら、夢中[114]で駆け出し[115]ました。

山風がどっと[116]吹きつけて[117]、よけいに[118]火が大きくなりました。狸はひいひい[119]泣き声を上げて、転げ回り[120]、やっとのことで[121]燃える柴をふり落としました。狸は背中に、大やけど[122]を負い[123]ました。

五

次の日、兎は味噌[124]の中に唐辛子[125]を練って[126]作った塗り薬[127]を持って、狸の所へ行きました。

「狸くん、ほんとうに昨日はひどい目にあったね。あんまり気の毒[128]だから、私がやけどによく効く[129]塗り薬をこしらえて持って来たよ」

「それはありがたい。背中が痛くてたまらないんだ。早く塗っておくれ」

こういって、狸が火ぶくれ[130]になって、赤肌にただれている[131]背中を出すと、兎はその上に唐辛子入りの味噌を、ところかまわず[132]塗りつけました。すると狸の背中は、また火がついたよう。

「うわーっ！　痛い、痛いよー！　この薬はとっても痛いよー！」と悲鳴[133]を上げました。兎は、「がまんしなよ、タヌキさん。よく効く薬は痛いもんだよ」と言いながら、もっと塗りつけました。狸は穴の中を転げ回っています。兎は狸が痛がる様子を見て、笑い[134]をこらえるのが大変でした。そして、「なあに狸さん、ぴりぴり[135]するのは、初め[136]のうちだけだよ。明日になれば治るから」と言って、帰っていきました。

六

それから四、五日が経ちました。ある日、兎が「狸の奴[137]どうしたろう。今度はひとつ海に連れ出して[138]、ひどい目にあわせてやろう」と考えていたところ[139]へ、折よく[140]狸が訪ねて[141]来ました。

「タヌキさん、もうやけどは治ったかい」

「ああ、あの薬[142]のおかげで、たいぶ[143]よくなったよ」

「それはよかった。またどこかへ出かけようか」

「うん。でも、もう山はこりごり[144]だ」

「それなら山はやめて、海へ魚を釣りに行こう。もう舟[145]も用意してあるよ」と狸を誘い[146]ました。

海に着くと、そこには二隻[147]の舟が岸[148]につないでありました。

「タヌキくん、僕は白いから、この白い舟。君は茶色いから、こっちの茶色い舟だよ」

白い舟は木の舟で、茶色い舟は土の舟でした。狸は土の舟に乗りました。舟を漕いで[149]沖[150]へ出ると、兎は、「もっと沖へ行かないと、大きい魚はいないよ。どっちが速いか、競争しないか。負けた[151]方が釣った魚の半分を相手にあげるっていうのはどうだい？」と言いました。狸は、「よし、それはおもしろい」と兎の挑戦[152]に応じました。そして、「よーい、どん[153]」で、沖へ漕ぎ出しました。

兎はわざと[154]力を抜いて、狸の舟を追いかけるふり[155]をしました。そして、「お〜い、タヌキさん、どうだい、その舟の乗り心地[156]は？」と言うと、狸は自慢げ[157]な顔で「なかなか[158]いい舟だ。でも、ウサギさん、これで勝負[159]あったね」と笑って、額[160]の汗[161]をぬぐいました。

その時です。狸が乗った土の舟は、だんだん水がしみ込んで[162]、ぼろぼろ[163]と崩れ[164]出しました。

「わあ、大変だ。舟が壊れてきた」

狸はびっくり[165]して、大騒ぎ[166]をはじめました。

「ああ、沈む、沈む、助けてくれ」

兎は狸の慌[167]てふためく様子をおもしろそうに眺[168]めながら、「いい[169]気味だ。おばあさんを騙して殺して、おじいさんにばば汁を食わせた報[170]いだ」と、吐[171]き捨てるように言いました。

狸は、「もう二度とあんなことはしないから、助けてくれ」と泣[172]き叫びながら救[173]いを求めましたが、兎は知[174]らんぷり。どんどん舟は崩れて、狸はそのまま海の底に沈んでいきました。

日本民俗学《みんぞくがく》の祖《そ》　柳田國男《やなぎたくにお》

明治8年(1875)、柳田國男は兵庫県《ひょうごけん》の田原村(現・福崎町)の儒者《じゅしゃ》松岡操の6男として生まれました。文学《ぶんがく》に傾斜《けいしゃ》した一時期もありましたが、「なぜに農民は貧《ひん》なりや」という言葉に示されるように、社会構造に対する鋭《するど》い疑問《ぎもん》から、やがて農政学《のうせいがく》を志《こころざ》すようになりました。

東京帝大卒業後《ていだいそつぎょうご》は、農商務省農務局《のうしょうむしょうのうむきょく》に勤めるかたわら、「遠野物語《とおのものがたり》」という、民俗学への道となる画期的《かっきてき》な書を著《あらわ》しました。この書こそ、日本の民衆《みんしゅう》の中に受け継《つ》がれてきた口承《こうしょう》文学である民話や民俗風習《みんぞくふうしゅう》を世に広く流布《るふ》させる契機《けいき》となった書でした。

大正8年(1919)官界《かんかい》を去《さ》り、朝日新聞社の客員《きゃくいん》として全国を調査旅行しますが、昭和5年(1930)に同社を退職《たいしょく》後は、ますます民俗学に専念《せんねん》し、自宅で民間伝承論の講義《こうぎ》を行うようになりました。

その後は、「国史と民俗学」や雑誌「民間伝承」を創刊《そうかん》させるなど、昭和37年(1962)心臓衰弱《しんぞうすいじゃく》で亡くなる日まで民俗学に心血《しんけつ》を注《てて》ぎ、研究し続けました。私たちが民話として受け継いでいる多くのものは、柳田國男の「日本の伝説」「日本の昔話《むかしばなし》」に収録《しゅうろく》されたものです。

今日でも、1935年(昭和10年)に柳田國男の還暦《かんれき》を機に開催《かいさい》された民俗学講習会が、後《のち》に「民間伝承の会」に発展し、第二次世界大戦後は日本民俗学会に名称を改《あらた》め、柳田國男の遺志《いし》を受け継いで、活動を続けています。

柳田國男の生まれた家

낱말과 표현

一

1 丹精《たんせい》 단정, 정성을 들임 2 荒《あ》らす 엉망으로 만들어 놓다, 망가뜨리다, 해치다 3 ヨボヨボ 비칠비칠, 늙어서 쇠약해진 모양 4 じじい 영감, 늙은이 5 ～ものなら ~이라면(보통 앞에 가능형 동사가 옴) 6 捕《つか》まえる 붙잡다 7 あかんべ 손가락으로 아래 눈꺼풀을 끌어내려서 경멸 · 거부 등의 기분을 나타내는 짓 8 とうとう 드디어, 결국, 마침내 9 我慢《がまん》できない 참을 수 없다 10 罠《わな》をしかける 덫을 놓다 11 罠《わな》にかかる 덫에 걸리다 12 ざまを見《み》ろ 꼴 좋다, 그것 보라지 13 ついに 마침내, 결국 14 担《かつ》ぐ 메다, 짊어지다 15 天井《てんじょう》の梁《はり》 천정의 대들보 16 ぶら下《さ》げる 매달다, 늘어뜨리다 17 番《ばん》をする 망을 보다 18 オラ(俺) 나(남성) 19 野良仕事《のらしごと》 농사일, 들일 20 狸汁《たぬきじる》 너구리 국

二

21 杵《きね》 절굿공이 22 麦《むぎ》をつく 보리를 찧다 23 くたびれる 지치다, 피로하다 24 肩《かた》を揉《も》む 어깨를 주무르다 25 おとなしい 얌전하다 26 声《こえ》をかける 말을 걸다 27 縄《なわ》を解《と》く (새끼)줄을 풀다 28 今《いま》さら 지금에 와서, 새삼스럽게 29 秘伝《ひでん》 비전 30 まんじゅう 만두 31 吊《つる》す 매달다 32 ころりと 대구루루, 맥없이, 별안간 33 騙《だま》す 속이다 34 さする 쓰다듬다, 가볍게 문지르다 35 にやりと 히죽, 빙긋 36 どれどれ 어느 것 어느 것 37 ～ふりをする ~체하다, ~척하다 38 いきなり 느닷없이 39 脳天《のうてん》 정수리 40 打《う》ち下《お》ろす 내려치다 41 悲鳴《ひめい》 비명 42 吹《ふ》き出《だ》す 세차게 내뿜다, 솟구치다 43 太《ふと》もも 넓적다리, 대퇴부 44 裂《さ》き取《と》る 찢다 45 屍体《したい》 시체 46 かまど 부뚜막, 아궁이 47 化《ば》ける 둔갑하다 48 すます 얌전한 체하다, 시치미를 떼다 49 囲《い》炉裏《ろり》 화로(불 피우는 장치) 50 待《ま》ち受《う》ける 오기를 기다리다, 채비를 하고 기다리다 51 にこにこする 싱글벙글하다 52 さも～よう 자못 ~한 듯이 53 待《ま》ちかねる 애타게 기다리다 54 ～かねる (동사의 ます형에 붙어) ~하기 어렵다, ~할 수 없다 55 こしらえる 만들다, 마련하다, 꾸미다 56 さあさあ 자자, 어서어서(권유나 회답을 재촉할 때) 57 おやおや 저런 저런 58 お膳《ぜん》 밥상 59 給仕《きゅうじ》をする 식사 시중을 들다 60 勧《すす》める 권유하다, 추천하다 61 お代《か》わりをする 같은 음식을 더 먹다 62 ～かと思《おも》うと ~인가 싶더니 63 見《み》る見《み》る 순식간에 64 正体《しょうたい》を現《あらわ》す 정체를 드러내다 65 尻尾《しっぽ》 꼬리 66 流《なが》し 개수대, 설거지를 하는 곳 67 がっくりと 맥이 빠진 모양, 푹, 탁, 덜컥 68 腰《こし》を抜《ぬ》かす 깜짝 놀라다, 기겁하다 69 切《き》り刻《きざ》む 잘게 썰다, 다지다 70 亡骸《なきがら》 시체, 유해 71 抱《かか》える 껴안다 72 オイオイ 엉엉

三

73 ～ところに 막 ~하려는 참, 마침 그때 74 ひどい目《め》に遭《あ》う 참혹한 꼴을 당하다 75 事《こと》の次第《しだい》 일의 경위, 사정 76 たいそう 매우, 몹시 77 仇《かたき》 원수 78 うれし涙《なみだ》 너무 기뻐 흘리는 눈물 79 こぼす 흘리다 80 悔《くや》しい 분하다, 억울하다 81 ～てたまらない ~해서 견딜 수 없다 82 任《まか》せる 맡기다 83 誘《さそ》い出《だ》す 불러내다, 유인하다 84 ぎゃふんと言《い》わせる 기를 꺾어 놓다, 찍소리 못하게 하다

四

85 隠《かく》れる 숨다 86 鎌《かま》 낫 87 腰《こし》にさす 허리에 차다 88 わざと 일부러, 고의로 89 柴《しば》を刈《か》る 땔감을 베다 90 栗《くり》 밤 91 ボリボリ 어적어적, 우두둑우두둑 92 聞《き》きつける 우연히 들어서 알다 93 のそのそ 어슬렁어슬렁, 느릿느릿 94 はい出《だ》す 기어 나오다 95 かわりに 대신에 96 向《む》こう 맞은편, 건너편, 저쪽 97 しょう 등에 지다, 짊어지다, (귀찮은 일을) 떠맡다 98 ～ものだから ~이니까 99 背《せ》負《お》う 짊어지다, 업다, 지다 100 先《さき》に立《た》つ 앞서 가다, 앞장서다 101 ふり返《かえ》る 뒤돌아보다 102 そろそろ 슬슬 103 もちろん 물론 104 しかたがない 어쩔 수가 없다, 할 수 없다 105 せっせと 열심히 106 懐《ふところ》 입은 옷의 가슴께의 안쪽, 품 107 火《ひ》打《う》ち石《いし》 부싯돌 108 火《ひ》を切《き》る 불을 붙이다 109 ぼうぼうと 활활 110 燃《も》え出《だ》す 타기 시작하다 111 ～か～ないかのうちに ~하자마자 112 ずんずん (빠르게) 척척, 부쩍부쩍 113 燃《も》え広《ひろ》がる 타는 면적이 넓어지다, 타 번지다 114 夢《む》中《ちゅう》 정신이 없음, 열중함 115 駆《か》け出《だ》す 뛰기 시작하다, 뛰쳐나가다 116 どっと 우르르, 왈칵, 털썩 117 吹《ふ》きつける 바람 등이 몰아치다, 세차게 불다 118 よけいに 더욱, 한층 더 119 ひいひい 찔찔, 낑낑 120 転《ころ》げ回《まわ》る 나뒹굴다 121 やっとのことで 간신히, 겨우, 어렵사리 122 大《おお》やけど 큰 화상 123 負《お》う (상처를) 입다, 짊어지다

五

124 味《み》噌《そ》 된장 125 唐辛子《とうがらし》 고추 126 練《ね》る 반죽하다, 개다 127 塗《ぬ》り薬《ぐすり》 바르는 약 128 気《き》の毒《どく》 딱함, 가엾음, 불쌍함 129 効《き》く 효과가 있다, 듣다 130 火《ひ》ぶくれ 데어서 부풀어 오름, 또는 그 물집 131 ただれる 짓무르다 132 ところかまわず 아무데나, 자리를 가리지 않고 133 悲鳴《ひめい》を上《あ》げる 비명을 지르다 134 笑《わら》いをこらえる 웃음을 참다 135 ぴりぴりする 따끔따끔하다 136 初《はじ》めのうち 처음에는

六

137 奴《やつ》 놈, 녀석 138 連《つ》れ出《だ》す 데리고 나가다, 꾀어 내다 139 ～たところへ ~하고 있던 참에 140 折《おり》よく 때마침, 때맞추어 141 訪《たず》ねる 방문하다 142 ～おかげで ~덕택에 143 だいぶ 꽤, 상당히 144 こりごり 지긋지긋함, 질색임 145 舟《ふね》 배 146 誘《さそ》う 권유하다, 불러내다, 꾀다 147 二隻《にせき》 (배) 두 척 148 岸《きし》につなぐ 물가에 매놓다 149 漕《こ》ぐ (노로) 배를 젓다, 헤치고 나아가다 150 沖《おき》へ出《で》る 앞바다에 나가다 151 負《ま》ける 지다 152 挑戦《ちょうせん》に応《おう》じる 도전에 응하다 153 よーい、どん 준비, 땅 154 わざと 일부러, 고의로 155 ～ふりをする ~하는 척을 하다 156 乗《の》り心地《ごこち》 승차감, 탔을 때의 기분 157 自慢《じまん》げ 자만하는 듯한, 잘난 체하는 듯한 158 なかなか 상당히, 꽤 159 勝負《しょうぶ》あった 승부가 났다 160 額《ひたい》 이마 161 汗《あせ》をぬぐう 땀을 훔치다 162 しみ込《こ》む 스며들다, 배어들다 163 ぼろぼろ 부슬부슬, 흩어져 떨어지는 모양, 너덜너덜함 164 崩《くず》れ出《だ》す 무너지기 시작하다 165 びっくりする 깜짝 놀라다 166 大騒《おおさわ》ぎ 큰 소동 167 慌《あわ》てふためく 매우 당황하다, 쩔쩔매다 168 眺《なが》める 바라보다 169 いい気《ぎ》味《み》だ 좋은 기분이다 170 報《むく》い 과보, 응보 171 吐《は》き捨《す》てるように 내뱉듯이 172 泣《な》き叫《さけ》ぶ 울부짖다 173 救《すく》い求《もと》める 도움을 요청하다 174 知《し》らんぷり 모르는 체, 모르는 척

표현 문형

1 ~に違いない

~임에 틀림없다, 분명하다 /
접속 : 보통체[な형용사(어간, である), 명사(-, である)] + に違いない

…› 犯人《はんにん》はあいつに違いない。
범인은 저 녀석임에 틀림없다.

…› こんな高級車《こうきゅうしゃ》に乗っているんだから、きっと金持ちに違いない。
이런 고급차를 타고 있으니까, 틀림없이 부자임이 분명하다.

…› あの表情《ひょうじょう》から見て、たぶん大学に合格しなかったに違いない。
그 표정으로 보아 아마 대학에 합격하지 못했음에 틀림없다.

2 ~ものなら

~이라면 / 접속: 동사(가능형), 가능 표현 + ものなら

…› こんな会社、辞《や》められるものなら、今すぐにでもやめたいよ。
이런 회사, 그만둘 수 있다면 지금 당장이라도 그만두고 싶어.

…› やれるものなら、やってみろ。
그만둘 수 있으면 그만둬 봐라.

…› 戻れるものなら、もう一度子供のころに戻りたい。
돌아갈 수 있다면 다시 한번 어렸을 때로 돌아가고 싶다.

3 ~てたまらない

~해서 견딜 수 없다 /
접속 : 동사(て형), い형용사(くて), な형용사(で) + てたまらない

…› 今日は暑くてたまらないね。
오늘은 더워서 견딜 수 없네.

…› 国にいる両親に、会いたくてたまらなくなることがある。
고향(고국)에 계시는 부모님이 보고 싶어서 견딜 수 없을 때가 있다.

…› こんな結果になったことが、残念《ざんねん》でたまらない。
이런 결과가 된 것이 유감스러워서 견딜 수 없다.

4 ～ものだから

~이니까, ~이기 때문에 /
접속: な형용사(な), 명사(な) + ものだから

···› 手紙では間に合わないと思ったものだから、Eメールで送った。
편지로는 늦을 거라고 생각해서 이메일로 보냈다.

···› この子は一人っ子なものだから、わがままに育ってしまった。
이 아이는 외동이라서 제멋대로 자라버렸다.

···› 英語が苦手なものだから、外国人と話すのは尻《しり》込《ご》みしてしまう。
영어가 서투르니까 외국인과 이야기하는 것은 꽁무니를 빼고 만다.

5 ～か～ないかのうちに

~하자마자 /
접속 : 동사(る・た) + か + 동사(ない형) + ないかのうちに

···› 彼はベッドに横になるかならないかのうちに、眠ってしまった。
그는 침대에 눕자마자 잠들고 말았다.

···› 夜が明けるか明けないかのうちに、父は起き出した。
날이 새자마자 아버지는 일어나셨다.

···› この店のパンは、店頭に並ぶか並ばないかのうちに、飛ぶように売れていく。
이 가게의 빵은 가게 앞에 진열하자마자 날개 돋친 듯이 팔린다.

확인 문제

● 실력을 확인해 보세요.

Part 02

1 適当なものを選んで、文を完成させてください。

1. ものなら / かと思うと / ものだから / かのうちに / おかげで

① なれる(　　　)政治家《せいじか》になって、この格差《かくさ》社会を変えたいと思う。

② スピーチなんてやったことがない(　　　)、緊張《きんちょう》してしまいます。

③ 「お休み」と言うか言わない(　　　)、ぐうぐう鼾《いびき》をかき始めた。

④ あなたが来てくださった(　　　)、楽しいパーティーになりました。

⑤ 一つ問題が片づいた(　　　)、また新しい問題が起こった。

2. に違いない / かけた / ふりをする / かねる / たまらない

① 「目的のためには手段を選ばず」といった考え方には賛成《さんせい》し(　　　)。

② 彼の表情から見て、試験の結果はよくなかった(　　　)。

③ 言い(　　　)ことは、最後まで言いなよ。

④ 友の困窮《こんきゅう》を見て見ぬ(　　　)ことはできません。

⑤ 昨夜から歯《は》がズキズキと痛くて(　　　)。

2 文章の内容と合っているものに○、合っていないものに×を入れてください。

①(　)一匹の狸が毎日のように畑を荒らすので、おじいさんは困っていました。

②(　)おじいさんは、捕まえた狸を狸汁にして食べようと思いました。

③(　)狸は縄を解いてもらうために、嘘をついておばあさんを騙しました。

④(　)おばあさんに化けた狸は、狸汁を作っておじいさんを待っていました。

⑤(　)おじいさんは、おいしそうにおばあさんの肉が入った汁を食べました。

⑥(　)おじいさんが仇を取ってほしいと兎に頼むと、兎は快《こころよ》く引き受けました。

⑦(　)兎は狸に懲罰を与えるためにどうするか、いろいろ作戦を考えました。

⑧(　)兎はやけどを負った狸を気の毒に思い、塗り薬を持っていってあげました。

⑨(　)兎は最初から狸を殺すつもりで、狸を釣りに誘い、泥の船に乗せました。

Part 03 桃太郎《ももたろう》

吉備津神社(中村照夫撮影)

Track 03

이야기 해설

『桃太郎《ももたろう》』は、紀元前《きげんぜん》3世紀《せいき》頃《ごろ》に活躍《かつやく》した第7代天皇《てんのう》・孝霊《こうれい》天皇の息子、吉備津彦命《きびつひこのみこと》がモデルであると言われています。岡山《おかやま》には吉備津彦命を祀《まつ》る吉備津彦神社《じんじゃ》がありますが、その縁起《えんぎ》には、吉備津彦が吉備(今の岡山《おかやま》県)を支配《しはい》し人々を苦しめていた温羅(おんら/うら)を討《う》ち、吉備の国を治《おさ》めたという伝説《でんせつ》があります。

温羅は元々《もともと》は日本に渡《わた》ってきた百済《くだら》(朝鮮半島《ちょうせんはんとう》)の王子《おうじ》でした。ですから、この民話の背景《はいけい》には、大和《やまと》王権《おうけん》と朝鮮半島《ちょうせんはんとう》からの渡来人《とらいじん》の間《あいだ》で起きた武力《ぶりょく》衝突《しょうとつ》という史実《しじつ》が隠《かく》されており、それをおとぎ話として脚色《きゃくしょく》して、伝承《でんしょう》したものである可能性《かのうせい》が高いでしょう。この「桃太郎」は岡山の人にとっては郷土《きょうど》の英雄《えいゆう》であり、岡山駅を降りると、桃太郎の銅像《どうぞう》(右写真)があなたを迎《むか》えてくれます。

活躍《かつやく》する 활약하다 | モデル 모델 | 祀《まつ》る 제사 지내다, 모시다 | 縁起《えんぎ》 길흉의 조짐, 운수, 일의 기원 | 支配《しはい》する 지배하다 | 苦《くる》しめる 괴롭히다, 걱정시키다 | 討《う》つ 베어 죽이다, 토벌하다 | 治《おさ》める 지배하다, 통치하다 | 伝説《でんせつ》 전설 | 元々《もともと》 원래, 본디부터 | 百済《くだら》 백제 | 渡来人《とらいじん》 외국에서 건너온 사람 | 大和《やまと》王権《おうけん》 야마토 왕권(야마토는 일본의 다른 이름) | 武力衝突《ぶりょくしょうとつ》 무력 충돌 | おとぎ話《ばなし》 아이들에게 들려주는 옛날 이야기, 동화, 민화 | ～として ~으로서 | 脚色《きゃくしょく》する 각색하다 | 可能性《かのうせい》 가능성 | ～にとって ~에게 있어서 | 郷土《きょうど》の英《えい》雄《ゆう》 고향의 영웅

一

昔むかし、吉備の国のある村に、おじいさんとおばあさんがいました。毎日、おじいさんは山へ柴刈り[1]に、おばあさんは川へ洗濯に行きました。

ある日、おばあさんが、川で洗濯をしていると、川上から大きな桃が一つ、「ドンブラコッコ、ドンブラコ。ドンブラコッコ、ドンブラコ」と流れて来ました。

「なんと[2]みごとな[3]桃だこと。おじいさんへのお土産[4]に、うちへ持って帰りましょう」

おばあさんが、「うまい[5]桃っこ、こっちゃ[6]に来い。苦い[7]桃っこ、あっちゃ[8]に行け」と言うと、大きな桃は、スーッと[9]おばあさんの方へ流れて来ました。

おばあさんは桃を拾い上げて[10]、えっちら、おっちら[11]、両手[12]で抱えてうちへ帰りました。

夕方になって、おじいさんは山から柴を背負って帰って来ました。

「おばあさん、今帰ったよ」

「おや、おじいさん、お帰りなさい。待っていたんですよ。さあさあ、早くお上がりなさい。いいものをあげますから」

「何だね、そのいいものというのは[13]」

そう言いながら、おじいさんは草鞋[14]を脱いで、上に上がりました。おばあさんはさっきの桃を重そうに抱えて来て、言いました。

「ほら、ご覧なさい。この桃を」

「ほほう[15]、これはみごとな桃だこと[16]。いったい[17]どこから買って来たんだい[18]？」

「買って[19]来たんじゃありませんよ。川で拾って来たんです」

「え、川で拾って来たって？」

おじいさんは桃を両手に乗せて、ためつすがめつ[20]眺め[21]ました。おばあさんは、「さあさあ、一緒に食べましょう」と言いながら、桃に包丁を入れました。すると、桃がポン[22]と二つに割れて、中から「おぎゃあ、おぎゃあ[23]」と勇ましい[24]産声[25]を上げながら、かわいらしい男の赤ちゃんがとび出しました。

「おやまあ[26]、これはどうしたこと」

おじいさんもおばあさんも、びっくりです。「私たちが、いつも子供がほしい、ほしいと神さまにお祈り[27]していたもの[28]だから、きっと神さまがこの子を授けて[29]くださったに違いない[30]」と、おじいさんもおばあさんも大喜びです。急いでお湯[31]を沸かして、産湯[32]を使わせました。そして桃の中から生まれた子だということから[33]、この子に桃太郎という名前[34]をつけました。

二

おじいさんとおばあさんは、それはそれは大事[35]に桃太郎を育てました。いっぱい食べるといっぱいだけ[36]、にはい食べるとにはいだけ、さんばい食べるとさんばいだけ大きくなる。一を教えれば十までわかる。桃太郎は成長するにつれて[37]、賢く[38]てたくましい[39]少年に育ちました。気だて[40]もやさしくて、おじいさんとおばあさんにもよく孝行[41]をしました。

10歳になったころには、体も大きく力も強くて、相撲[42]を取っても、村の大人たちでかなう[43]ものは、一人もいないぐらい[44]でした。

桃太郎が十五になったある日のこと、一羽のカラス[45]がやってきて、桃太郎に告げました。

「鬼ヶ島の鬼が来て、あっちゃの村で米とった。ガアーガアー。こっちゃの村で塩とった。ガアーガアー。娘[46]をさらって、ガアーガアーガアー」そのころ、鬼ヶ島を根城[47]にする悪い鬼がいて、吉備の国の村々を襲[48]

っては、米や塩を奪[49]ったり、娘をさらったり、悪さ[50]の限りをしていました。そして、鬼たちは岩で作られた頑強[51]なお城に住んで、贅沢三昧[52]の暮らしをしていたのです。

桃太郎はカラスからこの話を聞くと、むらむら[53]と怒り[54]がこみ上げてきて、居ても立ってもいられなく[55]なりました。そこでうちへ帰ると、おじいさんに、

「鬼ヶ島へ鬼の征伐[56]に行こうと思います。どうか私にしばらくお暇[57]をください」

と言いました。

しかし、大事に育てた息子です。おじいさんもおばあさんも、そんな危ないことをしてほしくありません。心配で心配で、泣いて止めましたが、桃太郎の決意は変わりません。そこでしかたなく[58]、桃太郎が鬼ヶ島に行くのを許し[59]ました。

「そんな遠方[60]へ行くのでは、さぞ[61]お腹[62]が空くことでしょう。お弁当[63]をこしらえて[64]あげましょう」と言うと、庭のまん中に大きな臼[65]を持ち出して、おばあさんが合いの手[66]になり、おじいさんが「ぺんたらこっこ、ぺんたんこ」と、黍だんご[67]をつき始めました。

黍だんごができ上がるころには、桃太郎の旅支度[68]もすっかり[69]でき上がりました。桃太郎は侍[70]の着るような陣羽織[71]を着て、刀を腰にさして、黍だんごを入れた袋をぶら下げ[72]ました。

「では、おとうさん、おかあさん、行ってまいります」

桃太郎は別れを告げました。「りっぱ[73]に鬼を退治[74]してくるがいい[75]」と、おじいさんは言いました。

「くれぐれも[76]気をつけて、必ず[77]無事[78]

に帰ってくるんですよ」と、おばあさんは涙声[79]で言いました。

桃太郎は、「大丈夫です。私は日本一の黍だんごを持っていますから。では、行ってまいります」と元気に言うと、鬼ヶ島に向かって[80]出発[81]しました。

おじいさんとおばあさんは、桃太郎の姿[82]が見えなくなっても、家の前でいつまでも桃太郎を見送って[83]いました。

三

桃太郎がずんずん[84]行くと、大きな山の上にさしかかり[85]ました。すると、「ワン、ワン」[86]と、草むら[87]から一匹の犬が駆けて[88]来ました。そして、犬は桃太郎にお辞儀[89]をして、「桃太郎さん、桃太郎さん、どちらへおいでになります[90]か」と尋ね[91]ました。

「私はこれから鬼ヶ島へ、鬼の征伐に行くのだ」

「お腰に下げたものは、何でございますか」

「日本一の黍だんごさ」

「一つください。お供[92]しましょう」

「よし、よし、やるから、ついて来い」

犬は黍だんごをもらって、桃太郎の後からついて行きました。

山を下りてしばらく行くと、今度は森の中に入りました。すると木の上から、「キャッ、キャッ」と叫びながら、一匹の猿が滑り降りて[93]来ました。そして「桃太郎さん、桃太郎さん、どちらへおいでになりますか」と尋ねました。鬼ヶ島へ鬼退治に行くと聞くと、「お腰に下げた黍だんごを一つください。お供しましょう」と言いました。

「よし、よし、やるから、ついて来い。」

猿も黍だんごを一つもらって、後からついて行きました。

山を下りて、森を抜けて、今度は広い野原[94]へ出ました。すると空の上で、「ケン、ケン」と鳴く声がして、一羽の雉[95]が飛んで来ました。雉はていねいにお辞儀をして、「お腰に下げた黍団子を一つください。私もお供いたしましょう」と言いました。

「よし、よし、やるから、ついて来い」

こうして、桃太郎は、犬、猿、雉といういい家来[96]ができたので、勇気百倍[97]です。またずんずん進んで行くと、やがて[98]瀬戸の海(瀬戸内海)に出ました。

桃太郎は海辺に住む漁師から船を借りると、家来といっしょに船に乗り込みました。

「私は漕ぎ[99]手になりましょう」

こう言って、犬は船を漕ぎ出しました。

「私は舵取り[100]になりましょう」

こう言って、猿は舵を握りました。

「それでは、私は物見[101]を務め[102]ましょう」

こう言って、雉が船の舳先[103]に立ちました。

まっ青な瀬戸の海は穏やか[104]で、波も静かです。船はまっすぐ鬼ヶ島を目指し[105]て進みました。

三日目の夕方、舳先に立っていた雉が、「あそこに島が見える」と叫びました。「桃太郎さん、私が偵察[106]に行ってまいります」と言うと、バタバタ[107]と高い羽音[108]をさせて、スウーッと飛んでいきました。

雉の飛び立った後、桃太郎も目を凝らす[109]と、なるほど[110]遠い遠い海の果て[111]に、ぼんやり[112]と雲のような島影[113]が見えました。船が進むにしたがって[114]、だんだんはっきりと島の形が現れてきました。偵察に行っていた雉は帰ってくると、「鬼ヶ島に間違いありません」と報告しました。

「ついに来た」、桃太郎は武者震い[115]しました。犬も猿もうなずき[116]ました。鬼ヶ島が近くなると、硬い岩で作られた鬼のお城が見えてきました。門の前には見張り[117]をしている鬼の兵隊の姿も見えます。

四

敵に気づかれて[118]はいけない。桃太郎は鬼の見張りに見つからないように[119]、船を陸に近づける[120]と、ひらりと[121]地上にとび降り[122]ました。犬と猿も桃太郎に従い[123]ました。

桃太郎一行が隠れてお城の様子を見ていると、鬼にさらわれてきた若い娘が、籠[124]に魚や貝をいっぱい入れて通りかかり[125]ました。桃太郎は小声で、「娘さん、娘さん」と呼び止める[126]と、自分が鬼退治に来たことを話し、娘に一つの作戦を授けました。「娘さん、今日は大宴会[127]を開いて、鬼たちに思いっきり[128]お酒を飲ませて、酔っぱらわせて[129]ください。うまくいったら[130]、松明を焚いて[131]知らせてください」

夜も更け[132]、お城の中は飲めや歌えの[133]大騒ぎです。娘たちは歌って舞って、鬼たちになみなみと[134]お酒を注いで[135]回ります。そのうち、一匹、二匹と鬼たちは酔いつぶれ[136]、ぐうぐう[137]寝込んで[138]しまいました。

それを見た娘の一人は、城壁の上で松明に灯[139]を灯して振りました。合図[140]の松明です。

桃太郎たちが城門[141]に近づくと、見張りをしていた鬼の兵隊も大いびき[142]で寝ています。娘たちは桃太郎たちを中に引き入れる[143]ために、お城の門を開きました。難なく[144]お城の中に忍び込んだ[145]桃太郎は、鬼の大将を探して奥へ奥へと進んでいきました。

しかし、一匹の鬼に気づかれてしまいました。

「くせ者[146]だ！みんな起きろ！」

鬼たちは上を下への[147]大慌て[148]です。しかし、酔っぱらっている鬼たちは闘う[149]どころではありません[150]。足もよろけて[151]ふらふら[152]です。雉は鬼たちの目をつつきます[153]。猿は鬼たちの顔を引っ掻きます[154]。犬は鬼たちの足にガブリと噛みつきます[155]。鬼たちは「痛い、痛い」と逃げまわるばかり、ついには手にしていた[156]鉄の棒も槍も投げ出して[157]、逃げ出しました。

桃太郎は鬼の大将に向かって突進しました。さすが[158]鬼の大将、最後まで闘いましたが、黍だんごを食べた桃太郎の敵ではありません[159]。とうとう[160]桃太郎に組みふせられて[161]しまいました。桃太郎は大きな鬼の背中に馬乗り[162]にまたがって[163]、「どうだ。これでも降参[164]しないか」と言って押さえつけ[165]ました。鬼の大将は桃太郎にぎゅうぎゅう[166]首を絞められて[167]、苦しくてたまりません[168]。ついに「降参します、降参します。命だけはお助けを」と涙声で哀願しましました。

桃太郎は、「二度と悪いことをしないなら、許してやろう」と言いました。

「もうしません。もうしません。娘たちも、宝物も一つ残らずお返しします」

鬼の大将も手下[169]の鬼たちも、両手をついて謝った[170]ので、桃太郎は許してやりました。

次の朝、桃太郎は娘たちを船に乗せ、鬼たちから取り戻した[171]宝物を船に積むと、帰途[172]につきました。

やがて船は吉備の国に着きました。船が陸に着くと、娘たちは口々[173]に「ありがとうございました」とお礼を言って、うれしそうに手[174]を振りながら、故郷の村に戻っていきました。

桃太郎たちも車に宝物をいっぱい積んで、おじいさんとおばあさんの待つ故郷の村へ向かいました。

犬が先に立って車を引っ張り[175]ました。雉は綱[176]を引いて、猿は車の後[177]を押しました。

「えんやらさっさ、えんやらさ」

かけ声[178]をかけながら、桃太郎一行は進んで行きました。そして村に着きました。

うちではおじいさんとおばあさんが、今か今か[179]と桃太郎の帰りを待っていました。そこへ桃太郎が家来に宝物を引かせて帰って来たのですから、大喜びです。

吉備の国にも平和[180]が戻ってきました。見上げる[181]と、空は青々[182]と晴れ上がって[183]、庭には桜[184]の花が咲き[185]乱れていました。

一

1 柴刈《しばか》り 잔디를 깎음, 또는 그 사람 2 なんと~こと 얼마나 ~한 일(감탄) 3 みごと 훌륭함, 멋짐, 완벽함 4 土産《みやげ》 선물 5 うまい 맛있다, 잘하다 6 こっちゃ 이쪽이야 7 苦《にが》い 쓰다, 싫다, 쓰라리다 8 あっちゃ 저쪽이야 9 スーッと 가볍게, 재빨리, 훌쩍, 휙 10 拾《ひろ》い上《あ》げる 주워 올리다, 골라내다 11 えっちらおっちら 무거운 짐을 지거나 지쳐서 괴로운 듯이 힘들여 걷는 모양, 열심히 걷는 모양 12 両手《りょうて》で抱《かか》える 양손으로 안다 13 ~というのは ~이라는 것은, ~란 14 草鞋《わらじ》 (일본) 짚신 15 ほほう 놀라거나 감탄할 때 내는 소리, 허허 16 ~こと 명사수식형이나 종지형에 붙어 감동, 단정, 권유, 동의를 구할 때 씀 17 いったい 도대체 18 ~んだい ~한 거냐?(친밀감을 담아 표현을 부드럽게 하는 말 (남성이 동료나 손아랫사람에게 허물없이 사용. 단, だ, か, た에 붙는 꼴은 노년의 여성도 씀)) 19 ~って ~이라고(인용), ~이라고 하는, ~이라고 해서, ~이냐고(반문), ~한다니까(주장) 20 ためつすがめつ 이리 보고 저리 보고, 요모조모로 보고 21 眺《なが》める 바라보다 22 ポンと 가볍게 치거나 물건이 튈 때 나는 소리. 펑, 뻥, 탁, 툭 23 おぎゃあおぎゃあ 어린 아기의 울음소리. 응애응애 24 勇《いさ》ましい 용감하다 25 産声《うぶごえ》を上《あ》げる 고고의 소리를 지르다, 태어나다 26 おやまあ 어, 아니, 어머, 깜짝이야 27 お祈《いの》りする 기도하다(겸양어) 28 ~ものだから ~이니까(이유, 변명) 29 授《さず》ける 주다, 하사하다, 전수하다 30 ~に違《ちが》いない ~임에 틀림없다 31 湯《ゆ》を沸《わ》かす 물을 끓이다 32 産湯《うぶゆ》 갓난아기를 목욕시킴, 또는 그 물 33 ~ことから ~해서, ~때문에(근거) 34 名前《なまえ》をつける 이름을 붙이다

二

35 大事《だいじ》 소중함, 중요함 36 ~だけ ~만큼 37 ~につれて ~함에 따라서 38 賢《かしこ》い 현명하다, 약삭빠르다 39 たくましい 늠름하다, 힘차다, 강인하다 40 気《き》だて 타고난 마음씨, 심지 41 孝行《こうこう》 효행 42 相撲《すもう》を取《と》る 씨름하다 43 かなう 당해내다, 필적하다 44 ~ぐらい ~정도 45 カラス 까마귀 46 娘《むすめ》をさらう (아가씨, 여성 등을) 유괴하다, 휩쓸다 47 根城《ねじろ》 아성, 본거지, 근거지 48 襲《おそ》う 덮치다, 들이닥치다, 습격하다 49 奪《うば》う 빼앗다 50 悪《わる》さの限《かぎ》り 온갖 나쁜 짓 51 頑強《がんきょう》 완강함 52 贅沢三昧《ぜいたくざんまい》 사치에 빠짐, 마음껏 사치를 부림 53 むらむら 감정이 솟구쳐 오르는 모양, 걷잡을 수 없이, 불끈불끈 54 怒《いか》りがこみ上《あ》げる 분노가 솟아오르다 55 居《い》ても立《た》ってもいられない 안절부절 못하다, 어찌할 바를 모르다 56 征伐《せいばつ》 정벌 57 暇《ひま》をください 말미(기회, 휴가, 시간)를 주세요 58 しかたない 할 수 없다, 어쩔 수 없다 59 許《ゆる》す 허락하다, 용서하다 60 遠方《えんぽう》 먼 곳 61 さぞ~だろう 추측하건대(필시) ~일 것이다 62 お腹《なか》が空《す》く 배가 고프다 63 弁当《べんとう》 도시락 64 こしらえる 마련하다, 준비하다, 꾸미다, 속이다 65 臼《うす》 절구, 맷돌 66 合《あ》いの手《て》 노래 사이에 들어가는 간주, 손장단 67 黍《きび》だんご 수수경단 68 旅支度《たびじたく》 여행채비 69 すっかり 완전히, 깨끗이 70 侍《さむらい》 무사, 호위하는 사람 71 陣羽織《じんばおり》 옛날 진중에서 갑옷 위에 걸쳐 입던 소매 없는 겉옷 72 ぶら下《さ》げる 늘어뜨리다, 매달다 73 りっぱ 훌륭함, 멋짐 74 退治《たいじ》する 퇴치하다 75 ~がいい ~하면 된다 76 くれぐれも 부디, 아무쪼록 77 必《かなら》ず 반드시, 필히 78 無事《ぶじ》 무사 79 涙声《なみだごえ》 울먹이는 목소리 80 ~に向《む》かって ~을 향해서 81 出発《しゅっぱつ》する 출발하다 82 姿《すがた》

모습 83 見送《みおく》る 전송하다

三

84 ずんずん 거침없이, 척척, 성큼성큼 85 さしかかる 다다르다, 접어들다, 뒤덮다 86 ワンワン 멍멍(개), 엉엉, 우렁차게, 쩌렁쩌렁 87 草《くさ》むら 풀숲 88 駆《か》ける 전속력으로 달리다, 뛰다 89 お辞儀《じぎ》をする 절하다, 인사하다 90 おいでになる 오시다, 가시다, 계시다(존경어) 91 尋《たず》ねる 묻다, 방문하다, 찾다 92 お供《とも》する 함께 하다(겸양어) 93 滑《すべ》り降《お》りる 미끄러져 내려오다 94 野原《のはら》 들, 들판 95 雉《きじ》 꿩 96 家来《けらい》 부하, 종자, 가신 97 勇気百倍《ゆうきひゃくばい》 용기백배 98 やがて 이윽고 99 漕《こ》ぎ手《て》 배를 젓는 사람 100 舵取《かじと》り 지휘, 지도자, 키잡이 101 物見《ものみ》 경비, 파수, 구경 102 務《つと》める 소임을 맡다, 역할을 하다 103 舳先《へさき》 뱃머리 104 穏《おだ》やか 평온함, 온후함, 차분함 105 ～を目指《めざ》して ~을 지향해서, ~을 목표로 해서 106 偵察《ていさつ》 정찰 107 バタバタ 푸드득푸드득, 펄럭펄럭, 허둥지둥 108 羽音《はおと》 (새, 벌레 등의) 날개 소리, 화살이 날아가는 소리 109 目《め》を凝《こ》らす 응시하다 110 なるほど 과연, 역시 111 海《うみ》の果《は》て 바다 끝 112 ぼんやりと 멍하니, 어렴풋이 113 島影《しまかげ》 섬의 모습 114 ～にしたがって ~함에 따라서 115 武者震《むしゃぶる》い 흥분으로 설레어 몸이 떨림 116 うなずく 수긍하다, 고개를 끄덕이다 117 見張《みは》り 망을 봄, 파수꾼

四

118 気《き》づかれる 들키다 119 ～ないように ~하지 않도록 120 近《ちか》づける 가까이 하다, 접근시키다 121 ひらりと 훌쩍, 날쌔게, 휙 하고 122 とび降《お》りる 뛰어내리다 123 従《したが》う 따르다 124 籠《かご》 바구니 125 通《とお》りかかる 마침 그곳을 지나가다 126 呼《よ》び止《と》める 불러 세우다 127 大宴会《だいえんかい》 큰 연회 128 思《おも》いっきり 마음껏, 실컷, 몹시 129 酔《よ》っぱらう 술에 취하다 130 うまくいく 잘 되다 131 松明《たいまつ》を焚《た》く 횃불을 피우다(지피다, 때다) 132 夜《よ》が更《ふ》ける 밤이 깊어지다 133 飲《の》めや歌《うた》え 부어라 마셔라 134 なみなみと 남실남실, 물 등이 넘칠 듯이 가득찬 모양 135 酒《さけ》を注《そそ》ぐ 술을 따르다 136 酔《よ》いつぶれる 술에 곯아떨어지다, 곤드레만드레하다 137 ぐうぐう 쿨쿨 138 寝込《ねこ》む 깊이 잠들다, 병으로 오랫동안 자리에 눕다 139 灯《あかり》を灯《とも》す 불을 켜다 140 合図《あいず》 신호 141 城門《じょうもん》 성문 142 大《おお》いびき 크게 코를 고는 소리 143 引《ひ》き入《い》れる 끌어들이다, 불러들이다 144 難《なん》なく 무난히, 수월하게, 쉽사리 145 忍《しの》び込《こ》む 숨어들다, 잠입하다 146 くせ者《もの》 수상함, 보통내기가 아님, 마음 놓을 수 없는 일 147 上《うえ》を下《した》へ 혼란에 빠져 벌컥 뒤집힌 모양, 대혼란, 야단법석 148 大慌《おおあわ》て 매우 당황함, 몹시 허둥지둥함 149 闘《たたか》う 싸우다 150 ～どころではない ~할 때(상황, 처지)가 아니다 151 よろける 비틀거리다 152 ふらふら 휘청휘청, 비틀비틀, 어정어정 153 目《め》をつつく 눈을 찌르다 154 引《ひ》っ掻《か》く 손톱 등으로 할퀴다, 세게 긁다 155 噛《か》みつく 달려들어 물다, 대들다, 물고 늘어지다 156 手《て》にする 손에 쥐다, 입수하다, 차지하다 157 投《な》げ出《だ》す 내팽개치다, 내던지다, 포기하다 158 さすが 과연 159 ～の敵《てき》ではない ~의 적이 아니다 160 とうとう 드디어, 결국, 마침내 161 組《く》みふせる 상대를 넘어뜨려 깔고 누르다 162 馬乗《うまの》り 깔고 앉음, 승마 163 またがる 올라타다, 걸치다 164 降参《こうさん》する 항복하다, 손들다 165 押《お》さえつ

ける 단단히 누르다, 억누르다 166 ぎゅうぎゅう 단단히 죄는 모양, 꽉 167 首《くび》を絞《し》める 목을 비틀다, 조르다 168 ～てたまらない ~해서 견딜 수 없다, ~해서 참을 수 없다 169 手下《てした》 부하 170 謝《あやま》る 사과하다 171 取《と》り戻《もど》す 되찾다, 회복하다 172 帰途《きと》につく 귀로에 오르다 173 口々《くちぐち》に 저마다, 각각, 여러 곳의 출입구 174 手《て》を振《ふ》る 손을 흔들다 175 引《ひ》っ張《ぱ》る 잡아당기다, 끌어당기다 176 綱《つな》を引《ひ》く 밧줄을 끌어당기다 177 後《うし》ろを押《お》す 뒤를 밀다, 누르다 178 かけ声《ごえ》をかける 응원을 하다, 소리(구호)를 지르다 179 今《いま》か今《いま》かと 이제나저제나 하고 180 平和《へいわ》 평화 181 見《み》上《あ》げる 올려다보다 182 青々《あおあお》と 푸르디 푸른, 온통 푸르게 183 晴《は》れ上《あ》がる 맑게 개다 184 桜《さくら》の花《はな》 벚꽃 185 咲《さ》き乱《みだ》れる 꽃이 어우러져 만발하다

표현 문형

1 ~というのは ~이라는 것은, ~란 / 접속: 보통체, 명사 + というのは

··· 田中さんが会社を辞《や》めるというのは、ほんとうですか。
다나카 씨가 회사를 그만둔다는 것은 사실입니까?

··· ＩＴというのは、情報《じょうほう》技《ぎ》術《じゅつ》のことです。
IT란 정보기술을 뜻하는 것입니다.

··· 人間というのは、つくづく強欲《ごうよく》な生き物だと思う。
인간이란 몹시 욕심이 많은 생명체라고 생각한다.

2 ~ことから ~해서, ~때문에 / 접속: 보통체[な형용사(な, である), 명사(である)] + ことから

··· 足跡《あしあと》が大きいことから、どうやら犯人は男らしい。
발자국이 크기 때문에 아무래도 범인은 남자인 것 같다.

··· 彼は面倒《めんどう》見《み》がいいことから、部下からの厚い信頼《しんらい》を受けている。
그는 잘 돌봐주기 때문에 부하로부터 두터운 신뢰를 받고 있다.

··· 彼は物《もの》知《し》りであることから、「生《い》き字《じ》引《びき》」と言われている。
그는 유식해서 '살아 있는 사전(만물박사)'이라 불리우고 있다.

3 ~につれて ~함에 따라서 / 접속: 동사(る), 명사 + につれて

··· 歌は世につれ、世は歌につれ。
노래는 세상에 따라서 세상은 노래를 따라서.

··· 経験《けいけん》を積《つ》むにつれて、人は慎重《しんちょう》になる。
경험을 쌓는 것에 따라서 사람은 신중해진다.

··· 医学の進歩につれて、人々の平均寿命《じゅみょう》も延びてきた。
의학이 진보됨에 따라서 사람들의 평균수명도 늘어나게 되었다.

4 ～ぐらい ~정도 / 접속: 보통체, 명사 + ぐらい

···▸ 恥ずかしくて、穴があったら入りたいぐらいだった。
창피해서 구멍이 있다면 들어가고 싶을 정도였다.

···▸ ちょっとの風邪を引いたぐらいで、病院に行くことはないよ。
좀 감기에 걸린 정도로 병원에 갈 필요는 없어.

···▸ 遅れるなら遅れるで、電話一本ぐらいしろよ。
늦어질 거라면 늦어진다고 전화 한 통 정도는 해.

5 ～どころではない ~할 때(상황, 처지)가 아니다 접속: 동사(る), 명사 + どころではない

···▸ 忙しくて、花見どころじゃないよ。
바빠서 꽃구경할 상황이 아니야.

···▸ 受験前《じゅけんまえ》の息子を抱えているので、旅行に行くどころではないんです。
수험 전의 아들을 맡고 있어서 여행갈 처지가 아니에요.

···▸ 「映画でも見に行かない？」
「仕事がたまっていて、それどころじゃないんだよ」
"영화라도 보러 가지 않을래?"
"일이 쌓여 있어서 그럴 처지가 아니야."

확인 문제

● 실력을 확인해 보세요.

Part 03

1 適当なものを選んで、文を完成させてください。

1. として / にとって / というのは / につれて / ぐらい

① 病状《びょうじょう》が回復する(　　　　)、彼女の顔にも笑顔《えがお》が戻ってきた。

② 低酸素《ていさんそ》社会への移行《いこう》は、現代社会(　　　　)後戻《あともど》りできない道だ。

③ その話を聞いて、息が止まるかと思う(　　　　)驚《おどろ》いた。

④ 卒業論文のテーマ(　　　　)、「水と暮らし」を取り上げることにした。

⑤ 空梅雨《からつゆ》(　　　　)、雨があまり降らない梅雨のことです。

2. なんと / いったい / さぞ / やがて / さすが

① ご主人を亡くし、(　　　　)お悲しみのことでしょう。

② (　　　　)誰がそんな嘘八百《うそはっぱゃく》を言ったんですか。

③ こんな軽装《けいそう》で冬山に登るなんて、(　　　　)無謀《むぼう》なことを。

④ 実にうまい。(　　　　)本場の中華《ちゅうか》料理だけのことある。

⑤ 小さな川の流れが大河《たいが》となり(　　　　)海に注ぎ込む。

2 文章の内容と合っているものに○、合っていないものに×を入れてください。

①(　)おばあさんが川で拾った桃は、両手で抱えるぐらい大きな桃でした。

②(　)おじいさんとおばあさんは、桃太郎を神様からの贈り物だと思いました。

③(　)犬の次に桃太郎の家来になったのは、山に住んでいた猿でした。

④(　)最初に鬼ヶ島を発見したのは、船の舳先に立っていた雉でした。

⑤(　)桃太郎たちは隠れていましたが、若い娘に見つかってしまいました。

⑥(　)鬼たちは棒や槍を手にすると、頑強に桃太郎たちに抵抗しました。

⑦(　)桃太郎は、馬に乗って鬼の大将と闘い、ついに組みふせました。

⑧(　)鬼たちが手をついて謝ったので、桃太郎は鬼たちの命を助けてやりました。

⑨(　)桃太郎たちは、宝物と娘たちを車に乗せて、故郷の村に向かいました。

Part 04 姥《うば》捨《す》て山《やま》

Track 04

이야기 해설

むかし日本の貧《まず》しい山村《さんそん》では、「姥捨《うばす》て」という風習《ふうしゅう》があり、60 歳《さい》を過《す》ぎた老人《ろうじん》は口減《くちべ》らしのために山へ捨てるという残酷《ざんこく》な掟《おきて》が存在《そんざい》していたようです。

「姥捨て山」伝説《でんせつ》は日本各地《かくち》にあり、信濃《しなの》伝説、筑後《ちくご》伝説、奄美《あまみ》伝説、伊平屋村《いへいやむら》伝説、みちのく伝説、蓮台野(でんでらの)伝説など、数多《かずおお》く点在《てんざい》しています。その中で一番有名なのは信濃(今の長野県)で、実際に姥捨山という名前の山があります。また、民話の里《さと》、遠野《とおの》にも蓮台野(だんだらの)と呼ばれる、老人たちを捨てた丘《おか》や野原《のはら》が、集落《しゅうらく》ごとにあったと言われています。

デンデラ野《の》

六十歳になった老人を捨てた野で、老人たちは日中《にっちゅう》は里《さと》に下りて農作業《のうさぎょう》を手伝《てつだ》い、僅《わず》かな食料《しょくりょう》を得《え》て野の小屋《こや》に戻《もど》り、寄《よ》り添《そ》うように暮《く》らしながら、生命《せいめい》の果《は》てるのを静《しず》かに待《ま》ったと伝えられています。

かつての山村の悲《かな》しい習《なら》いをうかがわせます。

(碑文転記)

姥捨《うばす》て 늙은 숙모를 어머니처럼 봉양하던 젊은이가 아내의 성화로 산에 버렸으나 슬픔에 못이겨 다시 모셔왔다는 전설 | 口減《くちべ》らし (부양해야 할) 식구를 줄임 | 残酷《ざんこく》な掟《おきて》 잔혹한 법도, 규정, 법률 | 数多《かずおお》い 수많다 | ~ごとに (명사나 동사의 ます 형에 붙어) ~마다 | 日中《にっちゅう》 주간, 대낮, 정오 | 農作業《のうさぎょう》 농사일, 들일 | 手伝《てつだ》う 돕다, 거들다 | 僅《わず》かな食料《しょくりょう》 얼마 안 되는 식료품 | 得《え》る 얻다 | 寄《よ》り添《そ》う 바싹 붙다, 다가붙다 | 生命《せいめい》の果《は》てる 생명이 다하다 | 習《なら》い 습관, 풍습 | かつて 일찍이, 옛날에 | うかがわせる 엿보게 하다, 살피게 하다(うかがう 의 사역형)

一

昔むかし、あるところに、姥捨て山という山がありました。60歳になった親は、みな、その山に捨てるのが、この国の掟でした。

ある村に、弥助という親孝行[1]な息子と母親の二人が、貧乏[2]ながら[3]も仲良く[4]暮らしていました。しかし、弥助の母親はもうすぐ[5]60歳になるのでした。

ある日、「そろそろじゃな」と村の顔役[6]が回ってきて、弥助に囁き[7]ました。

「わかっとりますけん。それ以上言わんといてください」 弥助は母親に気づかれない[8]ように、顔役を追い返し[9]ました。

「オラぁ、おっかあ[10]を捨てることなんてできねえ」

しかし、無情[11]にも別れの日はだんだん近づいてきます。もし掟に逆らったら[12]、明日から村八分[13]という重い罰[14]が待っています。息子はその日が近づくにつれて[15]、食事も喉[16]を通らなくなりました。

それを見た老いた[17]母親は、弥助に言いました。

「もうよかばい[18]。早ようわし[19]を山に連れて行かんかい」

「いやじゃ、おっかあを山に連れて行くぐらいなら[20]、俺もいっしょに死ぬけん」

弥助は、大きな体[21]を揺すって泣きました。しかし、時[22]は無慈悲[23]に刻まれていきます。

二

つい[24]にその日が来ました。弥助は夜明け[25]前に母親を連れて出発するつもりでしたが、決心[26]がつかないまま[27]、昼過ぎ[28]までぐずぐず[29]していました。

それを見た母親は言いました。

「弥助や。何をぐずぐずしとる。早くわしを連れて行け。でないと、日が暮れるべ」

弥助は泣く泣く母親を背中[30]におぶって、山へ捨てに行きました。母親は枯れ木のように軽く、それがいっそう[31]弥助を悲しくさせました。道はだんだん細くなり、生い茂った[32]木々に陽ざし[33]は遮られ[34]、時おり[35]山鳩[36]が鳴くだけです。しばらくして、弥助は背中の母親が、木に咲く白い花[37]を摘んでは[38]、道に落としていることに気がつきました。

「おっかあ、何をしているんだい？」

母親は悲しそうな目をするだけで、何も言いません。とぼとぼ[39]歩いているうちに[40]、とうとう[41]山頂まで来てしまいました。別れの時です。弥助は母親を背中から下ろすと、何度も「勘弁[42]してくれ、勘弁してくれ」と謝り続けました。

母親は「早く帰れ」と言うと、目を閉じ、手を合わせて[43]、お経[44]を唱え始めました。

弥助は、「わーっ」と叫ぶなり[45]、泣きながら山を駆け下りました。後ろを振り向く[46]のが辛かった[47]のです。

しかし、うっそうとした[48]山の中ですから、夜の訪れ[49]も里[50]より早いのです。細い山道も闇の底に沈んでしまい、見分け[51]がつかなくなりました。弥助は道に迷ってしまったのです。今の時期は冬なので、このままでは凍死[52]してしまいます。その時です。途方に暮れる[53]弥助の目に、白いものが見えました。

そうです。それは来る途中に、母親が道にばらまいて[54]いた白い花です。それは点々と[55]、しかし確実に帰り道に置かれていました。弥助はその時はじめてわかったのです。母親は自分が道[56]に迷わない[57]ようにと、花をばらまいていたのです。弥助はさめざめと[58]泣きまし

た。母親は自分が捨てられるのを知りながらも、最後まで息子のことを心配していたのです。弥助の胸に熱いものがこみ上げて[59]きました。

「おっかあー。おっかあー」

弥助は山の奥に向かって、声を限りに[60]叫びました。しかし、返って来るのはこだま[61]だけでした。

三

弥助は帰ってきてからも、食事も喉を通らず、寝ようにも[62]寝られません。とうとう三日目に、弥助は母親を捜しに姥捨て山に入って行きました。そして三日前に母親を置き去り[63]にした場所に着きました。

見ると、母親はまだ生きていました。別れ際[64]に渡したおにぎり[65]は手つかず[66]のままでした。

「おっかあー」

「弥助ー」

弥助は母親を抱きしめて[67]泣きました。「おっかあ、オラといっしょに家に帰るべ」と弥助は言いましたが、「国の掟[68]を破ると、弥助、お前は罪人[69]になる」と、母親は首を縦に振り[70]ません。

「それでも、オラぁかまわねえ」

息子は母親をおぶって家に連れて帰りました。

そして誰にも見つからないように、家の床下[71]に穴[72]を掘って、そこに母親を隠し[73]ました。

四

それからどれほど経ったでしょうか。この国の殿さま[74]ところへ隣の国から使者[75]が来て、一通[76]の書状[77]を渡しました。開けてみると、「次の三つの問題を解け。それができなければ、お前の国を攻め滅ぼして[78]しまう」と書いてありました。

一つ、七曲がり[79]の竹に糸を通せ。

二つ、一本の棒の根元[80]と先端[81]はどうやって知るか。

三つ、灰で縄をなえ[82]。

隣の国はたいそう[83]強くて、戦争をしても、とても[84]勝つ見込み[85]がありません。殿さまは困ってしまい、家来[86]たちを集めて相談しましたが、誰ひとりこれらの問題を解ける人はいません。

困り切った[87]殿さまはおふれ[88]を出しました。「この三つの問題の答えがわかった者には、何でも望みごと[89]をかなえる[90]」というのです。

弥助は家に隠している母親に、このおふれの話をしました。すると母親は「そんなこと、簡単よ」と言うではありませんか。

母親は弥助に教えました。

「一つ目は、蟻[91]を捕まえてきて糸をくくりつけ[92]、七曲がりの竹の一方[93]の端[94]に蜂蜜[95]を塗り[96]、もう片方の穴から蟻を入れてやればいい。いくら[97]曲がりくねって[98]いようと[99]、蟻はちゃんとこっちの穴へ出てくる。これで糸は七曲りの穴を通る。

二つ目の、根元と先端のわからない棒は、たらい[100]に水を汲んで[101]、浮かして[102]みろ。ちょっとでも沈んだ方が根元、浮いた方が先端だ。

三つ目は、まず藁[103]でしっかり縄をなって、それを塩水[104]に漬け、よく乾かして[105]から燃やせば[106]、形が崩れない。灰[107]で縄をなったかのように[108]見える」

五

弥助は早速[109]お城に行って、殿さまにこの話をしました。殿さまは大変驚きました。お城の誰もが解けない問題を全て[110]解決してきたのです。「いったい[111]、どうやって解いたのか」と殿さまは弥助に尋ねました。弥助は、「お教えしても[112]かまいませんが、何でも望みごとをかなえるというのは本当でしょうか」と言いました。「武士[113]に二言はない」、殿さまは答えました。弥助は「それではお答えいたします」と事の次第[114]を話し始めました。「実はこの問題を解いたのは私ではございません。母親です。60歳になりましたが、山へ捨てることができず、かく[115]まっています。私はお金も物もほしくありません。ただ、母の命[116]をお助けください」と言いました。殿さまは隣の国の無理難題[117]を逃れる[118]ことができたのも、年寄[119]りの知恵のおかげ[120]だとわかると、自分が作った掟[121]の愚かさを悟り[122]ました。

「年寄りとはそのように賢い[123]ものか。詫び[124]ねば[125]ならぬのはわしの方じゃ。母親を隠した弥助の罪[126]はもとより[127]許してやるし、これからは年寄りを山に捨てることもやめよう」と言って、弥助にどっさり[128]褒美[129]を与えました。

一方、隣の国では、あれほどの難問[130]を一瞬で解くことのできる賢者[131]がいる国を攻めても、とても勝ち目[132]がないと、国境[133]まで進めてきた軍を引き返し[134]、戦[135]をするのをやめました。

年寄りの知恵で国は危難を逃れ、年寄りを山に捨てるべし[136]という掟も廃止[137]されました。

その後、老母は弥助や孫たちと末長く[138]安楽[139]に暮らしたとか[140]。めでたし[141]、めでたし。

福島民話館

中国から来た「河童《かっぱ》」

享和元年（1801）水戸藩東浜で捕まった河童

河童《かっぱ》にまつわる昔話《むかしばなし》は、北は青森《あおもり》から鹿児島《かごしま》まで全国津々浦々《ぜんこくつつうらうら》に存在《そんざい》しています。「河童の川流れ」や「陸《おか》に上がった河童」などのことわざもあるほど、広く親《した》しまれている河童ですが、これが中国から九州《きゅうしゅう》の八代《やつしろ》にやって来て、やがて全国に広まったという話をご存じでしたか。延享《えんきょう》3(1746)年、江戸の菊岡沾涼《きくおかせんりょう》という人が著《あらわ》した「本朝俗諺志《ほんちょうぞくげんし》」という書物《しょもつ》には、「中国の黄河《こうが》にいた河童が一族郎党《いちぞくろうとう》引《ひ》き連《つ》れ八代にやって来て、球磨川《くまがわ》に住みつくようになった。その後、一族が繁栄《はんえい》してその数《かず》九千匹になったので、その頭領《とうりょう》を九千坊《ぼう》と呼ぶようになった。その河童どものいたずらはひどく人々を困《こま》らせた。

加藤清正《かとうきよまさ》はこれを怒《おこ》り、九州中《じゅう》の猿《さる》に命《めい》じてこれを攻《せ》めさせた。これには河童も降参《こうさん》して、久留米《くるめ》の有馬公《ありまこう》の許《ゆる》しを得《え》て筑後川《ちくごがわ》に移《うつ》り住《す》み、水天宮《すいてんぐう》の遣《つか》いをするようになった」という記述《きじゅつ》があります。事実《じじつ》、八代市の前川橋周辺《まえかわばししゅうへん》は、中世以《ちゅうせいい》来《らい》、八代の海の玄関《げんかん》として大変栄《たいへんさか》えたところですが、この前川橋のたもとに河童渡来《とらい》の碑《ひ》があります。そして、今も河童を祀《まつ》る「オレオレデーライタ川祭《まつ》り」が行《おこな》われているのです。

また、福岡《ふくおか》の筑後川付近《ふきん》には、「河童と地元民《じもとみん》との争《あらそ》い事《ごと》」や「河童族同士《ぞくどうし》の戦争《せんそう》」や「河童に因《ちな》んだ地名《ちめい》」など、年代《ねんだい》が明確《めいかく》ではっきりした記録《きろく》が数多《かずおお》く残《のこ》っており、泳《およ》ぎが得意《とくい》で全身《ぜんしん》が毛《け》で覆《おお》われていたと言われます。更《さら》には、人の言葉を理解《りかい》し、人間との複雑《ふくざつ》な契約《けいやく》も行《おこな》っていたことから、河童は類人猿《るいじんえん》に似《に》た少数民族《しょうすうみんぞく》ではなかったかと言う人もいます。

一

1 親孝行《おやこうこう》 효도함, 효행 2 貧乏《びんぼう》 가난, 빈궁 3 ～ながらも ~하면서, ~이지만 4 仲《なか》良《よ》い 사이가 좋다 5 もうすぐ 이제 곧 6 顔役《かおやく》 유력자, 보스 7 囁《ささや》く 속삭이다, 소곤거리다 8 気《き》づく 깨닫다, 알아차리다 9 追《お》い返《かえ》す 냉담하게 돌려보내다 10 おっかあ 어머니, 마누라 11 無情《むじょう》にも 무정하게도, 비정하게도 12 逆《さか》らう 거역하다 13 村八分《むらはちぶ》 한패에서 따돌림 14 罰《ばつ》 벌 15 ～につれて ~함에 따라서 16 喉《のど》を通《とお》る 목을 통과하다, 목에 잘 넘어가다 17 老《お》いる 늙다 18 もうよかばい(=もういいよ) 이제 됐어 19 わし(＝私) 나(나이 든 남성이 쓰는 말) 20 ～ぐらいなら ~정도라면 21 体《からだ》を揺《ゆ》する 몸을 흔들다 22 時《とき》を刻《きざ》む 시시각각 시간이 지나가다 23 無慈悲《むじひ》 무자비

二

24 ついに 드디어, 결국, 마침내 25 夜《よ》明《あ》け前《まえ》 날이 밝기 전 26 決心《けっしん》がつく 결심이 서다 27 ～まま ~한 채로 28 昼《ひる》過《す》ぎ 정오가 조금 지난 뒤, 오후 29 ぐずぐずする 우물쭈물하다, 꾸물꾸물하다 30 背中《せなか》におぶう 등에 업다 31 いっそう 한층 32 生《お》い茂《しげ》る 초목이 무성해지다, 우거지다 33 陽《ひ》ざし 햇살 34 遮《さえぎ》る 차단하다, 가리다 35 時《とき》おり 가끔, 때때로 36 山鳩《やまばと》 산비둘기 37 花《はな》を摘《つ》む 꽃을 따다 38 ～て(で)は (반복) ~하고는 39 とぼとぼ 터벅터벅 40 ～うちに ~동안에 41 とうとう 드디어, 결국 42 勘弁《かんべん》する 용서하다 43 手《て》を合《あ》わせる 손을 모으다, 합장하다 44 お経《きょう》を唱《とな》える 경을 외다, 경을 읊다 45 ～なり ~하자마자 46 振《ふ》り向《む》く 뒤돌아보다 47 辛《つら》い 괴롭다 48 うっそうとした 울창한 49 夜《よる》の訪《おとず》れ 저녁이 됨, 밤이 찾아옴 50 里《さと》 마을, 촌락, 고향 51 見《み》分《わ》けがつく 분간하다 52 凍死《とうし》する 동사하다, 얼어 죽다 53 途方《とほう》に暮《く》れる 어찌할 바를 모르다 54 ばらまく 흩뿌리다, 여기저기 뿌리다 55 点々《てんてん》と 점점이, 여기저기, 똑똑 56 道《みち》に迷《まよ》う 길을 헤매다 57 ～ないように ~하지 않도록 58 さめざめ 하염없이 우는 모양 59 こみ上《あ》げる (감정이) 복받치다, 치밀어오르다 60 声《こえ》を限《かぎ》りに 목청껏 61 こだま 메아리

三

62 ～(よ)うにも～られない ~하려고 해도(의지형) ~할 수 없다(가능형) 63 置《お》き去《ざ》り 내버려 두고 가버림 64 別《わか》れ際《ぎわ》 헤어질 때 65 おにぎり 주먹밥 66 手《て》つかずのまま 아직 손도 안 댄 채 67 抱《だ》きしめる 껴안다 68 掟《おきて》を破《やぶ》る 규정을 어기다 69 罪人《つみびと》 죄인 70 首《くび》を縦《たて》に振《ふ》る 승낙하다, 찬성하다 71 床下《ゆかした》 마루 밑 72 穴《あな》を掘《ほ》る 구멍 · 굴을 파다 73 隠《かく》す 숨기다, 감추다

四

74 殿《との》さま 주군, 귀인에 대한 높임말 75 使者《ししゃ》 사자, 사신 76 一通《いっつう》 한 통, 편지 · 문서 등을 세는 말 77 書状《しょじょう》 서한, 편지 78 攻《せ》め滅《ほろ》ぼす 공격하여 멸망시키다 79 七《なな》曲《ま》がり 꼬불꼬불한 길, 구절양장 80 根元《ねもと》 뿌리, 밑부분, 근본 81 先端《せんたん》 뾰족한 끝, 선단 82 縄《なわ》をなう 새끼를 꼬다 83 たいそう 몹시, 매우, 굉장히 84 とても～ない 도저히 ~하지 않다 85 見込《みこ》み 전망, 예상, 가망 86 家来《けらい》 가신, 종자, 부하 87 困《こま》り切《き》る 몹시

난처해지다, 곤경에 빠지다 88 おふれを出《だ》す 공고를 내다 89 望《のぞ》みごと 희망사항 90 かなえる 뜻대로 하게 하다, 들어주다 91 蟻《あり》 개미(곤충) 92 くくりつける 동여매다, 묶다 93 一方《いっぽう》 한쪽, 한편 94 端《はし》 끝, 가장자리 95 蜂蜜《はちみつ》 벌꿀 96 塗《ぬ》る 칠하다, 바르다 97 いくら~ても 아무리 ~해도 98 曲《ま》がりくねる 꼬불꼬불 구부러지다 99 ~(よ)うと ~하든간에 100 たらい 대야 101 水《みず》を汲《く》む 물을 긷다, 물을 푸다 102 浮《う》かす 띄우다, 나타나게 하다 103 藁《わら》 짚 104 塩水《しおみず》に漬《つ》ける 소금물에 담그다 105 乾《かわ》かす 말리다 106 燃《も》やす 불태우다, 연소시키다 107 灰《はい》 재 108 ~かのように ~인 것 같이

五

109 早速《さっそく》 재빨리 110 全《すべ》て 전부, 모두 111 いったい 도대체 112 ~てもかまわない ~해도 상관없다 113 武士《ぶし》に二言《にごん》はない 무사에게 일구이언은 없다 114 事《こと》の次第《しだい》 일의 경위, 사정 115 かくまう 은닉하다, 숨겨주다 116 命《いのち》 목숨 117 無理難題《むりなんだい》 생트집 118 逃《のが》れる 면하다, 달아나다 119 年寄《としよ》りの知恵《ちえ》 노인의 지혜 120 ~おかげ ~덕분 121 愚《おろ》かさ 어리석음 122 悟《さと》る 깨닫다, 이해하다, 득도하다 123 賢《かしこ》い 현명하다 124 詫《わ》びる 사죄하다 125 ~ねばならぬ ~하지 않으면 안 된다 126 罪《つみ》 죄 127 ~はもとより ~은 물론이고 128 どっさり 듬뿍, 잔뜩, 털썩 129 褒美《ほうび》 포상, 상 130 難問《なんもん》を解《と》く 어려운 문제를 풀다 131 賢者《けんじゃ》 현자 132 勝《か》ち目《め》 이길 듯한 낌새, 승산, 이길 가망 133 国境《こっきょう》 국경 134 引《ひ》き返《かえ》す 되돌아가다 135 戦《いくさ》 전쟁, 전투 136 ~べし ~하는 것이 당연하다(べき의 종지형) 137 廃止《はいし》する 폐지하다 138 末長《すえなが》く 오래도록, 길이길이 139 安楽《あんらく》 안락 140 ~とか ~이라고 해(전문), ~이라든지(열거) 141 めでたし 훌륭하다, 정말 좋다

표현 문형

1 ~ぐらいなら ~정도라면 / 접속 : 동사(る) + ぐらいなら

···› あんな男と結婚するぐらいなら、死んだ方がましよ。
저런 남자와 결혼할 정도라면 죽는 편이 나아.

···› 負けて泣くぐらいなら、勝つために泣け。
져서 울 정도라면 이기기 위해 울어라.

···› 君に金を貸すぐらいなら、どぶに捨てた方がましだ。
너에게 돈을 빌려줄 정도라면 하수구에 버리는 편이 더 나아.

2 ~(よ)うと ~하든간에, ~해도 / 접속 : 동사(의지형) + (よ)うと

···› 何があろうと、決して驚いてはいけないよ。
무슨 일이 있어도 결코 놀래서는 안 돼.

···› 人に何と言われようと、気にすることはない。
다른 사람에게 무슨 말을 들어도 신경 쓸 필요는 없다.

···› 何をしようと君の自由だが、僕の邪魔《じゃま》だけはしないでくれ。
무엇을 해도 네 자유지만, 내 방해만은 하지 말아 줘.

3 ~かのようだ ~인 것 같다 / 접속 : 보통체 + かのようだ

···› もう３月なのに、まるで真《ま》冬《ふゆ》に戻ったかのようだ。
이제 3월인데, 마치 한겨울로 돌아간 것 같다.

···› 彼は、さも何でも知っているかのような口ぶりで話す。
그는 마치 뭐든지 알고 있는 것 같은 말투로 이야기한다.

···› ただの風邪なのに、あたかも重病人《じゅうびょうにん》であるかのように、大げさに騒いでいる。
단순한 감기인데 마치 중병을 앓고 있는 사람처럼 난리법석을 떨고 있다.

4 ~おかげ

~덕분 /
접속 : 동사(た), い형용사(い), な형용사(な, だった), 명사(−の) + おかげ

- 君が手伝ってくれたおかげで、仕事が早く片づいた。
  네가 도와준 덕분에 일이 빨리 끝났다.

- 私が合格できたのは、全て先生のおかげです。
  제가 합격할 수 있었던 것은 전부 선생님 덕분입니다.

- 私が今日あるのは、あなたがあのとき助けてくださったおかげです。
  제가 오늘 있는 것은 당신이 그때 도와주신 덕분입니다.

5 ~はもとより

~은 물론이고, ~은 말할 것도 없고 / 접속 : 명사 + はもとより

- 彼は英語はもとより、フランス語も話せる。
  그는 영어는 물론이고, 프랑스어도 말할 수 있다.

- 結果はもとより、その過《か》程《てい》も大切だ。
  결과는 물론이고, 그 과정도 중요하다.

- パソコンはもとより、携帯《けいたい》電話も使ったことがない。
  컴퓨터는 말할 것도 없고, 휴대전화도 사용한 적이 없다.

확인 문제

● 실력을 확인해 보세요.

Part 04

1 適当なものを選んで、文を完成させてください。

1. ぐらいなら / と / かのように / おかげで / はもとより

① まだ７月の初めなのに、まるで真夏《まなつ》(　　　)暑いねぇ。

② 誰に何と言われよう(　　　)、私は自分の意見を変えるつもりはない。

③ 途中で諦める(　　　)、最初から「やる」なんて言うんじゃないよ。

④ 日本(　　　)、世界中の国々が原油高《げんゆだか》に苦しんでいる。

⑤ 看護士《かんごし》の応急処置《おうきゅうしょち》が適切だった(　　　)、私は一命を取り留めた。

2. みる / いく / きた / しまう / おく

① だめで元々だよ。できるかどうか、やって(　　　)んだね。

② 会議までに、この資料《しりょう》をコピーして(　　　)ようにしてください。

③ 中級に入って、日本語の勉強がだんだん難しくなって(　　　)。

④ 嫌なことは、酒でも飲んで忘れて(　　　)のが一番だよ。

⑤ これからもこの仕事を続けて(　　　)つもりです。

2 文章の内容と合っているものに○、合っていないものに×を入れてください。

①(　)その村には、60歳になった親を山に捨てるという風習がありました。

②(　)その掟を破った者は、村の人から絶縁され仲間はずれにされました。

③(　)弥助はしかたなく、夜明け前に母親を背負って、山に登りました。

④(　)弥助は、母親を残して山を下る途中で、道に迷ってしまいました。

⑤(　)母親がばらまいた白い花のおかげで、弥助は無事に家まで戻れました。

⑥(　)母親がおにぎりを食べなかったのは、早く死にたかったからです。

⑦(　)弥助の国の殿さまは、無理難題を言って隣の国と戦争しようとしました。

⑧(　)母親はお城の人が解けなかった三つの問題を、いとも簡単に解きました。

⑨(　)年寄りの知恵が国を救ったので、殿さまは姥捨ての掟を廃止しました。

Part 05 浦島太郎《うらしまたろう》

浦嶋神社

Track 05

이야기 해설

「浦島太郎《うらしまたろう》」といえば、日本人なら誰でも「子供にいじめられていた亀《かめ》を助《たす》けた浦島太郎が、亀の背《せ》に乗って海の中にある龍宮城《りゅうぐうじょう》へ行き、乙姫《おとひめ》と幸《しあわ》せに暮《く》らした。何年か後《のち》に玉手箱《たまてばこ》を土産《みやげ》に故郷《ふるさと》に戻《もど》ってみると、数《すう》百年が過《す》ぎ去《さ》っていた」というお話を思い出すことでしょう。

しかし、このような物語《ものがたり》になったのは、室町《むろまち》から江戸時代《えどじだい》にかけて成立《せいりつ》した「御《お》伽草子《とぎぞうし》」以降《いこう》のことです。「浦島太郎」のお話の元《もと》になったのは、丹後《たんご》の国(現在の京《きょう》都府北部《とふほくぶ》)に伝わる伝承《でんしょう》で、7世紀《せいき》ごろに著《あらわ》された「丹後国風土記《たんごのくにふどき》」に収録《しゅうろく》されています。この民話の主人公《しゅじんこう》の名は「水江浦嶋子《みずのえのうらしまこ》」、つまり「水江《みずのえ》の浦《うら》」に住む「嶋子《しまこ》」で、故郷は京都府の伊根町《いねちょう》だったようです。伊根町の浦嶋神社《うらしまじんじゃ》に伝わる浦嶋伝説《でんせつ》は最《もっと》も起源《きげん》が古く、この神社には乙姫の打ち掛《か》け・玉手箱・浦嶋の絵巻物《えまきもの》とされるものが保存《ほぞん》されています。

~といえば ~이라고 하면 | いじめる 괴롭히다, 못살게 굴다 | 亀《かめ》 거북이 | 竜宮城《りゅうぐうじょう》 용궁성 | 幸《しあわ》せ 행복 | 玉手箱《たまてばこ》 우라시마타로가 용궁에서 가져왔다는 작은 상자 | 土産《みやげ》 선물 | 故郷《ふるさと》 고향 | 過《す》ぎ去《さ》る 지나가다, 지나가 버리다 | 室町《むろまち》(時代《じだい》) 무로마치(시대), 1338년 ~ 1573년 | 元《もと》 처음, 원인, 재료 | 著《あらわ》す 저술하다, 책을 써서 펴내다 | 収録《しゅうろく》する 수록하다 | 最《もっと》も 가장, 무엇보다도 | 打《う》ち掛《か》け 겉옷, 일본 여자옷의 띠를 두른 위에 걸쳐입는 덧옷 | 絵巻物《えまきもの》 이야기나 전설 등을 그림으로 그린 두루마리 | 保存《ほぞん》する 보존하다

（「丹後国風土記」に基づく）

一

昔むかし、丹後の国に、浦嶋子という若い漁師[1]がいました。嶋子はたいそう[2]美しい若者で、国中の娘たちの憧れ[3]の的でした。

ある日嶋子は、ひとり小舟に乗って釣りをしていました。しかし、三日三晩経っても、魚は一匹も釣れません。諦め[4]かけていた矢先[5]のこと、嶋子は一匹の亀を釣り上げました。

「それにしても珍しい[6]亀だ」

亀の甲羅[7]は、陽の光に五色[8]に輝いています。その五色の亀は、短い首を持ち上げて、心配そうに嶋子を見上げ[9]ました。嶋子は、「大丈夫だよ。喰った[10]りはしないから」と言って、亀を海に放して[11]やりました。そして、「全然釣れないから、今日はやめに[12]しよう」と、小舟の中でうとうと[13]と眠り[14]始めました。

二

どのくらい眠っていたのでしょうか。嶋子が目を覚ますと、遠くに小舟が漂って[15]います。櫓[16]を漕いで近寄ってみると、若い娘が気を失って[17]倒れて[18]いるで[19]はありませんか。嶋子は水を口に含み[20]、口移し[21]に娘に飲ませました。娘はやっと気がつき[22]ました。

「娘さん。どうしてあなたのような若い娘さんが、こんな恐ろしい[23]海の上にいるのですか」

その娘は「この国に来る途中[24]、私が乗っていました船が転覆[25]したのですが、私一人がこの小舟に乗せられ、こうして海を漂っていました。どうか私を、私の生まれ育った[26]島まで、送り届け[27]ていただけないでしょうか」

嶋子は娘を一人にしてはおけないと思い、自分の舟に乗せると、聞きました。

「その島まで、どうやっていけばいいのですか」

「案ずる[28]には及び[29]ません。この磁石が指す西の方角[30]に舟を進めてください」

一日が過ぎ、また一日が過ぎ、それでも島は見えません。ある夜のこと、船の揺れ[31]にふと[32]目を覚ます[33]と、目の前には、じっと[34]嶋子を見つめ[35]ている娘の顔がありました。

娘は顔を赤らめ[36]ながら言いました。

「明日は島に着きます。ここは海の上、見る人もいません。今夜は愛し合い[37]ましょう」

そう言うと、娘は恥ずかしそうに服を脱ぎ始めました。その娘の白い絹[38]のような肌[39]の美しさに、嶋子は我[40]を忘れました。

一時間も経ったでしょうか。娘は脱いだ服を再び[41]身[42]につけながら、嶋子に言いました。

「私はこの世が終わるまで、貴方さまと一緒にいとうございます。私をいつまでもあなたの側においてくださいませ」

嶋子は今までに、これほど美しい乙女[43]を見たことがありません。嶋子は「わかりました。いっしょになりましょう」と言いました。こうして二人は小舟の中で結ばれ[44]、夫婦になりました。

二

翌朝、二人が目を覚ますと、島影[45]が見えました。「さあ、着きましたよ。あなた、一緒にまいりましょう」

「えっ？着いたって、どこに？」

「私たちが暮らす国です。現世[46]の人は、常世[47]とも、楽園[48]とも、極楽[49]とも呼びますわ。実は[50]私はこの国の姫で、亀姫と申します」

何が起こったのか、嶋子はただおろおろ[51]するばかり。もしかしたら[52]、亀姫のことといい[53]、常世のことといい、何もかも[54]夢ではないのだろうか。嶋子は思わず[55]目をこすり[56]ました。

小舟は嶋子が櫓も漕がないのに、まるで吸い込まれる[57]ように港に着きました。亀姫は嶋子に手を差し伸べる[58]と、嶋子の手を取って舟から下りました。その島は、正に楽園と呼ぶにふさわしい[59]ものでした。道路はまるで宝石を敷き詰めた[60]よう、城門は見上げるほど[61]高く、真紅[62]の高楼は朝日[63]を浴びて美しく輝いていました。

城門の前で待っていると、７人の子供たちがやってきました。「この方は亀姫さまのご主人になる方だから、くれぐれも[64]粗相[65]のないように」と話し合っています。そして、子供たちは亀姫と嶋子の手を引きながら、城の中へ案内[66]しました。

城門が開きました。「さあ、どうぞ」、娘は嶋子を城の中へ招き[67]ました。城の中では国王と王妃である娘の両親が出迎え[68]てくれました。国王は「私たちとあなたは、住む世界こそ[69]神の世と人の世と別々[70]ですが、こうしてあなたを婿[71]に迎えることができて、ほんとうにうれしいです」と大変な喜び[72]よう[73]です。

歓迎[74]の宴が開かれました。海の幸[75]、山の幸、たくさんのごちそう[76]が並べ[77]られています。聞いたこともない調べ[78]が流れ、若い娘たちはが高く響きわたる[79]美しい声で歌い、あでやか[80]に舞い[81]ました。嶋子は見るもの聞くものが初めて[82]のことで驚く[83]ばかりです。

それからというもの[84]、嶋子と亀姫は、常世の世界で幸せな日々を過ごしました。そして嶋子は、いつしか[85]現世のことを忘れてしまっていました。

四

三年の年月が流れました。嶋子は、父や母はどうしているのだろうか、だんだん[86]親のことが気[87]になってきました。両親のことを思うと、懐かしく[88]もあれば[89]、身[90]も案じられ、食事[91]も進みません。

亀姫はそんな嶋子を見て、心配[92]でたまりません。「最近のあなたは、食べ物もほとんど[93]口[94]になさいませんし、顔色もよくありません。どうしたのですか。そのわけ[95]を聞かせてください。私たちは夫婦ではありませんか」と尋ねました。

嶋子は思い切って[96]亀姫に話しました。

「私がこの国に来てもう３年が過ぎた。これ以上はないと思うほど、幸せで、楽しい日々を過ごしている。しかし、それだけに[97]、故郷の父と母のことが案じ[98]られてならない[99]。もしかしたら[100]、私が海に出たきり[101]帰って来ないので、海で死んだものと思って、泣き明かして[102]いるかもしれない」

亀姫は「あなたと私は堅く契り[103]を交わし、一生[104]離れ[105]ないと誓った[106]ではありませんか。それなのに、あなたは私一人を残して帰ってしまうのですか。ああ、私が一番心配していたことが起こってしまいました」と、袖[107]で涙[108]をぬぐいました。

しかし、嶋子の思いが固い[109]ことがわかると、亀姫は別れる[110]決心[111]しました。

常世の国のお城の絵（葛飾北斎作）

「お別れしたくありません。しかし、ご両親のことを思うあなたのお気持ちも、私には痛い[112]ほどわかります。ですから、これ以上[113]ここにお引き留め[114]することも[115]できません」

「亀姫。私は両親に会って、私が常世で幸せに暮らしていることを伝えたら、必ず帰ってくる」

「ほんとうに帰ってきてくださいますか」

「もちろんだとも。約束する」

出発の日、亀姫も国王と王妃も島の人々も見送り[116]に来ました。舟がまさに[117]港を出ようとするとき、亀姫は嶋子に一つの美しい箱を渡しました。

「私のことを忘れないでください。この玉手箱を差し上げ[118]ますから、私と思っていつも側に置いておいてください。私にまた会いたいと思うのなら、決して蓋[119]を開けてはなりません」と言いました。

「これは亀姫が大切[120]にしていた化粧箱[121]ではないか」

「はい、私はあなたがお戻りになるまで、あなたのため以外には、決して化粧をいたしません」

「わかった。30日後に必ず帰る」

「あなたのお言葉を信じましょう。では、30日経ったら、お迎えにまいります」

こうして、嶋子を乗せた舟は、現世に帰っていきました。

浦島太郎の帰国の絵（歌川芳年作）

五

舟に乗って幾日かが過ぎたある朝のこと、目を覚ますと、そこには懐かしい水江の浜[122]が見えます。

「ああ、ついに戻ってきた」と勇んで[123]舟から飛び降り[124]ると、一目散[125]にかつて[126]住んでいた村を目指し[127]ました。しかし、そこにはかつての村の姿はなく、見たことのない景色でした。

「わずか[128]三年で、こんなに変わってしまうのか」

嶋子は自分の生家[129]に向かい[130]ました。しかし、そこには家はありません。嶋子が途方に暮れて[131]いると、向こうから一人の老人がやってきました。

嶋子が、「あのう、すいません。以前ここに住んでいた水江の浦の嶋子の家族はどこに行ったか、ご存知ありませんか」と尋ねると、老人は目を丸くして[132]言いました。「あんた、どっから来なすった。そんな古いこと聞くなんて」

老人の話[133]によると、「今から300年ほど前、嶋子という者がいたが、海に釣りに出た[134]まま、帰って来なかった。両親は哀しみのあまり[135]、相次いで[136]亡くなり、家も途絶えた[137]」とのこと[138]でした。村を離れていたのは三年間だとばかり[139]思っていたのに、なんと[140]300年も経っていたのです。変わっていなかったのは、村人が交わす[141]、お国なまり[142]の言葉だけでした。

30日目の朝、嶋子はひとり水江の浜にたたずみ[143]、亀姫の迎えの舟を待ちました。しかし夕暮れ[144]になっても舟は来ません。玉手箱を見つめていると、亀姫の面影[145]が浮かんできます。嶋子は亀姫に会いたくてたまらなくなり、つい玉手箱の蓋を開けてしまいました。すると、中から芳しい[146]匂い[147]が立ちこめた[148]かと思うと、嶋子の髪は見る見る[149]白くなり、肉はそげ落ち[150]、骨もぼろぼろ[151]と崩れ[152]始めました。嶋子は薄らいで[153]いく意識の中で、亀姫の名を呼び続けました。

その時です。はるか[154]彼方[155]から常世の美しい調べが流れ、夕陽の中から一羽の鶴が飛んで来ました。

そして嶋子に言いました。

「亀姫さまの命[156]で、お迎えにまいりました」

玉手箱

一

1 漁師《りょうし》 어부 2 たいそう 매우, 대단히, 몹시 3 憧《あこが》れの的《まと》 동경의 대상 4 諦《あきら》めかける 포기할 뻔하다, 포기하기 시작하다 5 ～矢先《やさき》 막 ~하려는 참, 마침 그때 6 珍《めずら》しい 드물다, 진기하다 7 甲羅《こうら》 (거북이나 게 등의) 등딱지, 등 8 五色《ごしき》に輝《かがや》く 오색으로 빛나다 9 見《み》上《あ》げる 올려다보다 10 喰《く》う 먹다 11 放《はな》す 풀어 놓다, 놓아 주다 12 やめにする 그만두다 13 うとうと 꾸벅꾸벅 14 眠《ねむ》り始《はじ》める 자기 시작하다

二

15 漂《ただよ》う 표류하다, 떠돌다, 감돌다 16 櫓《ろ》を漕《こ》ぐ 노를 젓다 17 気《き》を失《うしな》う 정신을 잃다 18 倒《たお》れる 쓰러지다 19 ～ではありませんか ~이 아닙니까?(반문) 20 含《ふく》む 입에 물다, 머금다, 포함하다 21 口移《くちうつ》し 음식물을 입에 머금었다가 남의 입에 넣어 줌, 구전 22 気《き》がつく 정신이 들다 23 恐《おそ》ろしい 무섭다 24 途中《とちゅう》 도중 25 転《てん》覆《ぷく》する 전복되다, 뒤집히다 26 生《う》まれ育《そだ》つ (그 고장에서) 태어나 자라다 27 送《おく》り届《とど》ける 데려다 주다, 목적지까지 보내서 도착하게 하다 28 案《あん》ずる 걱정하다, 궁리하다 29 ～には及《およ》ばない ~할 것까지는 없다 30 方角《ほうがく》 방향, 방위, 수단, 각도 31 揺《ゆ》れ 흔들림, 요동 32 ふと 문득 33 目《め》を覚《さ》ます 눈을 뜨다 34 じっと 꼼짝 않고, 가만히, 지긋이 35 見《み》つめる 응시하다 36 赤《あか》らめる 붉히다 37 愛《あい》し合《あ》う 서로 사랑하다 38 絹《きぬ》 비단, 명주 39 肌《はだ》 피부 40 我《われ》を忘《わす》れる 제정신을 잃다, 흥분하여 이성을 잃다 41 再《ふたた》び 다시 42 身《み》につける 입다, 몸에 걸치다, 습득하다, 익히다 43 乙女《おとめ》 소녀, 처녀 44 結《むす》ばれる 맺어지다, 연결되다

三

45 島影《しまかげ》 섬의 모습 46 現世《げんせ》 현세, 이승 47 常世《とこよ》 머나먼 상상의 나라, 불로불사의 나라, 저승, 영원히 변하지 않음 48 楽《らく》園《えん》 낙원 49 極楽《ごくらく》 극락 50 実《じつ》は 실은, 사실은 51 おろおろする 허둥지둥하다, 흑흑거리며 울다 52 もしかしたら 어쩌면 53 ～といい～といい ~이며 ~이며(대조, 병립, 유사) 54 何《なに》もかも 무엇이든, 모두 55 思《おも》わず 무의식 중에, 엉겁결에 56 目《め》をこする 눈을 비비다 57 吸《す》い込《こ》む 흡입하다, 빨아들이다 58 差《さ》し伸《の》べる 내밀다, 내뻗다 59 ふさわしい 어울리다 60 敷《し》き詰《つ》める 전면에 깔다 61 ～ほど ~만큼, ~정도 62 真紅《しんく》 진홍(색) 63 朝日《あさひ》を浴《あ》びる 아침 햇살을 쬐다 64 くれぐれも 부디, 아무쪼록 65 粗相《そそう》 조심성이 없어 잘못을 저지름, 실수 66 案内《あんない》する 안내하다 67 招《まね》く 초대하다, 초래하다 68 出迎《でむか》える 마중하다 69 ～こそ ~이야 말로 70 別々《べつべつ》 따로따로 71 婿《むこ》に迎《むか》える 사위로 맞이하다 72 喜《よろこ》びよう 기뻐하는 모습 73 ～よう (동사의 ます형에 붙어) ~하는 모습 74 歓迎《かんげい》の宴《うたげ》 환영의 연회 75 海《うみ》の幸《さち》、山《やま》の幸《さち》 산해진미 76 ごちそう 대접, 맛있는 음식 77 並《なら》べる 늘어놓다 78 調《しら》べ 음악 · 시가의 가락이나 음조, 조사 79 響《ひび》きわたる (명성, 평판 등이) 널리 퍼지다, 울려 퍼지다 80 あでやか 품위 있게 고운 모양 81 舞《ま》う 춤추다 82 初《はじ》めて 처음으로, 처음 83 ～ばかりだ ~할 뿐이다 84 それからというもの 그때 이후로 줄곧 85 いつしか 어느덧, 어느 사이에

四

86 だんだん 점점 87 気《き》になる 걱정되다 88 懐《なつ》かしい 그립다 89 ～も～ば、～も ~도 ~하고 ~도 90 身《み》を案《あん》じる 몸을 걱정하다, 염려하다 91 食事《しょくじ》が進《すす》む 식사가 진행되다 92 ～て(で)たまらない ~해서 견딜 수 없다 93 ほとんど 거의, 대부분 94 口《くち》にする 먹다, 말하다 95 わけ 이유, 까닭 96 思《おも》い切《き》って 결심하고, 과감히 97 ～だけに ~이기 때문에 한층 98 案《あん》じる 근심하다, 걱정하다 99 ～てならない ~해서 참을 수 없다, 매우 ~하다 100 もしかしたら 어쩌면 101 ～きり～ない ~채로 ~하지 않는다 102 泣《な》き明《あ》かす 울며 지새우다 103 契《ちぎ》りを交《か》わす 부부가 될 약속을 하다 104 一生《いっしょう》 평생 105 離《はな》れる 떨어지다, 헤어지다 106 誓《ちか》う 맹세하다 107 袖《そで》 소매 108 涙《なみだ》をぬぐう 눈물을 훔치다 109 思《おも》いが固《かた》い 생각이 굳다 110 別《わか》れる 헤어지다, 이별하다 111 決心《けっしん》 결심 112 痛《いた》いほど 아플 정도, 아플 만큼 113 これ以上《いじょう》 이 이상 114 引《ひ》き留《と》める 만류하다, 붙들다 115 ～とも ~하려고도 116 見送《みおく》る 전송하다, 떠나는 것을 바라보다 117 まさに～(よ)うとする 바로 ~하려고 하다 118 差《さ》し上《あ》げる 드리다, 바치다 119 蓋《ふた》を開《あ》ける 뚜껑을 열다 120 大切《たいせつ》にする 소중히 하다 121 化粧箱《けしょうばこ》 화장품 상자

五

122 浜《はま》 해변가, 항구 123 勇《いさ》む 용기가 솟아나다, 기운이 용솟음치다 124 飛《と》び降《お》りる 뛰어내리다 125 一《いち》目散《もくさん》に 곧장 내달리는 모양, 쏜살같이 126 かつて 일찍이, 옛날에, 아직껏(부정) 127 目《め》指《ざ》す 지향하다 128 わずか 겨우 129 生家《せいか》 생가 130 向《む》かう 향하다 131 途方《とほう》に暮《く》れる 어찌할 바를 모르다 132 目《め》を丸《まる》くする 눈을 동그랗게 뜨다, 놀라다 133 ～によると ~에 의하면 134 ～たまま ~한 채로 135 ～あまり ~한 나머지 136 相次《あいつ》ぐ 이어지다, 잇따르다 137 途絶《とだ》える 두절되다, 왕래가 끊어지다 138 ～とのことだ ~이라는 것이다 139 ～とばかり思《おも》う ~이라고만 생각하다 140 なんと 놀랍게도, 어떻게, 대단히 141 交《か》わす 주고받다, 나누다 142 お国《くに》なまり 지방 사투리 143 たたずむ 서성거리다, 잠시 멈춰 서다 144 夕暮《ゆうぐ》れ 해 질 녘, 황혼 145 面影《おもかげ》が浮《う》かぶ 옛 모습(용모, 얼굴)이 떠오르다 146 芳《かんば》しい 향기롭다 147 匂《にお》い 냄새 148 立《た》ちこめる (연기 · 안개 등이) 자욱이 끼다 149 見《み》る見《み》る 순식간에 150 そげ落《お》ちる 깎아낸 듯이 되다, 야위다 151 ぼろぼろ 너덜너덜함 152 崩《くず》れる 무너지다 153 薄《うす》らぐ 조금씩 엷어지다, 덜해지다 154 はるか 아득함, 멀리 떨어져 있음, 훨씬 155 彼方《かなた》 저편, 저쪽 156 命《めい》 명, 명령

표현 문형

1 ~といえば ~이라 하면 / 접속 : 명사 + といえば

···▸ 1945年といえば、日本が敗戦《はいせん》した年《とし》ですね。
1945년이라 하면 일본이 패전한 해이군요.

···▸ 李君といえば、今ごろどうしているだろう。
이 군이라 하면 지금쯤 어떻게 지내고 있을까.

···▸ 東京で外国人に人気がある観光地《かんこうち》といえば、やはり浅草《あさくさ》でしょう。
도쿄에서 외국인에게 인기가 있는 관광지라 하면 역시 아사쿠사지요.

2 ~といい~といい ~이며 ~이며 / 접속 : 명사 + といい + 명사 + といい

···▸ ここは気候《きこう》といい食べ物といい、住むには最高《さいこう》の場所《ばしょ》だ。
이곳은 기후며 음식이며 살기에는 최고의 장소다.

···▸ 彼女は容姿《ようし》といい知性《ちせい》といい、申《もう》し分《ぶん》のない女性《じょせい》だ。
그녀는 용모며 지성이며 나무랄 데 없는 여성이다.

···▸ 君といい妻《つま》といい、どうして女はそんなに現実的《げんじつてき》なんだろうねぇ。
너도 아내도 어째서 여자는 그렇게 현실적인 걸까.

3 ~だけに ~이기 때문에 한층 / 접속 : 보통체[な형용사(な, である),명사(−, である)] + だけに

···▸ 彼は才能溢《さいのうあふ》れる画家《がか》だっただけに、早すぎる死が惜《お》しまれる。
그는 재능이 넘치는 화가였기 때문에 한층 너무 이른 죽음이 아쉬워진다.

···▸ 諦《あきら》めていただけに、志望校《しぼうこう》に合格した時の喜《よろこ》びは大きかった。
포기하고 있었기 때문에 더욱 지망했던 학교에 합격했을 때의 기쁨은 컸다.

···▸ 茶道《さどう》の先生だけに、言葉遣《ことばづか》いも身《み》のこなしも上品《じょうひん》だ。
다도 선생님이기 때문에 한층 말씨도 몸가짐도 우아하다.

4 ～てならない

~해서 견딜 수 없다, 매우 ~하다 /
접속 : 동사(て형) + て, い형용사(くて), な형용사(で) + ならない

···› 息子の帰りが、待ち遠《どお》しくてならない。
아들의 귀가가 몹시 기다려져서 견딜 수 없다.

···› この子の行く末《すえ》が案《あん》じられてならない。
이 아이가 갈 미래가 걱정되어서 견딜 수 없다.

···› この写真を見るにつけ、故郷《ふるさと》のことが思い出されてならない。
이 사진을 볼 때마다 고향이 떠올라서 견딜 수 없다.

5 ～あまり

~한 나머지 / 접속: 동사(る, た), な형용사(な), 명사(の) + あまり

···› うれしさのあまり、涙が出《で》た。
기쁜 나머지 눈물이 나왔다.

···› 慎重になり過ぎるあまり、チャンスを逃《のが》すこともある。
지나치게 신중한 나머지 찬스를 놓치는 일도 있다.

···› 急ぐあまり、家の鍵《かぎ》をかけるのを忘れてきてしまった。
서두른 나머지 집 열쇠 잠그는 것을 잊어버리고 오고 말았다.

1 適当なものを選んで、文を完成させてください。

1. といえば / だけに / きり / まま / あまり

① 初孫《はつまご》(　　　)、目に入れても痛くないほどの可愛がりようだ。

② 海外旅行(　　　)、最近、原油高の影響《えいきょう》で客足《きゃくあし》が落ちているそうです。

③ 経済発展を重視《じゅうし》する(　　　)、環境対策《かんきょうたいさく》がおろそかになっている。

④ 隠《かく》し事《ごと》をしないで、ありの(　　　)を正直に話しなさい。

⑤ 友だちと会うと言って出かけた(　　　)、深夜になっても帰ってこない。

2. ではありませんか / には及ばない / とした / たまらない / とのことだ

① 電車のドアがまさに閉まろう(　　　)とき、若者が飛び乗ってきた。

② 彼女は志望校《しぼうこう》に合格できたことが、うれしくて(　　　)様子だった。

③ さあさあ、遠慮しないで。私たちは中学校以来の友だち(　　　)。

④ 電話で済むことですから、わざわざお越しいただく(　　　)。

⑤ そちらは暑い日が続いている(　　　)が、元気にやっているかい？

2 文章の内容と合っているものに○、合っていないものに×を入れてください。

①(　) 嶋子はとてもハンサムな青年で、丹後の国で一番腕がいい漁師でした。

②(　) 若い娘は嶋子に誘われるままに小舟の中で結ばれ、嶋子と結婚しました。

③(　) 常世というのは神の住む国のことで、若い娘はその国のお姫様でした。

④(　) 嶋子を出迎えるために、亀姫の両親は城門のところで待っていました。

⑤(　) 亀姫との生活は幸せでしたが、嶋子はいつも国の両親のことが心配でした。

⑥(　) 嶋子は両親に会いに帰りたいと、なかなか亀姫に言い出せませんでした。

⑦(　) 亀姫は、30日後に帰るという嶋子の言葉を本当は信じていませんでした。

⑧(　) 亀姫と暮らした神の世の一年は、人の世の100年に相当していました。

⑨(　) 亀姫は鶴となって、玉手箱を開けて死んだ嶋子の魂を迎えに来ました。

Part 06 竹《たけ》取《とり》物《もの》語《がたり》

Track 06

이야기 해설

「竹取物語《たけとりものがたり》」(平安時代《へいあんじだい》、作者不詳《さくしゃふしょう》)の舞台《ぶたい》として、最《もっと》も有力視《ゆうりょくし》されているのは、奈良《なら》県《けん》の広陵町《こうりょうちょう》です。ここには竹取翁《たけとりのおきな》の出身《しゅっしん》部族《ぶぞく》である讃岐氏《さぬきし》にちなんだ讃岐神社《じんじゃ》があり、付近《ふきん》に「藪《やぶ》ノ下《した》」「藪口《やぶくち》」「竹《たけ》ケ原《はら》」という地名《ちめい》があるように、竹林《ちくりん》が多数《たすう》残《のこ》っています。また、かぐや姫《ひめ》に求婚《きゅうこん》する五人の貴公子《きこうし》の名前も、持統朝末期《じとうちょうまっき》から文《もん》武朝初期《むちょうしょき》にかけて、朝廷《ちょうてい》の中心にいた実在《じつざい》の人物名《じんぶつめい》と一致《いっち》しています。

今は「昔、竹取の翁《おきな》といふものありけり」で始まる竹取物語は、日本最古《さいこ》の物語《ものがたり》文学《ぶんがく》です。10世紀初《せいきはじ》め(900年ごろ)に作られたとされていますが、それにしても、この作品の壮大《そうだい》な空想力《くうそうりょく》には驚《おどろ》かされます。特《とく》にかぐや姫が月《つき》に帰る下りには、天《てん》から下りてくる「光《ひか》り輝《かがや》く空を飛ぶ車《くるま》」のことが出てきますが、描写《びょうしゃ》が極《きわ》めて具体的《ぐたいてき》で、UFOの到来《とうらい》を思い起こさせます。もしかしたら、ほんとうに宇宙人《うちゅうじん》がUFOに乗《の》って、10世紀の日本に舞《ま》い降《お》りたのかもしれませんね。

平安時代《へいあんじだい》 헤이안 시대, 794년 ~ 1192년 | 最《もっと》も 가장, 무엇보다도 | 有力視《ゆうりょくし》する 유력시하다 | ちなむ 말미암다, 관련되다, 연유하다 | ~から~にかけて ~부터 ~에 걸쳐서 | 実在《じつざい》 실재 | 一致《いっち》する 일치하다 | 最古《さいこ》 최고, 제일 오래됨 | 物語文学《ものがたりぶんがく》 이야기문학 | 壮大《そうだい》 장대 | 空想力《くうそうりょく》 공상력 | 下《くだ》り 내려감, 하행 | 描写《びょうしゃ》 묘사 | 極《きわ》めて 극히 | 具体的《ぐたいてき》 구체적 | UFO 유에프오 | 到来《とうらい》 도래(때가 옴) | 思《おも》い起《お》こす 상기하다, 생각해 내다 | もしかしたら 어쩌면 | 宇宙人《うちゅうじん》 우주인 | 舞《ま》い降《お》りる 훨훨 내려앉다

一

昔むかし、あるところにおじいさんとおばあさんが住んでいました。おじいさんの名は讃岐造(さぬきのみやつこ)と言いましたが、竹を切って籠[1]やざる[2]を作って暮らし[3]を立てていたので、竹取の翁と呼ばれていました。

ある日のこと、いつものようにおじいさんが裏山[4]に竹を取りに行くと、１本の竹の根元[5]が金色《こんじき》に光っているではありませんか。

「不思議[6]なことがあればあるもんだ[7]」

おじいさんはそう思いながら、その竹を切ってみる[8]と、中から三寸[9]ほどの女の子が出てきました。

「子どもがいない私たちに、神さまが授けて[10]くださったに違いない[11]」

喜んだ[12]おじいさんは、その女の子を手のひら[13]に乗せて、家に連れて帰りました。そしておじいさんとおばあさんは、その子を籠に入れて大事に大事に[14]育てました。

不思議なことに[15]、その日以来[16]、おじいさんが竹を切る度に[17]、竹の節[18]と節との間から黄金の粒が出てきました。こうしておじいさんとおばあさんの暮らしは、だんだん[19]豊か[20]になりました。

二

その女の子は見る見る[21]うちに大きくなり、三ヶ月も経ったころには、清らか[22]で美しい娘に成長[23]しました。村人は、光り輝くように美しい娘だっ

たので、「かぐや姫」と呼びました。

かぐや姫の噂[24]は、たちまち[25]国中に広がりました。男という[26]ものは困った[27]生き物[28]で、身分が高い男も低い男も、「あの美しいかぐや姫を手に入れたい[29]ものだ」「何とか[30]してかぐや姫を妻[31]にめとり[32]たいものだ」と、かぐや姫に夢中[33]になりました。竹取の翁の家の周りにも、門のところにも、いろんな男ども[34]がやってきては、かぐや姫を一目見ようと、夜も寝ず、垣根[35]に穴[36]を開け、家の中を覗き見[37]まで[38]する始末[39]です。

五人の身分の高い者も「ぜひお嫁にほしい」と求婚し、毎日かぐや姫のところに通い[40]ました。困ったかぐや姫は、「私の願い[41]をかなえてくれれば、結婚しましょう」と言って、彼らを追い返し[42]ました。

かぐや姫は、石作《いしつくり》の皇子《みこ》には「仏の石の鉢《はち》」を、庫持《くらもち》の皇子には「白銀《はくぎん》[43]を根とし、黄金を茎《くき》として、白珠《しらたま》を実につける木の一枝」を、右大臣《うだいじ》阿部御主人《あべのみうし》には「火鼠《ひねずみ》の皮衣《かわごろも》」を、大納言《おおなごん》大伴御行《おおとものみゆき》には、「龍《りゅう》の頸《くび》」にある「五色に光る珠《たま》」を、中納言《ちゅうなごん》石上麻呂足《いそのかみまろたり》には、「燕《つばくらめ》の持っている子安《こやす》の貝《かい》」を持ってくるように言いました。男どもに無理難題[44]を押しつけて[45]、体よく[46]結婚を断った[47]のでした。

この噂は帝[48]の耳[49]にも入りました。帝は急に日を決めて狩り[50]に出かけ、かぐや姫のうちに立ち寄り[51]ました。すると、家の中は光に満ちて[52]、そこにはこの世のものとは思えないほどの美しい娘がいました。帝は「この者がかぐや姫だろう」とお思いになって、逃げて奥に入ろう[53]とする娘の袖[54]を掴むと、「もっと近くに来て、顔を見せよ」とおっしゃいました。かぐや姫は恥ずかしそうに顔を上げました。

帝は「おお」とため息[55]を漏らすや[56]、「もう姫を放しはしない」と言って、連れていこうと

しました。すると、かぐや姫は、「私がこの国に生まれた者であれば、帝にお仕[57]えしてもよろしいのですが、私を連れて行くことは難しいのではないでしょうか」と笑[58]みを浮かべました。帝は、「私にできないことがこの世にあ[59]ろうか」と言って、御[60]輿に乗せようとしましたが、あ[61]ら不思議、かぐや姫はさ[62]らりと身をかわすと、次の瞬間には、ふっと姿が消えました。

「かぐや姫よ、出てきておくれ。それほど嫌なら、連れては行かぬ」

帝が言うと、かぐや姫はす[63]っと帝の前に現れました。帝はかぐや姫への未[64]練が断[65]ち切れません。しかし、竹取の翁の家で夜[66]を過ごすわ[67]けにもいかず、その日はしかたなく御輿に乗って帰っていきました。

三

それから三年の月日が経[68]ったころ、かぐや姫は月を見ては、日夜、物[69]思いに浸るよ[70]うになりました。そして八月の満月が近[71]づくに[72]つれ、かぐや姫は激[73]しく泣くようになりました。それはそれは痛[74]ましいほどに泣きました。

おじいさんが「何が悲しくてそんなに泣くのだ」と問うと、かぐや姫は「いつか申[75]し上げね[76]ばならないと思っておりましたが、きっとお悲しみになるだろうと思って、今日まで黙っておりました。しかし、今日は全[77]てお話しいたします。実は、私はこの人間界の者ではありません。前[78]世からの宿[79]命で、月の都からこの人間界にやってまいりましたが、まもなく月に帰らねばなりません。十五日には月から迎えがまいります」と言って、一[80]層激しく泣[81]きじゃくるのでした。

「これはなんと言うこと。お前を竹の中から見つけたときから我が子と思い、小指ほどの大きさだったお前を手[82]塩にかけて育ててきた。誰が来[83]ようと、渡してなるも[84]のか」、そう言うと、おじいさんはかぐや姫を強く抱[85]きしめて泣きました。

四

おじいさんは、どうしてもかぐや姫を手放し[86]たくありません。そこで帝に「助けてほしい」と手紙を送りました。事情を知った帝は、一万人の軍勢[87]を翁の家に派遣[88]しました。

いよいよ[89]十五日が来ました。夜が更けて[90]、月が山の上に現れたころ、家の辺《あた》りが光りました。満月の明るさを、十も合わせた[91]ほどの明るさでした。すると、大空から金色の光に包まれた飛ぶ車に乗って、天人[92]が降りてきました。そして地面から人の背丈[93]ほどの高さに、ふわりと[94]浮いて立ち並びました。

兵士たちは一斉に[95]矢を放ち[96]ましたが、矢は光の壁に遮られ[97]、空しく[98]落ちてくるだけです。軍勢は何の抵抗[99]もできません。戦うこともできず、わけもわからず[100]お互い見つめ合っています。

その時、飛ぶ光の車に乗った月の王の一喝[101]が、まるで雷のように轟き[102]ました。

「愚かな人間どもよ。欲に溺れ[103]、戦に明け暮れ[104]、神にまで刃向かう[105]というのか」

そのとたん、一万の軍は戦意《せんい》を失い、武器も投げ捨てて[106]、地面にひれ伏して[107]しまいました。

次に月の王が「さあ、かぐや姫よ。こんな穢れた[108]ところに長くいていいものか。隠れていないで出てきなさい」と言うと、誰も触れないのに、かぐや姫を閉じこめて[109]いた蔵の戸も格子《こうし》も、あっという間に[110]開きました。おばあさんが抱きしめていたかぐや姫は、何かに憑かれた[111]ようにふらふら[112]と外に出ると、宙[113]に浮き上がりました。おばあさんは止めようとしますが、体が動きません。ただ姫を仰ぎ見て[114]泣くことしかできません。かぐや姫は、泣き伏して[115]いるおばあさんの手に、脱いだ[116]天の羽衣を握らせる[117]と、哀しげ[118]に言いました。

「心ならずも[119]私は月に帰ります。私がこの世に生まれたのであれば、お二人の側で一生お仕えすることもできますが、今となっては[120]それもままなりません[121]。

お別れするのはとても残念[122]ですが、この天の羽衣を形見[123]と思って、満月の夜には私のことを思い出し[124]てください。たとえ遠く離れていても、その夜は心と心がつながる[125]でしょう」

そして、今度はおじいさんに、帝に宛てた[126]一通の手紙と不老不死[127]の薬を入れた壺[128]を手渡し[129]ました。そして、「これを帝にお届け[130]ください」と一言残して、天女[131]の姿になって天に昇っ[132]ていきました。

やがて、流れ星[133]かのような[134]何本もの光[135]の筋が夜空を走り、月の中に吸い込ま[136]れていきました。

五

帝の軍勢はなすすべもなく[137]、うなだれ[138]て都へ引き返し[139]ました。そして帝に実際に起こった信じられない出来事[140]の一部始終[141]を報告し、かぐや姫から預かっ[142]た手紙と壺を渡しました。

その手紙には「帝にお仕えすることもできず、こうして月に帰らなければならなくなったことを口惜しく[143]思います。せめて[144]帝のご健康を祈り、この不老不死の薬を贈り[145]ます。どうか今までの私の数々[146]のご無礼[147]をお許しください」と書いてありました。その手紙には、「今はとて　天の羽衣　着るをりぞ　君をあ

天に帰るかぐや姫の絵

はれと　思ひいでける」という和歌[148]を書いた短冊[149]が挟ん[150]でありました。現代語で言いますと、「天の羽衣を着て、月に帰らなければならない今になって、初めてあなたのことを愛していると気づき[151]ました」という内容になるでしょう。

手紙を読んだ帝は、「ああ、もう二度とかぐや姫には会えないのか」と哀しみに打ちひしがれ[152]、食事も喉を通らなく[153]なりました。そしてある日、大臣を呼んで、「どの山が一番天に近いか」と尋ねました。

大臣が「駿河[154]（今の静岡県）の国にある山が、都から一番近く、天にも一番近いです」と申し上げると、帝は、「かぐや姫に会えぬ身に、不老不死の薬が何の意味があるだろうか[155]。ただ[156]未練が残るだけ」と、大臣に手紙と不老不死の入った壺を渡し、その日本で一番高い山で焼くように[157]命じ[158]ました。

それからその山は「不死の山」と呼ばれ、やがて後《のち》に「富士の山」と呼ばれるようになったとか[159]。

富士の山

一

1 籠《かご》 바구니 2 ざる 소쿠리 3 暮《く》らしを立《た》てる 생계를 꾸리다 4 裏山《うらやま》 뒷산 5 根元《ねもと》 뿌리, 밑부분, 근본 6 不思議《ふしぎ》 불가사의, 이상함, 괴이함 7 ～もんだ(ものだ) ~하는 것이다(감탄) 8 ～てみると ~해 보면 9 寸《すん》 길이, 치수 10 授《さず》ける 내리다, 하사하다, 전수하다 11 ～に違《ちが》いない ~임에 틀림없다 12 喜《よろこ》ぶ 기뻐하다 13 手《て》のひら 손바닥 14 大事《だいじ》 중요함, 소중함 15 ～ことに ~하게도(감정) 16 ～以来《いらい》 ~이래 17 ～度《たび》に ~할 때마다 18 竹《たけ》の節《ふし》 대나무 마디 19 だんだん 점점 20 豊《ゆた》か 풍요로움, 윤택함

二

21 見《み》る見《み》るうちに 순식간에 22 清《きよ》らか 맑은 모양 23 成長《せいちょう》する 성장하다 24 噂《うわさ》 소문 25 たちまち 곧, 갑자기 26 ～というものは ~이라고 하는 것은 27 困《こま》る 곤란하다 28 生《い》き物《もの》 생물 29 手《て》に入《い》れる 손에 넣다, 생기다 30 何《なん》とかして 어떻게든지 31 妻《つま》にめとる 아내로 맞이하다 32 ～たいものだ ~하고 싶은 법이다 33 ～に夢中《むちゅう》になる ~에 열중되다, ~에 빠지다 34 男《おとこ》ども 남자들 35 垣根《かきね》 울타리 36 穴《あな》 구멍 37 覗《のぞ》き見《み》 엿봄, 훔쳐봄 38 ～まで ~까지 39 ～始末《しまつ》だ ~하는 모습이다, ~하는 꼴이다 40 通《かよ》う 다니다, 왕래하다, 통하다 41 願《ねが》いをかなえる 소원을 들어주다 42 追《お》い返《かえ》す 냉담하게 돌려보내다 43 ～を～とする ~을 ~으로 하다 44 無理難題《むりなんだい》 생트집 45 押《お》しつける 강요하다, 억지로 떠맡기다 46 体《てい》よく 보기 좋게, 체면이 깎이지 않게 47 断《ことわ》る 거절하다 48 帝《みかど》 천황, 황실, 조정 49 耳《みみ》に入《はい》る 귀에 들어가다, 귀에 들리다 50 狩《か》り 사냥, 수렵, 채취 51 立《た》ち寄《よ》る 다가서다, 들르다 52 満《み》ちる 차다, 그득 차다 53 ～(よ)うとする ~하려고 하다 54 袖《そで》を掴《つか》む 소매를 붙잡다 55 ため息《いき》を漏《も》らす 한숨을 내쉬다 56 ～や ~이랑 57 仕《つか》える 모시다, 섬기다, 시중들다 58 笑《え》みを浮《う》かべる 미소를 짓다, 웃음을 띄우다 59 あろうか 있어서 될 일인가, 당치않게도(반어) 60 御輿《みこし》 가마 61 あら不思議《ふしぎ》 어머 신기하게도 62 さらりと 매끈한 모양, 태도 등이 산뜻하며 구애됨이 없는 모양 63 すっと 가볍게 빨리 움직이거나 옮기거나 하는 모양, 쑥, 쓱 64 未練《みれん》 미련 65 断《た》ち切《き》る 끊다, 잘라버리다 66 夜《よ》を過《す》ごす 밤을 지새우다 67 ～わけにはいかない ~할 수는 없다

三

68 経《た》つ 지나가다, 경과하다 69 物思《ものおも》いに浸《ひた》る 깊은 생각에 잠기다 70 ～ようになる ~하게 되다 71 近《ちか》づく 다가오다, 접근하다 72 ～につれて ~함에 따라서 73 激《はげ》しい 심하다, 세차다 74 痛《いた》ましい 가엾다, 측은하다, 애처롭다 75 申《もう》し上《あ》げる 말씀 드리다 76 ～ねばならない ~하지 않으면 안 된다 77 全《すべ》て 전부, 모두 78 前世《ぜんせ》 전세(불교용어) 79 宿命《しゅくめい》 숙명 80 一層《いっそう》 한층 81 泣《な》きじゃくる 흐느껴 울다 82 手塩《てしお》にかける 몸소 돌보아 기르다 83 ～(よ)うと ~해도 84 ～ものか ~할 것 같냐(반문), 절대 ~하지 않는다 85 抱《だ》きしめる 꽉 껴안다

四

86 手放《てばな》す 손에서 놓다, 자식 등을 곁에서 멀리 떠나 보내다 87 軍勢《ぐんぜい》 군대의 세력, 군대 88 派遣《はけん》する 파견하다

89 いよいよ 드디어 90 夜《よ》が更《ふ》ける 밤이 깊어지다 91 合《あ》わせる 맞추다 92 天人《てんにん》 천인, 천상계에 사는 사람 93 背《せ》丈《たけ》 키 94 ふわりと 두둥실(가볍게), 사뿐히 95 一斉《いっせい》に 일제히 96 矢《や》を放《はな》つ 화살을 쏘다 97 遮《さえぎ》る 차단하다, 막다 98 空《むな》しい 허무하다 99 抵抗《ていこう》 저항 100 わけもわからない 이유도 모르다 101 一《いっ》喝《かつ》 일갈 102 轟《とどろ》く 울려 퍼지다, 널리 알려지다 103 欲《よく》に溺《おぼ》れる 욕심에 빠지다 104 戦《いくさ》に明《あ》け暮《く》れ 전쟁에 몰두함, 늘 전쟁을 함 105 刃《は》向《む》かう 맞서다, 적대하다, 거역하다 106 投《な》げ捨《す》てる 내버리다, 팽개치다 107 ひれ伏《ふ》す 고개 숙여 넙죽 엎드리다 108 穢《けが》れる 더러워지다, 더럽혀지다 109 閉《と》じこめる 가두다 110 あっという間《ま》 순식간에 111 憑《つ》く (신령, 마귀 등이)들리다, 홀리다, 씌다 112 ふらふら 휘청휘청, 어정어정 113 宙《ちゅう》 공중, 하늘 114 仰《あお》ぎ見《み》る 우러러보다, 올려다보다 115 泣《な》き伏《ふ》す 쓰러져 울다 116 天《あま》の羽《は》衣《ごろも》 (천녀의) 날개 옷 117 握《にぎ》る 쥐다 118 哀《かな》しげ 슬픈 듯이 119 心《こころ》ならずも 본의 아니게, 마지못해 120 今《いま》となっては 이제 와서 보면 121 ままならない 뜻대로 되지 않다 122 残念《ざんねん》 유감 123 形《かた》見《み》 추억거리, 기념물, 유품 124 思《おも》い出《だ》す 생각해내다 125 つながる 이어지다, 연결되다 126 宛《あ》てる (편지나 짐 등을) ~앞으로 보내다 127 不《ふ》老《ろう》不《ふ》死《し》 불로불사 128 壺《つぼ》 항아리 129 手《て》渡《わた》す 손수 건네다, 직접 전하다 130 届《とど》ける 보내다, 신고하다 131 天女《てんにょ》 천녀, 선녀, 여신 132 昇《のぼ》る 오르다 133 流《なが》れ星《ぼし》 유성 134 ～かのような ~인 것 같은 135 光《ひかり》の筋《すじ》 빛줄기 136 吸《す》い込《こ》む 빨아들이다, 흡수하다

五

137 なすすべもない 어찌할 도리가 없다 138 うなだれる 힘없이 고개를 숙이다 139 引《ひ》き返《かえ》す 되돌아가다, 되찾다 140 出《で》来《き》事《ごと》 사건, 일어난 일 141 一《いち》部《ぶ》始《し》終《じゅう》 자초지종 142 預《あず》かる 맡다, 맡아서 돌보다 143 口《くち》惜《お》しい 유감스럽다, 분하다 144 せめて 최소한, 적어도, 하다못해 145 贈《おく》る 보내다 146 数々《かずかず》 다수, 여러 가지 147 ご無《ぶ》礼《れい》 무례 148 和《わ》歌《か》 일본 고유의 정형시, 화답가 149 短冊《たんざく》 (조붓한) 종이 150 挟《はさ》む 끼우다, 집다, 말참견하다, 품다 151 気《き》づく 깨닫다, 알아차리다 152 打《う》ちひしがれる 의욕을 잃다, 좌절하다 153 喉《のど》を通《とお》る 목을 넘기다 154 駿《する》河《が》 옛 지방 이름(지금의 시즈오카(静岡)현의 중앙부) 155 ～だろうか ~일까(강조, 반어) 156 ただ～だけ 그저 ~할 뿐 157 ～ように ~처럼, ~같이 158 命《めい》じる 명하다 159 ～とか ~이라고 한다(전문)

표현 문형

1 ~から~にかけて

~부터 ~에 걸쳐서 / 접속 : 명사 + から + 명사 + にかけて

…› 六月から七月にかけて、日本は梅雨《つゆ》のシーズンです。
6월부터 7월에 걸쳐서 일본은 장마 시즌입니다.

…› 夜半《やはん》から明《あ》け方《がた》にかけて、激《はげ》しい雨が降った。
한밤중부터 새벽에 걸쳐서 세찬 비가 내렸다.

…› 名古屋《なごや》から大阪《おおさか》にかけて、高速道路《こうそくどうろ》は百キロ以上《いじょう》の大渋滞《だいじゅうたい》が続いています。
나고야에서 오사카에 걸쳐서 고속도로는 100킬로미터 이상의 심한 정체가 계속되고 있습니다.

2 ~もんだ(ものだ)(감탄)

~하군, ~하다니 /
접속 : 보통체[な형용사(な)] + もんだ(ものだ)(감탄)

…› うちの部長《ぶちょう》の石頭《いしあたま》にも困《こま》ったもんだ。
우리 부장님의 돌머리에도 곤란하군.

…› 「光陰矢《こういんや》の如《ごと》し」と言うが、月日《つきひ》が経《た》つのは早いものだなぁ。
'세월은 화살과 같다'고 하는데, 세월이 흐르는 것은 빠르구나.

…› いやぁ、元気なもんだ。九十歳なのに、富士山《ふじさん》に登《のぼ》るとは。
야, 건강하구나. 90세인데도, 후지산에 오른다니.

3 ~ことに

~하게도 /
접속 : 동사(た형), い형용사(い), な형용사(な) + ことに(감정)

…› 不思議《ふしぎ》なことに、声はするのに姿《すがた》が見えないのです。
신기하게도 소리는 들리는데, 모습이 보이지 않는 것입니다.

…› 悔《くや》しいことに、僅《わず》か一点差で相手チームに負けてしまった。
분하게도 겨우 1점 차로 상대팀에게 지고 말았다.

…› 困ったことに、事故で電車が止まって、家に帰れなくなった。
곤란하게도 사고로 전철이 멈춰서 집으로 돌아갈 수 없게 되었다.

4 ～まで(정도) ~까지(정도) / 접속 : 동사(て형), 명사 + まで

···› 風に加えて、雨まで降ってきた。
바람에다 비까지 내렸다.

···› 日本では、大人まで電車の中で漫画《まんが》を読んでいる。
일본에서는 어른까지 전철 안에서 만화를 읽고 있다.

···› 家に帰ってまで、会社《かいしゃ》の仕事はしないでください。
집에 돌아와서까지 회사일은 하지 말아 주세요.

5 ～ものか ~할까보냐, 절대 ~하지 않는다 / 접속 : 보통체[な형용사(な), 명사(な)] + ものか(강한 부정)

···› あなたなんかに、私の気持ちがわかってたまるもんですか。
당신 따위가 내 기분을 알 성싶습니까?

···› 持って生まれた性格《せいかく》が、そう簡単《かんたん》に変わるものか。
타고난 성격이 그렇게 간단히 바뀔 것 같냐.

···› この悔しさを忘れるものか。今度の試合《しあい》では必ず勝ってみせる。
이 분함을 잊을까보냐. 다음 시합에서는 반드시 이기고야 말겠다.

1 適当なものを選んで、文を完成させてください。

1. にかけて / ことに / たびに / まで / ほど

① 悔しい(　　　　)、母校のバレーチームが一点差で負けてしまった。

② 戦争当時は、いま思い出すのも嫌な(　　　　)、辛い経験をした。

③ 私は故郷《こきょう》に帰る(　　　　)、墓参《はかまい》りに行くことにしている。

④ 通勤時間帯の朝の７時半から８時(　　　　)、電車はとても混雑する。

⑤ 面談では、プライバシーに関すること(　　　　)、いろいろ聞かれた。

2. ものだ(감탄) / しまつだ / とする / ものか / だけだ

① こんなサービスの悪い店に、二度と来る(　　　　)。

② 月日が経つのは、ほんとうに早い(　　　　)ね。

③「珍しいね。どういう風の吹き回しだい？」

「近くまで来たから、ちょっと寄った(　　　　)よ」

④ 私たちは、ホームレスの支援活動《しえんかつどう》を目的(　　　　)団体です。

⑤ あの二人は犬猿《けんえん》の仲で、顔を合わす度にけんかになる(　　　　)。

2 文章の内容と合っているものに○、合っていないものに×を入れてください。

①(　) 竹から出てきた女の子は、三ヶ月後には美しい娘に成長しました。

②(　) その娘は金色に光り輝いていたので、「かぐや姫」と呼ばれました。

③(　) 帝は狩りに出かけた時、偶然、「かぐや姫」のうちに立ち寄りました。

④(　) 帝は「かぐや姫」を一目見て好きになり、連れて帰ろうとしました。

⑤(　) それから三年経ったころ、「かぐや姫」は物思いに沈むようになりました。

⑥(　)「かぐや姫」は、おじいさんたちと別れるのが辛くて泣きました。

⑦(　) おじいさんは、「かぐや姫」が月に帰るのはしかたがないと諦めました。

⑧(　)「かぐや姫」は別れ際に、一通の手紙と不老不死の薬を帝に手渡しました。

⑨(　) 帝が不老不死の薬を大臣に焼かせた山は、後に富士の山と呼ばれました。

Part 07 わらしべ長者《ちょうじゃ》

Track 07

이야기해설

日本において、衆生《しゅじょう》を救《すく》う観音《かんのん》さまは、平安時代《へいあんじだい》の貴族《きぞく》から庶民《しょみん》に至《いた》るまで、身《み》分《ぶん》にかかわりなく、大勢《おおぜい》の人々から信仰《しんこう》されてきました。実際《じっさい》、日本には観音信仰にまつわる伝説《でんせつ》が数多《かずおお》く伝《つた》えられています。そうした民話の一つが「わらしべ長者《ちょうじゃ》」です。このお話は中世《ちゅうせい》の説話集《せつわしゅう》「今昔物語集《こんじゃくものがたりしゅう》」に載《の》せられていますが、一人の若者《わかもの》が大和《やまと》の国《くに》(現在《げんざい》の奈良県《ならけん》)の長谷寺《はせでら》の観音さまの前に座《すわ》り込《こ》み、ひたすら拝《おが》み続けるところからお話は始まります。長谷寺は、真言宗《しんごんしゅう》豊山派《ぶざんは》の総本山《そうほんざん》、西国《さいごく》三十三観音霊場《れいじょう》第八番札所《ばんふだしょ》として、全国《ぜんこく》に末寺《まつじ》三十余《よ》ヵ寺、檀家信徒《だんかしんと》はおよそ三百万人とも言われます。そして、本尊《ほんぞん》である十一面観音《めんかんのん》菩薩像《ぼさつぞう》は、昔も今も人々のあつい信仰を集めています。

~において ~에 있어서(시간, 장소) | 衆生《しゅじょう》 중생 | 観音《かんのん》さま 관음보살 | 貴族《きぞく》 귀족 | 庶民《しょみん》 서민 | ~から~に至《いた》るまで ~부터 ~에 이르기까지 | 身分《みぶん》 신분 | ~にかかわりなく ~에 관계없이 | 大勢《おおぜい》 많은 사람, 여러 사람 | 信仰《しんこう》する 신앙하다 | 実際《じっさい》 실제 | ~てきた ~해 왔다 | まつわる 얽히다, 관련되다, 휘감기다 | わらしべ 볏짚, 볏짚 부스러기 | 長者《ちょうじゃ》 장자 | 今昔物語《こんじゃくものがたり》 곤쟈쿠이야기 | 若者《わかもの》 젊은이 | 大和《やまと》の国《くに》 야마토국(현재 나라현) | ひたすら 오직, 오로지, 한결같이 | 拝《おが》む 두 손 모아 빌다, 절하다, 빌다 | およそ 대략 | 檀家《だんか》 시주, 단가 | 本尊《ほんぞん》 본존 | 信仰《しんこう》を集《あつ》める 신앙을 모으다

一

昔むかし、大和《やまと》の国に運[1]の悪い若者が住んでいました。朝から晩まで働いても、貧乏[2]から抜け出す[3]ことができず、妻をめとる[4]こともできません。

若者は最後の手段として、長谷寺という大きなお寺のお堂[5]にこもって[6]、断食[7]して、飲まず食わず[8]で観音《かんのん》さまにお祈り[9]しました。

「観音さま、観音さま。私は貧しい身で、妻もおらず、畑もなく、頼る[10]人もいません。もし、このままこの世を終わるぐらい[11]なら、観音さまの前で干からびて[12]死んだほうがまし[13]です。しかし、もし観音さまが少しでも力[14]をお授けくださるのなら、夢の中でお示しください」と必死[15]でお祈りしました。

それから幾日[16]経ったでしょうか。若者は観音さまの前に座ったまま、動こう[17]としません。お寺の若いお坊さん[18]はそれを見て、「このままではあの若者は飢え死に[19]してしまうかもしれません。どういたしましょうか」と住職[20]に相談[21]しました。

「それは困ったなぁ。こんなところで飢え死にされては[22]、お寺が穢れて[23]しまう」と、食べ物を届けてやることにしました。しかし、若者は「生きるも死ぬも、観音さまにお任せ[24]しています」と言って、一口も食べようとしません。お坊さんは、「あんなことを言っていても、腹が減ったら、そのうち食べるだろう」と高をくくって[25]いましたが、何日経っても食べた様子がありません。

若者が断食を始めて20日が過ぎました。若者の目はどんより[26]して、座っている力もありません。今ではその場にうつ伏せ[27]て、ただ口の中でぶつぶつ[28]と、「観音経[29]」

を唱[30]えています。若者は「観音さま、あなたは私をお見捨[31]てになるのですか」と恨み[32]言を言って、とうとう[33]意識[34]を失ってしまいました。

二

若者がはっと気[35]がついたのは、21日目のおこもり[36]が終わる朝のことでした。観音さまが祀[37]られている帳[38]の中から、一人のおじいさんが出てきて、若者に告げました。

「お前は前世[39]の報いを知らず、身勝手[40]に観音さまを責[41]めるが、それは見当違[42]いという[43]ものだ。しかし、あんまりにかわいそうだから、少しだけ力を授けてやろう。今すぐ寺を出て、どんなものでも最初に手に触れ[44]たものがあれば、それを観音さまの授け[45]物として大事[46]にして、西に向かいなさい。そうすれば、きっと運[47]が開けてくるだろう」

若者は起きあがると、ふらふら[48]とお堂の外に出ました。ちょうどお寺の門を出ようとしたときです。よろよろ[49]と転[50]がって、その拍子[51]に何かを掴[52]みました。見ると、それは一本のわら[53]でした。

若者は「こんなもの、何の役[54]にも立つ[55]ものか」と捨てかけました[56]が、さっき[57]のおじいさんの言葉を思い出して、これも観音さまのお授け物かもしれないと思って、わらを持って西に歩いて行きました。

三

しばらく行くと、どこからかあぶ[58]が一匹飛んできて、顔の周り[59]をぶんぶん[60]と飛び回り[61]ました。若者は側にある木の枝を折って、払い[62]のけて歩いていましたが、あぶはどこまでもぶ

んぶん、ぶんぶん、うるさく[63]つきまとって[64]きました。

若者はがまんができなくなって、とうとうあぶを捕まえる[65]と、わらであぶを縛って[66]、木の枝の先にくくりつけ[67]ました。あぶは相変わらず[68]ぶんぶんと羽[69]をばたつかせて[70]います。

すると向こうから、身分の高い女の人が、牛車[71]に乗って長谷寺へお参り[72]にやって来ました。その車には小さな男の子が乗っていました。男の子はたいくつ[73]そうにきょろきょろ[74]外の景色[75]を眺め[76]ていました。その時、若者が木の枝の先に、あぶをぶんぶんさせながら歩いているのを見かけ[77]ました。男の子は、あぶがくくってあるわらが急にほしくなり、「あれをおくれよ。あれをおくれ」と、馬に乗ったお供[78]の侍[79]にせがみ[80]ました。

侍は若者に向かって言いました。

「うちの若さまが、そのぶんぶんいうものをほしいとおっしゃっている。差し出せ[81]」

若者は、「これは私が仏さまからいただいたものですが、どうしてもとおっしゃるなら、差し上げます[82]」といって、あぶのついたわらを渡しました。

車の中の女の人はそれを見ていて、「まあ、それはお気の毒[83]に。かわりに[84]これを上げましょう」と、いい匂い[85]がする[86]大きな蜜柑[87]を三つ、若者に渡しました。若者は、「おやおや[88]、なんとしたこと。一本のわらが大きな蜜柑三つになった」と喜び[89]ながら、それを木の枝に結びつけて[90]、肩[91]にかついで、また西に向かって歩き始めました。

四

しばらく行くと、娘さんが道端[92]に倒れて[93]苦しんでいるのを目にしました[94]。どうやら[95]、夏の暑さ[96]に負けて、熱射病[97]になったようです。若者は、娘さんを涼しい木陰《こかげ》に運んで、休ませてあげました。

娘さんは、「水、水を」と言いながら苦しんでいます。若者は近くに水はないかと探しましたが、あいにく[98]民家[99]も[100]なければ、川の流れ[101]もありません。

そこで若者は、「さしあたり[102]、これでも食べて喉[103]を潤してください」と言って、持っていた蜜柑を剥いて[104]、食べさせてあげました。

しばらくして娘さんはやっと元気になりました。そして、「見も知らず[105]の私のために、こんなに親切にしてくださってありがとうございました。私は織物を都に売りに行く途中、暑さに当たって[106]倒れていました。もしあなたに助けていただかなかったら、私は死んでしまうところでした」とお礼を言いました。そして、「これはせめて[107]もの私のお礼の気持ちです。どうぞ受け取ってください」と言って、三反[108]の真っ白い上等[109]な布を差し出しました。

若者はそれをもらって、「おやおや、蜜柑三つが布三反になった」と喜びながら、今度は布を小脇[110]に抱えて[111]、また歩き始めました。

五

お昼を過ぎたころ、向こうからお供を連れた一人の侍が、立派な馬に乗ってやってきました。

ところが[112]その馬は疲れ切った[113]様子[114]で、若者の前に来たとき、ばったり[115]倒れてしまいました。見ると馬は虫の息[116]で、今にも死にそうです。侍は鞭[117]で打ったり罵ったり[118]して、力ずく[119]で馬を立ち上がらせようとしますが、馬は苦し[120]げ[121]に喘ぐ[122]だけです。その侍は「ちっ」と舌打ち[123]すると、馬を捨てて歩き始めました。残されたお供の男は、この馬をどうしたものかと困っています。

それを見ていた若者は、お供の男に言いました。

「その馬をこの布一反で譲って[124]いただけませんか」

男は喜んで馬と布一反を[125]交換しました。そして、[126]後ろも振り返らず、[127]さっさと[128]駆け去りました。

若者は苦しげに喘いでいる馬を優しく[129]撫でてやりながら、「おお、[130]かわいそうに。私が[131]必ず[132]治してあげるからね」と言うと、[133]谷からきれいな[134]清水を[135]汲んできて、馬に飲ませてやりました。そして、長谷寺の観音さまの方に向いて、手を合わせながら、「どうぞこの馬を、[136]元通りの元気な体にしてくださいませ」と、[137]一生懸命にお祈りをしました。

するとどうでしょう。馬は目を開け、[138]やがて[139]むくむく起き上がろうとしました。若者は「がんばれ」と馬に[140]声をかけながら、馬の体に[141]手を添えて起こしてやりました。それから馬に水を飲ませたり、食べ物をやったりする[142]うちに、[143]すっかり元気になって、[144]しゃんしゃん歩き出しました。

若者は、近くの民家で布一反の[145]かわりに[146]手綱と[147]くつわをもらって馬につけると、馬を引いて、[148]ずんずん歩いて行きました。

六

その晩は、宇治《うじ》の近くで日が暮れました。若者は布一反を出して、[149]宿に泊まりました。

その[150]明くる朝、若者はまた馬を引いてしばらく歩いているうちに、京都の町に近い鳥羽《とば》という所に来ました。見ると、一件の家で、うちの人たちが[151]がやがやと[152]騒いでいます。[153]どうやら、よそへ[154]旅に発つところですが、荷物が多すぎて[155]運べないので、どうしようかと話し合っているようです。

若者は家の人たちの困った様子を見て、「よければ、この馬をお使いください」と声をかけました。すると、その家の人たちは、「これは立派な馬だ。[156]稲田[157]一町と交換しても[158]惜しくはない。[159]取りかえっこしませんか」と言いました。

そのうちは、この辺り[160]の地主[161]だったのです。

若者は、「わたしは旅の者ですから、田をもらっても困ります」と、一旦[162]は遠慮[163]しましたが、考えてみれば若者は独り者[164]ですし、落ち着く[165]あて[166]もありません。そこで、「せっかく[167]のご厚意[168]ですから」と交換に応じる[169]こと[170]にしました。

それからというもの[171]、若者は勧められる[172]まま[173]にその村に住み、稲田を耕し[174]、家を建て、この土地に住み着き[175]ました。

秋になると、稲穂[176]も黄金色に実り[177]、風に揺れています。若者はこのときはじめて、観音さまのおぼしめし[178]がわかったのです。この世に無駄なものは何一つない。わら一本といえども[179]、誰かの役に立つ。

それから数年が過ぎました。若者は稲田をくれた地主の娘と結婚し、長者になりました。若者は長者になってからも、観音さまの教え[180]を守り、わらの一本も大切にし、変わることなく[181]働き者でした。

その姿を見た村人は、誰言うともなく[182]、この若者を、「わらしべ長者」と呼ぶようになったとか。

一

1 運《うん》の悪《わる》い 운이 나쁘다 2 貧乏《びんぼう》 가난, 빈궁 3 抜《ぬ》け出《だ》す 빠져나가다, 살짝 도망치다 4 妻《つま》をめとる 아내를 맞이하다 5 お堂《どう》 당, 신불을 모신 건물 6 こもる 틀어박히다, (감정, 정성 등이) 담기다, 어리다 7 断食《だんじき》する 단식하다 8 飲《の》まず食《く》わず 마시지 않고 먹지 않고 9 祈《いの》る 기원하다, 기도하다 10 頼《たよ》る 의지하다 11 ～ぐらいなら ~정도라면 12 干《ひ》からびる 바싹 마르다, 메말라지다, 생기가 없어지다 13 まし 더 나음 14 力《ちから》を授《さず》ける 힘을 내려주다 15 必死《ひっし》で 필사적으로 16 幾日《いくにち》 며칠 17 ～(よ)うとしない ~하려고 하지 않다 18 お坊《ぼう》さん 스님 19 飢《う》え死《じ》にする 굶어 죽다 20 住《じゅう》職《しょく》 주직, 주지의 직무 21 相談《そうだん》する 의논하다, 상담하다 22 ～ては(=たら) ~하면 23 穢《けが》れる 더러워지다, 더럽혀지다 24 任《まか》せる 맡기다 25 高《たか》をくくる 우습게 보다, 깔보다 26 どんより 눈이나 색조가 흐린 모양, 날씨가 잔뜩 흐린 모양 27 うつ伏《ぶ》せる 엎드리다, 내리깔다 28 ぶつぶつ 중얼중얼, 투덜투덜(불평), 부글부글(거품) 29 観音経《かんのんぎょう》 관음경 30 唱《とな》える 외다, 주창하다, 외치다 31 見《み》捨《す》てる 내버려 둔채 돌보지 않다 32 恨《うら》み言《ごと》 원망하는 말 33 とうとう 드디어, 결국, 마침내 34 意識《いしき》を失《うしな》う 의식을 잃다

二

35 気《き》がつく 정신이 들다, 깨닫다 36 おこもり 기도 드리기 위해 절, 신사 등에 일정기간 머무름 37 祀《まつ》る 제사 지내다, 신으로 받들어 모시다 38 帳《とばり》 방장, 장막 39 前《ぜん》世《せ》の報《むく》い 전세(전생)의 과보 40 身勝手《みがって》 제멋대로임, 염치없음 41 責《せ》める 책망하다 42 見当違《けんとうちが》い 짐작이나 예상이 빗나감, 엉뚱함 43 ～というものだ ~이라는 것이다(주장, 감상) 44 手《て》に触《ふ》れる 손에 닿다 45 授《さず》け物《もの》 신불이 주신 선물 46 大事《だいじ》にする 소중히 하다 47 運《うん》が開《あ》ける 운이 트이다 48 ふらふらと 흔들흔들, 휘청휘청, 어정어정 49 よろよろと 비틀비틀, 비칠비칠 50 転《ころ》がる 구르다 51 その拍子《ひょうし》に 그 박자(장단)로 52 掴《つか》む 움켜쥐다, 손에 넣다, 파악하다 53 わら 짚, 볏짚 54 役《やく》に立《た》つ 도움이 되다 55 ～ものか ~할까 보냐(강한 부정) 56 ～かける ~하다 말다 57 さっき 좀 전, 아까

三

58 あぶ 등에 59 周《まわ》り 주위, 주변 60 ぶんぶん 앵앵(곤충의 날개소리), 붕붕(비행기 등이 날 때 나는 소리) 61 飛《と》び回《まわ》る 날아다니다, 뛰어다니다 62 払《はら》いのける 털어버리다, 떨쳐버리다, 뿌리치다 63 うるさい 시끄럽다 64 つきまとう 늘 따라다니다 65 捕《つか》まえる 잡다, 붙잡다 66 縛《しば》る 묶다, 매다 67 くくりつける 동여매다, 묶다 68 相変《あいか》わらず 여전히, 변함없이 69 羽《はね》 날개 70 ばたつかせる(ばたつく의 사역형) 버둥거리다, 파닥거리다 71 牛車《うしぐるま》 소달구지 72 お参《まい》り 신불을 참배하러 감 73 たいくつ 지루함 74 きょろきょろ 두리번두리번, 흘끔흘끔 75 景色《けしき》 경치 76 眺《なが》める 바라보다 77 見《み》かける 눈에 띄다, 보기 시작하다 78 お供《とも》 수행함, 수행자 79 侍《さむらい》 무사, 호위하는 사람, 보통이 아닌 거물 80 せがむ 조르다 81 差《さ》し出《だ》す 내밀다, 부치다(우편물), 보내다 82 差《さ》し上《あ》げる 드리다 83 気《き》の毒《どく》 불쌍함, 가엾음 84 かわりに 대신에 85 匂《にお》い 냄새 86 ～がする ~이 나다 87 蜜柑《みかん》 귤 88 おやおや 어머 어머, 저런 저런 89 喜《よろこ》ぶ 기뻐하다 90 結《むす》びつける 잡아매다, 묶다, 연결시키다 91 肩《かた》にかつぐ 어깨에 메다

四

92 道端《みちばた》 길가 93 倒《たお》れる 쓰러지다, 넘어지다 94 目《め》にする 보다 95 どうやら 아무래도 96 暑《あつ》さに負《ま》ける 더위를 먹다 97 熱射病《ねっしゃびょう》 열사병 98 あいにく 공교롭게도 99 民家《みんか》 민가 100 ～も～ば、～も ~도 ~하고 ~도 101 流《なが》れ 흐르는 물, 강, 시내 102 さしあたり 일단, 우선, 당분간 103 喉《のど》を潤《うるお》す 목을 축이다 104 剥《む》く 벗기다, 까다, 드러내다 105 見《み》も知《し》らず 보지도 알지도 못하다 106 暑《あつ》さに当《あ》たる 더위를 먹다 107 せめてもの 최소한(적어도)의 것 108 反《たん》 필(피륙을 세는 단위) 109 上等《じょうとう》 상등, 상등급 110 小脇《こわき》 겨드랑이 111 抱《かか》える 안다, 껴안다

五

112 ところが 그렇지만 113 疲《つか》れ切《き》る 피곤에 지치다 114 様子《ようす》 모양, 모습, 낌새, 징조 115 ばったり 털썩(쓰러지는), 딱(만나는), 뚝(끊기는) 116 虫《むし》の息《いき》 실낱 같은 숨, 숨이 다 끊어져 감 117 鞭《むち》で打《う》つ 채찍으로 치다 118 罵《ののし》る 욕을 퍼붓다, 떠들어대다 119 力《ちから》ずく 전력을 다함, 우격다짐으로 함 120 苦《くる》しげ 괴로운 듯이 121 ～げ(=そうに) ~하는 듯이 122 喘《あえ》ぐ 헐떡이다, 숨차하다 123 舌打《したう》ちする 혀를 차다, 입맛을 다시다 124 譲《ゆず》る 양보하다 125 交換《こうかん》する 교환하다 126 後《うし》ろを振《ふ》り返《かえ》る 뒤를 돌아보다 127 さっさと 재빨리 128 駆《か》け去《さ》る 달려가다 129 撫《な》でる 쓰다듬다, 어루만지다 130 かわいそう 불쌍함, 가엾음 131 必《かなら》ず 반드시 132 治《なお》す 고치다 133 谷《たに》 골짜기, 골 134 清水《きよみず》 맑은 샘물 135 汲《く》む (물 등을) 긷다, 푸다, 퍼담다 136 元通《もとどお》り 원래대로 137 一生懸命《いっしょうけんめい》に 열심히 138 やがて 이윽고, 머지않아 139 むくむく 부스스(몸을 일으키는 모양), 뭉게뭉게(구름), 포동포동(살찐 모양) 140 声《こえ》をかける 말을 걸다 141 手《て》を添《そ》える 일을 거들다 142 ～うちに ~하는 동안에 143 すっかり 완전히, 깨끗이 144 しゃんしゃん 정정, 쌩쌩, 팔팔(물 끓는 소리), 딸랑딸랑(방울), 짝짝(손뼉) 145 ～かわりに ~대신에 146 手綱《たづな》 (말)고삐 147 くつわ 재갈 148 ずんずん 거침없이, 성큼성큼, 척척

六

149 宿《やど》に泊《と》まる 객사에 묵다 150 明《あ》くる朝《あさ》 이튿날 아침 151 がやがやと 와글와글, 왁자지껄 152 騒《さわ》ぐ 떠들다, 소란스럽게 하다 153 どうやら 아무래도, 어쩐지 154 旅《たび》に発《た》つ 여행을 떠나다 155 運《はこ》ぶ 운반하다, 옮기다 156 稲田《いなだ》 논 157 一町《いっちょう》 한 마지기(논을 세는 단위) 158 惜《お》しい 아쉽다, 애석하다 159 取《と》りかえっこ 교환, 바꿈 160 辺《あた》り 주변, 근처 161 地《じ》主《ぬし》 지주 162 一旦《いったん》 일단 163 遠慮《えんりょ》する 삼가다, 조심하다, 사양하다 164 独《ひと》り者《もの》 홀몸, 외토리 165 落《お》ち着《つ》く 자리잡다, 정착하다, 차분하다, 침착하다 166 あてがない 가망(희망, 목표)이 없다 167 せっかく 모처럼 168 厚意《こうい》 후의 169 応《おう》じる 응하다 170 ～ことにする ~하기로 하다 171 ～というもの ~이라는 것 172 勧《すす》める 권하다, 추천하다 173 ～ままに ~한 채로 174 耕《たがや》す 밭을 갈다, 경작하다 175 住《す》み着《つ》く 정착하다, 자리잡고 살다 176 稲穂《いなほ》 벼의 이삭 177 実《みの》る 열매를 맺다, 결실을 맺다 178 おぼしめし 마음, 생각, 뜻, 의향 179 ～といえども ~이라고 해도 180 教《おし》え 가르침 181 ～ことなく ~하는 일 없이 182 ～ともなく 특별히 ~하려는 생각없이, 자신도 모르게

표현 문형

1 ~かける / ~かけの

~하다 말다 /
접속 : 동사(ます형) + かける / かけの

⋯▸ やりかけたことは、最後までやり通せ。
하다 만 일은 마지막까지 다 해.

⋯▸ おい、おい、言いかけた話を途中でやめるなよ。
어이 어이, 말하다가 만 이야기를 도중에 그만두지 마.

⋯▸ 父は昼《ひる》御《ご》飯《はん》も食べかけのまま、飛び出していった。
아버지는 점심도 먹다가 만 채 뛰쳐나갔다.

2 ~も~ば、~も

~도 ~하고 ~도 / 접속 : 명사 + も ~동사(ば), い형용사(ければ), な형용사(なら), 명사ば + 명사も

⋯▸ 人間は、長所《ちょうしょ》もあれば短所《たんしょ》もあるものだ。
인간은 장점도 있고, 단점도 있는 법이다.

⋯▸ 金もなければ暇《ひま》もないのが、我々《われわれ》サラリーマンの実態《じったい》さ。
돈도 없고 시간도 없는 것이 우리들 월급쟁이의 실태야.

⋯▸ 彼は酒も飲まなければ、タバコも吸わない堅物《かたぶつ》だ。
그는 술도 못 마시고 담배도 못 피는 융통성 없는 사람이다.

3 ~げ

~듯이 /
접속 : い·な형용사(어간) + 동사(ます형) + げ

⋯▸ 公園《こうえん》は、楽しげな家族づれで一杯だった。
공원은 즐거운 듯한 가족동반으로 가득했다.

⋯▸ 怪《あや》しげな男が、家の回りをうろついている。
수상쩍은 남자가 집 주변을 어슬렁거리고 있다.

⋯▸ 彼は、自分の息子《むすこ》がT大学に合格したことをさも自慢げに話した。
그는 자신의 아들이 T대학에 합격한 것을 자못 자랑스러운 듯이 말했다.

4 ～かわりに

~대신에 / 접속 : 동사(る), 명사(の) + かわりに

…› 病気の父のかわりに、長男《ちょうなん》が社長《しゃちょう》の椅子《いす》についた。
병을 앓고 계시는 아버지를 대신해서 장남이 사장 자리에 앉았다.

…› 電話をするかわりに、短いメールを送った。
전화를 하는 대신에 짧은 메일을 보냈다.

5 ～ともなく

특별히 ~하려는 생각없이, 자신도 모르게 / 접속 : 동사(る) + ともなく

…› 子供というのは、誰から習《なら》うともなく言葉を覚《おぼ》えてしまう。
아이란 특별히 누구로부터 배우려는 생각없이 무심코 말을 배워버린다.

…› 彼は夕《ゆう》焼《や》け空を見るともなく、ただぼんやりと見つめていた。
그는 자신도 모르게 저녁노을이 진 하늘을 무심코 멍하니 바라보고 있었다.

…› 私は公園を散歩《さんぽ》しながら、将来《しょうらい》のことを考《かんが》えるともなく考えていた。
나는 공원을 산책하면서 나도 모르게 장래에 대한 것을 생각하고 있었다.

확인 문제

● 실력을 확인해 보세요.

1 適当なものを選んで、文を完成させてください。

1. に至るまで / にかかわりなく / かわりに / といえども / ともなく

① 値段《ねだん》が高い安い(　　　)、必要なものであれば買うしかない。

② 私は、有線放送から流れる歌を、聞く(　　　)聞いていた。

③ 私は劉《りゅう》さんに中国語を教えてもらう(　　　)、日本語を教えてあげた。

④ アルバイト(　　　)、自分の仕事には責任を持たなければならない。

⑤ 彼は芸能スポーツから政治問題(　　　)、豊富《ほうふ》な知識を持っている。

2. というものだ / かけた / がする / ところだった / きった

① 危ない危ない。もう少しで車にひかれる(　　　)。

② 私は子どもの頃この川で、危《あや》うく溺《おぼ》れて死に(　　　)ことがある。

③ こんなにたくさんの仕事を今日中に終わらせろなんて、無理(　　　)。

④ 夜遅く仕事から帰った父は、疲れ(　　　)様子だった。

⑤ なんだか胸騒《むなさわ》ぎ(　　　)。まさか娘の身に何かあったのでは？

2 文章の内容と合っているものに○、合っていないものに×を入れてください。

①( ) 若者が貧乏なのは、彼が働こうとせず、怠け者だったからです。

②( ) 若者はお堂にこもって、飲まず食わずで観音様にお祈りをしました。

③( ) 若者の願いを聞き入れて、観音様が若者に授けたのは一本のわらでした。

④( ) 若者は、そのわらが将来きっと役に立つと信じて大切にしました。

⑤( ) 若者は、布三反と今にも死にそうになっている一頭の馬と交換しました。

⑥( ) 若者が一生懸命その馬を介抱してやったので、馬は元気になりました。

⑦( ) 若者は、近くの民家で、布一反と馬の手綱とくつわを交換しました。

⑧( ) 若者は、稲田一町となら馬を交換してもいいと地主の人に提案しました。

⑨( ) 稲田を譲ってくれた地主の勧めもあって、若者はその村に住みました。

Part 08 守鶴坊《しゅかくぼう》と分福茶釜《ぶんぶくちゃがま》

이야기 해설

Track 08

「分福茶釜《ぶんぶくちゃがま》」というと、日本人なら「昔むかし、茂林《もりん》寺《じ》というお寺《てら》の裏山《うらやま》に狸《たぬき》の親子《おやこ》が住んでいました」に始《はじ》まり、狸が茶釜に化《ば》けるという話《はなし》を思い出します。

しかし、このお話は茂林寺(群馬県館林市《ぐんまけんたてばやしし》)に伝《つた》わる分福茶釜の伝説《でんせつ》とは少《すこ》し違《ちが》っています。「茂林寺パンフレット」によると、「茂林寺では元亀元年《げんきがんねん》(1570年)に千人法会《せんにんほうえ》を催《もよお》そうとしたが、お茶を入れる茶釜がなくて困《こま》っていた。その時、開山《かいさん》(1426年)以来《いらい》、この寺に仕《つか》えていた守鶴和尚《しゅかくおしょう》が、どこからともなく、一つの茶釜を持ってきた。こうして法会《ほうえ》が始まったが、この茶釜はいくら汲《く》んでもお湯《ゆ》がなくならない、不思議《ふしぎ》な釜《かま》だった。人々《ひとびと》は驚《おどろ》き、その釜の福《ふく》を人々に分《わ》ける茶釜ということで、〈分福茶釜〉と名づけた」とあります。

この守鶴和尚は、その後《ご》も茂林寺に仕え、天正《てんしょう》15年(1587年)2月28日に忽然《こつぜん》と姿《すがた》を消《け》しました。ここでおかしいと感《かん》じられたでしょうが、守鶴和尚は、実《じつ》に161年もの間《あいだ》、茂林寺にいたことになります。そこで後世《こうせい》になって、この和尚は狸の化身《けしん》だったのではないかと言われるようになり、やがて民話《みんわ》「分福茶釜」となっておもしろおかしく語り継がれるようになったのです。では、茂林寺に伝わる「守鶴坊《ぼう》と分福茶釜」のお話をしましょう。

～というと ~이라고 하면 | 狸《たぬき》 너구리 | 茶釜《ちゃがま》 차솥, 다도에서 물을 끓이는 솥 | 化《ば》ける 둔갑하다, 변신하다 | パンフレット 팜플렛 | ～によると ~에 의하면, ~에 따르면 | 法会《ほうえ》 법회 | 催《もよお》す 불러일으키다, 개최하다, 베풀다 | ～以来《いらい》 ~이래 | 仕《つか》える 섬기다, 모시다, 시중들다 | ～ともなく 특별히 ~하려는 생각없이 | 和尚《おしょう》 화상, 스님, 절의 주지 | 福《ふく》を分《わ》ける 복을 나누다 | 忽然《こつぜん》と 홀연, 갑자기 | 後世《こうせい》 후세 | 化身《けしん》 화신 | おもしろおかしく 재미있고 우습게 | 語《かた》り継《つ》ぐ 말로 전해 내려가다, 구전하다

一

昔むかし、一人のお坊《ぼう》さんが陽[1]も落ちた山道[2]を歩いていました。

どこかに私を泊めて[3]くれる人家[4]がないものか、いくら探して[5]もどこにも明かり[6]が見えません。夜道は暗くなるばかり、お坊さんは困り果てて[7]しまいました。その時です。「もしもし、お坊さま」と女の人の声がしました。声[8]がする方を見ると、若い娘が立っています。

「お坊さま、よろしければ、私のうちにお泊まりになりませんか」

「これはご親切[9]に。せっかく[10]ですから、お言葉に甘え[11]させていただきます」

山道はもう闇にとけ込もう[12]としています。娘は手招き[13]をしながら、「どうぞ私についてきてください」と言うと、慣れた[14]足取り[15]で細い山道を上り始めました。しばらく娘の後から歩いていたお坊さんは、ふと[16]首を傾げ[17]ました。

「こんな時間に、若い娘がどうしてこんなところにいるのだろう？もしかして、里[18]の人が噂[19]していた狸ではあるまいか」

お坊さんは足を止め[20]ました。

「どうなさいました？」

僧がついてこないのを知って、娘は立ち止まり[21]ました。

「こんな暗い[22]山道に、どうしてお前のような若い娘がいるのだ。里で人を化かして[23]殺す狸が出ると聞いたが、お前がその狸に違い[24]あるまい[25]」

「何をおっしゃいますか、お坊さま。私はただお坊さまの難儀[26]を救いたいと思って……」

お坊さんは、「黙れ[27]！お前は今までに何人の人間をこうやって騙して[28]殺してきた」と言うが早いか[29]、手にして[30]いた数珠[31]を娘に目がけて[32]投げつけました。数珠は娘の額[33]に当たって砕け散り[34]ました。娘は「あっ！」と叫ぶなり[35]、その場に倒れました。お坊さんが駆け寄ってみると、案の定[36]、そこに倒れていたのは一匹の狸でした。

二

「傷は痛む[37]か」

僧は慈愛[38]に満ちた目で、狸に話しかけました。空には満月[39]がかかっていました。僧は狸の額の傷口[40]に薬[41]を塗り、自分の僧衣[42]を裂いて作った布で、包帯[43]してやりました。

「話はできるかな？」

「くーん。くーん」

「よしよし。では、お前がどうして人を騙して殺すようになったのか、そのわけ[44]を話して[45]ごらん」

「うぅー、うっぅー」

その狸は、涙ながらに話し始めました。

「私は生まれて間[46]もないころ、母親を失[47]い、父親の手で育てられていました。ですから、母親の顔も知りません。父親は、いつも私に、人間ほど[48]残酷[49]で恐ろしい生き物はいない。だから、決して近寄[50]ってはいけない。お前のお母さんも人間に捕[51]まって殺されたのだからと言っていましたが、その父親も人間の仕掛[52]けたわな[53]にかかって、殺されてしまいました。私は森の木陰[54]に息[55]を潜めて隠れていました。ところが[56]人間たちは、私の目の前で父親の皮[57]を裂き、肉を火で焼いて食べてしまったのです」と言うと、おいおいと泣[58]き崩れました。そして話を続けました。

「その日、私は切[59]り裂かれた父の亡骸[60]の前で、人間どもへの復讐[61]を誓いました。悪魔[62]のような人間どもを、必ず滅[63]ぼしてやると心に決め、人間に化けるための血[64]の出るような練習[65]を、何年も何年も積みました。今では、どんなものにでも姿を変えられる能力を身[66]につけました。そして、女に化け、子供に化け、木に化け、山に化け、さまざまなものに化けて人間を騙し、殺してきました……」

「なるほど。そういうわけだったのか。お前も辛い思いをしたのう。ところで[67]、お前に聞くが、それでお前の怨念[68]は晴れたのかな？」

僧はやさしく狸に問いかけ[69]ました。

「晴れはすまい。考えてもみるがいい。お前の父母を殺した人間たちが自らの行い[70]を深く悔い[71]て、苦しんでこそ、お前の復讐が成る[72]のではないか。人間たちが、お前の前ですまなかったと手をついて、涙を流して詫びてこそ[73]、お前の怨念が晴れるのではないか？どうして殺されたのかも知らず[74]、お前の手にかかって殺された人間たちには、己[75]の罪業[76]を悔いることも、お前に詫びることもできまい」

僧の言葉は、深く狸の胸[77]に刺さりました。狸も今までに度々[78]、自分が殺した人間の妻や子たちが悲しみ怒り、自分に対して[79]復讐を誓うのを見てきたからです。憎しみ[80]が憎しみ[81]を呼び、復讐が復讐を呼ぶ無間地獄[82]の闇の中を、狸も苦しみながら、さまよい[83]続けていたのでした。僧の言葉に狸は泣きました。涙が枯[84]れるまで泣き続けました。

三

この僧の名は大林正通《だいりんしょうつう》と言いました。もともと[85]源土岐氏《みなもとのときし》という武家《ぶけ》の出で、出家[86]して美濃の国(今の岐阜県南部)龍泰寺《りゅうたいじ》で禅宗《ぜんしゅう》を学び、今は修行のために諸[87]国行脚の途中でした。

僧は優しく狸の肩を抱いて言いました。

「私もかつて[88]は戦[89]で多くの人を殺してきた。殺された者の妻子[90]の嘆き[91]や怨嗟[92]

の声が、今も耳に焼きついて[93]離れない。私はこの世では償い[94]きれないほどの罪業を重ねて[95]きた。それを悔いて、今は武士を捨てて出家し、償いの旅に出ている身なのだ。だから、お前の気持ちがよくわかる。怨念を捨てよとは言わぬ、復讐をやめよとも言わぬ。だが、憎しみを持って人を殺しても何の益[96]もない。かわりに[97]慈悲《じひ》の心を復讐の道具とし、苦しむ者、悲しむ者、嘆く[98]者の声を聞き、彼らの生きる力添え[99]をしてみよ。人はそのときに初めて己の罪業を知り、犯した過ち[100]を悔いるであろう」

僧の言葉に、狸の胸には熱いものがこみ上げ[101]ました。涙が止めどなく[102]頬をつ[103]たいます。

「お坊さま、私をあなたの弟子[104]にしてくださいませ。あなたが行かれるところなら、どこにでもお供[105]をし、どこまでもあなたにお仕え[106]しとうございます」

僧は狸にほほえみかける[107]と、言いました。

「愛する者よ、お帰りなさい。今お前は仏の下[108]に戻ったのだ。仏の前には、狸も[109]なければ人間もない。狸よ。名前がないのも困るだろうから、ただ今より、お前のことを守鶴と呼ぼう。鶴は昔より人の願い[110]をかなえる鳥であり、平和[111]の使徒とも言われている。その鶴を守る者、それがお前の名前だ」

「しゅかく」、狸は何度も自分で自分の名を呼んでみました。このとき狸は生[112]まれ変わったのです。

四

翌朝、正通と守鶴は旅支度[113]を整え[114]て、修行の旅に出ました。辺り[115]はまだ深い朝霧[116]に覆われ、遠くには上州(今の群馬県)の山々がそびえ[117]ていました。

「さあ、どこに行こうか」

二人はまるで雲水[118]の如く、足の向くまま[119]、旅を続けるのでした。行く先々[120]の自然[121]に触れ、人に触れ、見識[122]を深めながら、ひたすら[123]仏の教えを心に刻み込み[124]、川岸[125]で、山中で、感じるままに[126]座禅[127]を組み、悟り[128]の境地を求める修行の旅です。守鶴の顔もすがすがしく[129]、なにやら[130]正通と楽しげ[131]に話しながら、山道を歩いています。

この不思議[132]な二人連れは、半月ほど上州《じょうしゅう》赤城山《あかぎやま》のふもと[133]の村々を歩き回りました。そして応永《おうえい》33年(1426)の春、二人は館林《たてばやし》の町外れ[134]に来ました。

その時です。守鶴は正通に言いました。

「ここにお寺を建てましょう」

正通はうなずき[135]ました。守鶴は道端[136]に咲いていた白い花を摘み[137]、大地[138]に挿すと、「これでお寺が建ちました」と言って笑いました。

実は[139]、これには深い意味がありました。というのも曹洞宗《そうとうしゅう》の宝典《ほうてん》『従容録《しょうようろく》』に、「お釈迦[140]さまは、弟子たちと歩いていたとき、ふと立ち止まると、大地を指さして[141]、ここへ寺を建てるがよいと言った。すると、お供の一人である帝釈天[142]が一本の草を持ってきて、その場所に挿して、『これで寺が建ちました』と言った。するとお釈迦さまはにっこり[143]された」という逸話[144]が残っていたからです。

二人が立っているところは低地で、付近一帯[145]は雑草が生い茂る[146]湿地帯[147]です。お寺というものは、普通は、山の中や巨木に囲まれた土地に建てられるもので、このような草深い[148]野原に建てられた例はほとんどありません。しかし、守鶴も正通も、期せずして[149]この土地に何か引きつけられる[150]霊力[151]を感じたのでした。だが、言うまでもなく[152]、二人には寺を建てるだけ[153]のお金はありません。そこで二人は、付近の町や村を歩き、善男善女[154]のささやか[155]な喜捨[156]を得て、小さな庵[157]を建てました。

庵には山号[158]もなく、名も定まっていませんでしたが、正通はここに居[159]を定め、ひたすら禅の修行と、訪れる[160]農民たちへの説法[161]に明け暮れ[162]ました。

守鶴はといえば[163]、庵の脇に作った小屋に寝起き[164]して、托鉢[165]と農作業[166]で正通の修行を支え[167]ていました。庵はいつまで経っても貧乏[168]な庵のままでしたが、付近の人々の悩みや苦しみに親身[169]になって相談[170]に乗る正通の人柄[171]が好まれ[172]、庵を訪れる信者の数がしだいに[173]増えていきました。

五

それから40年の歳月が経過しました。大林正通の存在は曹洞禅門本山《そうとうぜんもんほんざん》の知るところとなり、応仁元年《おうにんがんねん》(1467)に、本山格寺院、相模《さがみ》の国、足柄《あしがら》の大雄山最《だいゆうざんさい》乗寺《じょうじ》の住職[174]として招聘[175]されました。

これと前後[176]して、時の城主《じょうしゅ》、赤井正光《あかいまさみつ》が帰依[177]し、寺領として８万坪[178]を寄進[179]し、伽藍《がらん》を建立[180]して、青龍山茂林寺《せいりゅうざんもりんじ》が成りました。

茂林寺が開かれて、更に[181]約150年が過ぎました。大林正通禅師は、もちろん[182]すでに[183]この世にはいませんが、禅師に従ってきた守鶴は、まだこの寺にいて代々[184]の住職に仕えていました。

守鶴は不思議な坊さんでした。茂林寺の主[185]のような存在でありながら[186]、相変わらず[187]、馬小屋《うまごや》のような粗末[188]な小屋に寝起きしていました。

茂林寺は守鶴という坊さんがいることは、誰でも知っていますが、正通禅師が亡く[189]なった今、守鶴のことについて知っている人は誰もいません。代々の住職[190]にしてから、何かにつけ[191]守鶴を頼り[192]にしながら、どういう経緯[193]で、いつからこの寺にいるのかすら[194]知りませんでした。

春の茂林寺

守鶴は、もちろんこの寺のことなら、縁[195]の下の石ころの数までわかるほど[196]何でも知っていますし、よくお経[197]を読み、仏[198]

法についても、その知識の深さは住職を凌ぐ[199]ほどでした。ですから、日ごろ[200]は下働き[201]の僧として住職に仕え、檀家[202]や寺を訪れる善男善女の世話係[203]をしているのですが、何か問題が起こったり、困ったことができると、誰もが守鶴坊に相談しました。そして、そんなときは、守鶴はどんな難題[204]でも、即座[205]に解決[206]したのでした。

六

元亀《げんき》元年 (1570) の夏、七世の月舟和尚の代[207]のこと、お寺で「千人法会《せんにんほうえ》」が開かれることになりました。千人法会というのは、千人の人を集めて行われる[208]法話会[209]のことですが、一つ大きな問題がありました。それは、千人もの人々にどうやってお茶をふるまったら[210]よいか、ということでした。

第一[211]、それだけ[212]の湯[213]を沸かす茶釜がありません。一つの茶釜で十人、いや二十人分の湯が沸かせるとしても[214]、五十個ほどの茶釜が必要になります。

困った世話役[215]の一人が、守鶴に相談[216]を持ちかけ[217]たところ[218]、守鶴はにっこり[219]笑って、「私に任せて[220]おきなさい」と言いました。

いよいよ[221]千人法会の当日、人々が集まりだしました。厨房[222]でやきもき[223]している世話役のところへ、守鶴が何の変哲もない[224]茶釜を一つぶら下げてやってきました。

「茶釜の一個や二個なら、寺にある。それでは足りないから頼んだのに……。ああ、なんとしたことか[225]」と、世話役はがっくり[226]と肩[227]を落としました。

ところが、不思議なことが起こったのです。守鶴の持ってきた茶釜は、いくら汲み[228]

出しても、お湯がなくならないのです。次から次へ[229]と溢れ出し[230]、千人の人々の喉[231]の渇きを、守鶴の茶釜は一つでまかなって[232]しまったのです。

七

それから、更に17年が過ぎた、ある冬の日のことでした。

寺の境内[233]で、かくれんぼ[234]をして遊んでいた村の子供たちの一人が、寺の裏手にある守鶴の小屋にもぐり込み[235]ました。

このとき、守鶴は炬燵[236]にあたりながら、小屋の中で丸く[237]なって昼寝[238]をしていました。そして、いつものように昼寝をしながら、両親や正通禅師の夢[239]を見ていました。

ところが、不覚[240]でした。何百年も生きてきた守鶴ともあろう[241]者が、うっかり[242]狸の姿のままで眠っていたのです。

狸は眠っているときは化けることができなかったので、守鶴の股[243]から大きな尻尾[244]が丸出し[245]になっていたのです。人の気配[246]にはっと目覚めた[247]守鶴は、「しまった！」と慌て[248]ましたが、もう手遅れ[249]です。

「わ、わーっ、守鶴坊のお尻[250]に尻尾が生え[251]た～」と、子どもは大声で叫びながら、表に飛び出して行きました。

守鶴はこの寺を去るときが来たと思いました。そして、天正《てんしょう》15年(1587)２月

月岡芳年作

28日、守鶴は誰にも告げず[252]、茂林寺を去りました。

「守鶴坊のお尻に尻尾が生えていた」という噂[253]は、瞬く[254]間に近隣[255]に広まり[256]ました。話を聞いた住職も檀家の人たちは、「まさか[257]そんなこと」「子どものこと[258]だから、たぶん[259]何かと見間違え[260]たんだろう」と、半信半疑[261]です。しかし、その日を最後に[262]、守鶴を見た人は誰一人いません。

それから、また数十年が過ぎました。住職と檀家の人たちは守鶴坊の功績[263]を讃えて、寺の本堂[264]の側に小さな祠[265]を建てて、守鶴を祀り[266]ました。

そして、この守鶴と茶釜の話は、やがて[267]尻尾騒動[268]の話と結びついて[269]、おもしろおかしく後世[270]に伝えられました。それが、日本人なら誰もが知っているような「分福茶釜」のお話になったのです。

さあ[271]、さあ、お立ち会い[272]。

ご用[273]とお急ぎ[274]のない方は

寄って[275]らっしゃい、見て[276]らっしゃい。

今、大評判[277]の分福茶釜。

茶釜に手が出た、足が出た。

手足[278]が生えて、綱渡り[279]。

見なきゃ[280]損だよ。入った[281]、入った。

さて[282]、このときの茶釜ですが、「紫金銅分福茶釜《しきんどうぶんぶくちゃがま》」と名づけ[283]られ、お寺の宝として、今でも茂林寺に大切に保存[284]されています。

日本昔噺の挿絵

一

1 陽《ひ》が落《お》ちる 해가 지다 2 山道《やまみち》 산길 3 泊《と》める 묵게 하다, 숙박시키다 4 人家《じんか》 인가 5 探《さが》す 찾다 6 明《あ》かり 불빛 7 困《こま》り果《は》てる 곤경에 빠지다, 몹시 난감하다 8 声《こえ》がする 소리가 나다 9 親切《しんせつ》 친절 10 せっかくだから 모처럼이니까 11 お言葉《ことば》に甘《あま》える 말씀(호의)을 고맙게 받아들이다 12 とけ込《こ》む 녹다, 동화되다, 융화되다 13 手招《てまね》きする 손짓으로 부르다 14 慣《な》れる 익숙해지다 15 足取《あしど》り 발걸음, 걸음걸이, 발자취 16 ふと 문득 17 首《くび》を傾《かし》げる 고개를 갸웃하다 18 里《さと》 마을, 촌락, 고향 19 噂《うわさ》する 남의 이야기를 하다 20 足《あし》を止《と》める 발을 멈추다 21 立《た》ち止《ど》まる 멈추어서다 22 暗《くら》い 어둡다 23 化《ば》かす 속이다, 호리다 24 ～に違《ちが》いない ~임에 틀림없다 25 ～まい ~하지 않겠다(부정의 의지), ~하지 않을 것이다(부정의 추측) 26 難儀《なんぎ》を救《すく》う 고생(어려움)을 구제하다 27 黙《だま》る 침묵하다, 입 다물다 28 騙《だま》す 속이다 29 ～が早《はや》いか ~하자마자 30 手《て》にする 손에 넣다, 입수하다 31 数珠《じゅず》 염주 32 目《め》がける 목표로 하다, 노리다 33 額《ひたい》 이마 34 砕《くだ》け散《ち》る 부서져 흩어지다 35 ～なり ~하자마자 36 案《あん》の定《じょう》 예상대로, 생각한 대로

二

37 痛《いた》む 아프다, 괴롭다, 슬프다 38 慈愛《じあい》に満《み》ちる 자애에 가득차다 39 満月《まんげつ》がかかる 보름달이 걸리다 40 傷口《きずぐち》 상처 입은 자리, 흠 41 薬《くすり》を塗《ぬ》る 약을 바르다 42 僧衣《そうい》を裂《さ》く 승려 옷을 찢다 43 包帯《ほうたい》 붕대 44 わけ 이유, 까닭 45 ～てごらん ~해 보렴 46 間《ま》もない 사이도 없다, 짬도 없다 47 失《うしな》う 잃다 48 ～ほど～はない ~만큼 ~하지는 않다 49 残酷《ざんこく》 잔혹 50 近寄《ちかよ》る 접근하다, 가까이 하다 51 捕《つか》まる 잡다, 붙잡다 52 仕《し》掛《か》ける 장치하다, 공세를 취하다, 준비하다 53 わなにかかる 덫(함정)에 걸리다 54 木陰《こかげ》 나무 그늘 55 息《いき》を潜《ひそ》める 숨을 죽이다 56 ところが 그렇지만 57 皮《かわ》を裂《さ》く 가죽을 찢다 58 泣《な》き崩《くず》れる 정신없이 울다, 쓰러져 울다 59 切《き》り裂《さ》く 째다, 가르다 60 亡骸《なきがら》 시체, 유해 61 復讐《ふくしゅう》を誓《ちか》う 복수를 맹세하다 62 悪魔《あくま》 악마 63 滅《ほろ》ぼす 멸망시키다, 망치다 64 血《ち》の出《で》るような 피가 나올 것 같은 65 練習《れんしゅう》を積《つ》む 연습을 거듭하다 66 身《み》につける 몸에 지니다, 습득하다 67 ところで 그렇지만(화제 전환) 68 怨念《おんねん》が晴《は》れる 원한이 풀리다 69 問《と》いかける 묻다, 질문을 꺼내다 70 行《おこな》い 행동, 품행, 몸가짐, 행실 71 悔《く》いる 뉘우치다, 후회하다 72 成《な》る 이루어지다, 완성되다 73 ～てこそ ~하기 때문에 74 ～ず(=ないで) ~하지 않고 75 己《おのれ》 그 자신, 나, 너 76 罪業《ざいごう》 죄업 77 胸《むね》に刺《さ》さる 가슴에 꽂히다, 마음에 걸리다 78 度々《たびたび》 자주, 번번이 79 ～に対《たい》して ~에 대해서 80 憎《にく》しみ 증오 81 ～が～を呼《よ》ぶ ~이 ~을 부르다 82 無間地獄《むげんじごく》 무간지옥, 아비지옥 83 さまよう 정처없이 떠돌아다니다, 방황하다 84 枯《か》れる (초목 등이) 마르다, 시들다, 생기가 없어지다

三

85 もともと 원래 86 出家《しゅっけ》する 출가하다 87 諸《しょ》国行脚《こくあんぎゃ》 제국행각, 여러 나라를 돌아다니며 도를 닦는 일 88 かつて 일찍이 89 戦《いくさ》 전쟁, 싸움 90 妻《つま》子《こ》 처자, 처와 자식 91 嘆《なげ》き 한탄, 탄식 92 怨嗟《えんさ》の声《こえ》 원망과 한탄의 소리 93 焼《や》きつく 뇌리에 새겨지다, 타다 94 償《つぐな》

う 속죄하다, 보상하다 95 重《かさ》ねる 겹치다, 포개다, 거듭하다 96 益《えき》 도움이 되는 일, 이익, 벌이, 효과 97 かわりに 대신에 98 嘆《なげ》く 한탄하다, 탄식하다 99 力《ちから》添《ぞ》え 도와줌, 원조, 조력 100 過《あやま》ちを悔《く》いる 잘못을 뉘우치다, 후회하다 101 こみ上《あ》げる 솟다, 감정이 복받치다, 울컥거리다 102 止《と》めどなく 그칠 줄 모르고 103 つたう (어떤 것을 매개로) 타다, 이동하다 104 弟《で》子《し》 제자 105 お供《とも》をする 수행하다, 모시고 가다 106 仕《つか》える 섬기다, 모시다, 시중들다 107 ほほえみかける 미소를 짓다 108 ～の下《もと》に ~밑에 109 ～も～ば、～も ~도 ~하고 ~도 110 願《ねが》いをかなえる 소원을 이루다 111 平和《へいわ》の使《し》徒《と》 평화의 사도 112 生《う》まれ変《か》わる 다시 태어나다

四

113 旅支度《たびじたく》 여행준비 114 整《ととの》える 갖추다, 준비하다 115 辺《あた》り 주변, 주위 116 朝霧《あさぎり》が覆《おお》う 아침안개가 덮이다 117 そびえる 높이 솟다 118 雲水《うんすい》の如《ごと》く 구름과 물처럼 여기저기 떠돌아다니는 탁발승처럼 119 足《あし》が向《む》くまま 발길이 향하는 대로 120 先々《さきざき》 가는 곳마다, 장래, 앞으로 121 自然《しぜん》に触《ふ》れる 자연을 접하다 122 見《けん》識《しき》を深《ふか》める 견식을 깊게 하다 123 ひたすら 오로지, 단지, 한결같이 124 刻《きざ》み込《こ》む 새겨넣다, 마음 깊이 아로새기다 125 川岸《かわぎし》 냇가, 강기슭, 강변 126 ～ままに ~대로 127 座禅《ざぜん》を組《く》む 좌선을 하다 128 悟《さと》りの境地《きょうち》 깨달음의 경지 129 すがすがしい 상쾌하다, 시원하고 개운하다 130 なにやら 무엇인가, 무엇인지 131 楽《たの》しげ 즐거운 듯이 132 不思議《ふしぎ》 불가사의, 신기함 133 ふもと 산기슭 134 町外《まちはず》れ 변두리, 시내의 외곽지대 135 うなずく 수긍하다, 끄덕이다 136 道端《みちばた》 길가 137 花《はな》を摘《つ》む 꽃을 따다 138 大地《だいち》に挿《さ》す 대지에 꽂다 139 実《じつ》は 실은, 사실은 140 釈迦《しゃか》 석가 141 指《ゆび》さす 손가락으로 가리키다 142 帝釈天《たいしゃくてん》 제석천, 불법을 지키는 신 143 にっこりする 방긋 웃다 144 逸話《いつわ》 일화 145 付近一帯《ふきんいったい》 부근일대 146 生《お》い茂《しげ》る 초목이 우거지다, 무성해지다 147 湿地帯《しっちたい》 습지대 148 草深《くさぶか》い野原《のはら》 풀이 무성한 들판 149 期《き》せずして 뜻밖에, 우연히, 예기치 않게 150 引《ひ》きつける 가까이 끌어당기다, 마음을 끌다, 빙자하다 151 霊力《れいりょく》 영력 152 ～までもない ~할 것까지도 없다 153 ～だけの ~정도의, ~만큼의 154 善《ぜん》男善女《なんぜんにょ》 선남선녀 155 ささやか 자그마함, 아담함, 변변찮음 156 喜捨《きしゃ》を得《え》る 희사를 얻다 157 庵《いおり》 암자, 초막 158 山号《さんごう》 절 이름 위에 붙이는 칭호 159 居《きょ》を定《さだ》める 거처를 정하다 160 訪《おとず》れる 방문하다, 찾아오다 161 説《せっ》法《ぽう》 설법 162 明《あ》け暮《く》れる 날이 새고 저물다, 세월이 흐르다, 세월을 보내다 163 ～といえば ~이라고 하면 164 寝起《ねお》き 기상과 취침, 일상생활 165 托鉢《たくはつ》 탁발 166 農《のう》作業《さぎょう》 농사일 167 支《ささ》える 받치다, 지탱하다, 유지하다 168 貧乏《びんぼう》 가난 169 親身《しんみ》になる 정성껏 대하다 170 相談《そうだん》に乗《の》る 의논하다 171 人柄《ひとがら》 인품 172 好《この》む 좋아하다 173 しだいに 차츰, 점점

五

174 住職《じゅうしょく》 주직, 주지의 직무 175 招聘《しょうへい》 초빙 176 前《ぜん》後《ご》 전후 177 帰依《きえ》する 귀의하다 178 坪《つぼ》 평 179 寄進《きしん》する (절, 신사에) 금품을 기부하다 180 建立《こんりゅう》する 건립하다 181 更《さら》に 한층, 더욱 182 もちろん 물론 183 すでに 이미 184 代々《だいだい》 대대(로) 185 主《ぬし》 주인 186 ～ながら ~이면서, ~이지만 187 相変《あいか》わらず 여전히, 변함없이 188 粗末《そまつ》 변변치 못함, 허술함 189 亡《な》くなる 죽다 190 ～にしてから ~하고 나서

191 何《なに》かにつけ 여러 가지 점에서, 무슨 일이 있을 때마다 192 頼《たよ》りにする 의지하다 193 経《けい》緯《い》 경위 194 ～すら ~조차 195 縁《えん》の下《した》 마루 밑 196 ～ほど ~정도, ~만큼 197 お経《きょう》 경 198 仏法《ぶっぽう》 불법, 불교 199 凌《しの》ぐ 능가하다, 견디어 내다, 헤치고 나아가다 200 日《ひ》ごろ 평소, 요즈음, 근래 201 下働《したばたら》き 남 밑에서 일함, 또 그런 사람 202 檀《だん》家《か》 단가, 일정한 절에 속하여 시주를 하며 절의 재정을 돕는 집 203 世《せ》話《わ》係《がかり》 돌보는 역할 204 難題《なんだい》 난제, 어려운 문제 205 即《そく》座《ざ》 그 자리, 즉석, 당장 206 解《かい》決《けつ》する 해결하다

六

207 ～代《だい》 ~대 208 行《おこな》う 행하다, 실시하다 209 法《ほう》話《わ》会《かい》 법화회, 불교에 관한 이야기 모임 210 ふるまう 행동하다, 대접하다 211 第一《だいいち》 제일, 첫 번째, 으뜸, 최고 212 ～だけの ~만큼의 213 湯《ゆ》を沸《わ》かす 물을 끓이다 214 ～としても ~으로서도 215 世《せ》話《わ》役《やく》 단체 등의 일을 맡아 돌보는 사람, 남을 잘 돌봐주는 사람 216 相《そう》談《だん》 상담 217 持《も》ちかける (말 등을) 꺼내다, 말을 걸다 218 ～たところ ~했더니 219 にっこり 방긋, 생긋 220 任《まか》せる 맡기다 221 いよいよ 드디어, 미침내 222 厨房《ちゅうぼう》 주방 223 やきもきする 안달복달하다 224 何《なん》の変哲《へんてつ》もない 특별히 내세울 만한 것이 없다, 별다른 것이 없다 225 ～ことか ~말인가 226 がっくり 기가 꺾이거나 맥이 풀리는 모양, 푹, 털썩 227 肩《かた》を落《お》とす 어깨를 늘어뜨리다 228 汲《く》み出《だ》す 길어내다, 퍼내다, 퍼내기 시작하다 229 次《つぎ》から次《つぎ》へ 다음부터 다음으로, 잇달아 230 溢《あふ》れ出《だ》す 넘쳐나다, 넘치기 시작하다 231 喉《のど》の渇《かわ》き 목마름 232 まかなう 조달하다, 일을 처리하다, 꾸리다, 대주다

七

233 境内《けいだい》 경내 234 かくれんぼ 숨바꼭질 235 もぐり込《こ》む 잠입하다, 몰래 들어가다 236 炬《こ》燵《たつ》にあたる 고타쓰(각로)를 쬐다 237 丸《まる》くなる 웅크리다, 둥그레지다 238 昼《ひる》寝《ね》 낮잠 239 夢《ゆめ》を見《み》る 꿈을 꾸다 240 不《ふ》覚《かく》 불찰, 무의식 241 ～ともあろう者《もの》が ~이라는 자가 242 うっかり 무심코, 깜박 243 股《また》 다리 가랑이 244 尻《しっ》尾《ぽ》 꼬리 245 丸《まる》出《だ》し 몽땅 드러냄, 그대로 노출시킴 246 気《け》配《はい》 기색, 낌새 247 目《め》覚《ざ》める 잠에서 깨다, 눈뜨다 248 慌《あわ》てる 당황하다 249 手《て》遅《おく》れ 때늦음, 시기를 놓침 250 尻《しり》 엉덩이 251 生《は》える (털, 이, 초목 등이) 나다 252 告《つ》げる 고하다 253 噂《うわさ》 소문 254 瞬《またた》く間《ま》に 순식간에, 눈 깜짝할 사이에 255 近隣《きんりん》 근린, 이웃 256 広《ひろ》まる 퍼지다 257 まさか 설마 258 ～ことだから ~이니까(이유) 259 たぶん～だろう 아마 ~일 것이다 260 見《み》間《ま》違《ちが》える 잘못 보다 261 半《はん》信《しん》半《はん》疑《ぎ》 반신반의 262 ～を最《さい》後《ご》に ~을 마지막으로 263 功績《こうせき》を讃《たた》える 공적을 기리다 264 本堂《ほんどう》 본당 265 祠《ほこら》 사당, 총사 266 祀《まつ》る 제사 지내다, 신으로 받들어 모시다 267 やがて 이윽고, 머지않아 268 騒動《そうどう》 소동 269 結《むす》びつく 맺어지다, 결합되다 270 後世《こうせい》 후세 271 さあさあ 자자, 어서어서(권유, 회답을 재촉) 272 お立《た》ち会《あ》い 그 장소에 나감, 입회, 참석 273 ご用《よう》 용무, 볼 일 274 お急《いそ》ぎ 급함, 서두름 275 寄《よ》ってらっしゃい 들러 주십시오 276 見《み》てらっしゃい 보고 가십시오 277 大評判《だいひょうばん》 대평판 278 手《て》足《あし》が生《は》える 손발이 나다 279 綱渡《つなわた》り 줄타기, 모험 280 見《み》なきゃ損《そん》だよ 보지 않으면 손해야 281 入《はい》った、入《はい》った 들어갔다, 들어갔다 282 さ

て 자, 이제, 그런데, 그리고, 그렇지만 283 名《な》づける 이름 짓다 284 保《ほ》存《ぞん》する 보존하다

표현 문형

1 ~なり ~하자마자 / 접속 : 동사(る) + なり

···› 彼《かれ》はその手紙《てがみ》を読むなり、顔面蒼白《がんめんそうはく》になった。
그는 그 편지를 읽자마자 얼굴이 창백해졌다.

···› 彼は「勝手《かって》にしろ」と言うなり、部屋《へや》を出ていった。
그는 '멋대로 해'라고 말하자마자 방을 나갔다.

···› 立ち上がるなり、めまいがして、その場《ば》に倒《たお》れてしまった。
일어서자마자 현기증이 나서 그 자리에 쓰러지고 말았다.

2 ~ほど~はない ~만큼 ~하지는 않는다 / 접속 : 명사 + ほど~はない

···› 我《わ》が家《や》ほど、心が安《やす》まるところはない。
우리 집만큼 마음이 편안해지는 곳은 없다.

···› 弱い者をいじめることほど、卑劣《ひれつ》な行為《こうい》はない。
약한 사람을 괴롭히는 것 만큼 비열한 행위는 없다.

···› 人間は、失《うしな》うものがないものほど強いものはない。
인간은 잃는 것이 없을 만큼 강한 사람은 없다.

3 ~てこそ ~하기 때문에 / 접속 : 동사(て형) + てこそ

···› 苦労があってこそ、喜びもまたあるのです。
고생이 있었기 때문에 또한 기쁨도 있는 것입니다.

···› 健康《けんこう》であってこその幸せですよ。
건강하기 때문에 행복합니다.

···› 玉《たま》は磨《みが》いてこそ光る。磨かなければただの石に過ぎない。
구슬은 닦기 때문에 빛난다. 닦지 않으면 단지 돌에 불과하다.

4 ～すら(さえ)

~조차 / 접속 : 명사(+ 조사) + すら

…▸ 腰《こし》が痛くて、じっと寝《ね》ているのさえ辛《つら》い。

허리가 아파서 꼼짝않고 누워 있는 것조차 힘들다.

…▸ 呆《あき》れてしまって、怒《おこ》る気《き》にさえなれない。

질려버려서 화낼 마음조차 들지 않는다.

…▸ 父は老人性認知症《ろうじんせいにんちしょう》にかかって、母の顔《かお》すら忘れてしまった。

아버지는 노인성치매증에 걸려서 어머니의 얼굴조차 잊어버렸다.

5 ～たところ

~했더니 / 접속 : 동사(た형) + たところ

…▸ 見たところ、特《とく》に機械《きかい》に異常《いじょう》はないようだね。

봤더니, 특별히 기계에 이상은 없는 것 같군.

…▸ 先生に電話《でんわ》したところ、あいにくるすでした。

선생님에게 전화했더니, 공교롭게도 부재중이었습니다.

…▸ 彼女を食事《しょくじ》に誘《さそ》ったところ、あっさりと断《ことわ》られてしまった。

그녀에게 밥 먹자고 했는데, 깨끗이 거절당하고 말았다.

확인 문제

● 실력을 확인해 보세요.

1 適当なものを選んで、文を完成させてください。

1. ほど / こそ / すら / ところ / なり

① 風が強くて、まっすぐ歩くこと(　　　)できない。

② 男は私の顔を見る(　　　)、いきなり殴《なぐ》りかかってきた。

③ ここは我慢。我慢して(　　　)、反撃《はんげき》のチャンスも回ってくる。

④ 私にとって、釣りをしているとき(　　　)、心の安まる時はない。

⑤ 病院で検査してもらった(　　　)、糖尿病《とうにょうびょう》であることがわかった。

2. ふと / 案の定 / もともと / ひたすら / 相変わらず

① あの国は(　　　)一つの国だったが、分裂して二つの国になった。

②「先生、今、何をなさっていますか」「(　　　)日本語教師だよ」

③ (　　　)見上げると、円盤《えんばん》のような物体が空を飛んでいた。

④ 株価が暴落しそうな予感がしたが、(　　　)急激に値を下げ始めた。

⑤ 雨の日も風の日も、男は(　　　)少林寺拳法《しょうりんじけんぽう》の修行《しゅぎょう》に励《はげ》んだ。

2 文章の内容と合っているものに○、合っていないものに×を入れてください。

①( ) 狸はある日、若い娘に化けて旅のお坊さんを騙し、殺そうとしました。

②( ) 狸は、お母さんとお父さんが人間に捕まって殺されるのを目撃しました。

③( ) 狸は、人間たちに復讐するたびに、少しずつ怨念が晴れていきました。

④( ) 狸は、守鶴という名前をお坊さんにつけてもらい、弟子になりました。

⑤( ) 二人は、館林にある、草が生い茂った山の中にお寺を建てました。

⑥( ) 守鶴は、お坊さんが亡くなるまで、ずっとその寺でお坊さんに仕えました。

⑦( ) その寺が茂林寺となってからも、守鶴はずっとその寺に住んでいました。

⑧( ) 守鶴はある日、人間に化けるのを忘れたまま、小屋で昼寝をしていました。

⑨( ) 尻尾が生えている守鶴を見た子供は、びっくりして外に飛び出しました。

Part 09 舌切《したき》り雀《すずめ》

Track 09

이야기 해설

「舌切《したき》り雀《すずめ》」のお話は、鎌倉初期《かまくらしょき》の説話集《せつわしゅう》「宇治拾遺物語《うじじゅういものがたり》」に収《おさ》められています。しかし、全国各地《ぜんこくかくち》に同《おな》じような伝承《でんしょう》があり、発祥《はっしょう》の地《ち》はまだ不明《ふめい》です。

さて、今私たちが知っている「舌切り雀」のお話は、明治以来《めいじいらい》の国定教科書《こくていきょうかしょ》に載《の》せられたものが底本《ていほん》になっています。しかし、この教科書では元《もと》のお話に大幅《おおはば》な修《しゅう》正《せい》が加《くわ》えられました。例《たと》えば、元のお話では、牛洗《うしあらい》や馬洗《うまあらい》によっておじいさんが汚《お》水《すい》を飲《の》まされる場面《ばめん》があり、最後《さいご》におばあさんは蛇《へび》やムカデに噛《か》まれて殺《ころ》されてしまうのですが、これらの箇所《かしょ》は残酷《ざんこく》すぎるという理由《りゆう》で書《か》き換《か》えられています。

実《じつ》はこの話は、山に捨《す》てられていた女の子を拾《ひろ》って育《そだ》てた老夫婦《ろうふうふ》のお話で、女の子を溺愛《できあい》するおじいさんにおばあさんが嫉妬《しっと》して、女の子の舌を切って家《いえ》を追《お》い出したという、すさまじい実話《じつわ》が背景《はいけい》にあるとも言われています。真偽《しんぎ》はともかく、そんなことも考《かんが》えながら、このお話を読んでみると、いかにも人間《にんげん》の生々《なまなま》しい愛憎《あいぞう》の姿《すがた》が浮《う》き上がり、考えさせられてしまいます。

舌切《したき》り雀《すずめ》 혀 잘린 참새 | 鎌倉時代《かまくらじだい》 가마쿠라 시대 | 収《おさ》める 담다, 간수하다, 바치다 | 発祥《はっしょう》の地《ち》 발상지 | 不明《ふめい》 불명 | 載《の》せる 얹다, 게재하다, 싣다 | 底本《ていほん》 원본, 대본 | 大幅《おおはば》 대폭, 큰 폭 | 牛洗《うしあらい》・馬洗《うまあらい》 소와 말을 씻는 것 | 蛇《へび》 뱀 | ムカデ 지네 | ~によって~られる ~에 의해서 ~되다 | 捨《す》てる 버리다 | 溺愛《できあい》 익애, 맹목적으로 몹시 사랑함 | 嫉妬《しっと》する 질투하다 | 追《お》い出《だ》す 내쫓다, 몰아내다 | すさまじい 굉장하다, 엄청나다, 무시무시하다 | 実話《じつわ》 실화 | 背景《はいけい》 배경 | 真偽《しんぎ》はともかく 진위는 어쨌든 | いかにも 자못, 정말로, 아무리 생각해도 | 生々《なまなま》しい 생생하다, 새롭다 | 愛憎《あいぞう》 애증 | 浮《う》き上《あ》がる 떠오르다, 뚜렷이 나타나다

Part 09 舌切り雀

一

昔むかし、おじいさんとおばあさんがいました。ある日、おじいさんは山へ柴刈りに行き、木の枝[1]に弁当[2]を掛けて、柴[3]を刈り始めました。

しばらくして、おじいさんが弁当を食べようとする[4]と、お腹[5]を空かせた雀が、「ちっ、ちちっ」と鳴きながら、おじいさんの方を見ています。やさしいおじいさんが、「おお、お腹が空いているのか。さあ、こっちに来てお食べ」と言って、飯粒[6]を地面[7]に撒いて[8]やると、雀は大喜び[9]で食べました。

柴刈りが終わって、おじいさんは帰ろうとしましたが、雀はおじいさんの側で、「ちっ、ちちっ」と鳴いています。歩いて山道を下り始めましたが、やはり雀は「ちっ、ちちっ」と、おじいさんの後について[10]きます。おじいさんは、この雀がかわいく[11]てしかたがなく[12]なりました。そこで雀を家に連れて[13]帰り、「おちょん」と名づけて、大事に育て[14]ました。

二

ある晴れた[15]春の日のことです。おじいさんはいつものように柴刈りに、おばあさんは川へ洗濯に行きました。おばあさんが、洗濯物を桶[16]に入れて帰ってみると、せっかく洗濯用[17]に煮て[18]おいた糊[19]を、おちょんがペチャペチャなめて[20]います。おばあさんは顔[21]を真っ赤[22]にして怒り[23]ました。

「せっかく洗濯物につけようと思って、煮ておいたのに、この餓鬼[24]めが……。おちょん、こっちゃ[25]へ来い」と言って雀を捕まえると、はさみ[26]でチョキンと舌[27]を切ってしまいました。雀はチイチイ泣きながら、山の方へバタバタ[28]と飛んで行きました。

おじいさんが家に帰ってみると、おちょんがいません。おばあさんに聞くと、「糊を食われたんで、腹[29]が立って舌を切った。そうしたら、逃げて[30]しもうた[31]わい」と言います。そして、「おじいさんがいつもおちょんを甘やかす[32]から、こんなことになるんじゃ」と、おじいさんを詰り[33]ました。

おじいさんは、おばあさんの話を聞くやいなや[34]、「なんてかわいそうなこと[35]をしたがいや。オラ[36]たちにゃ子供がおらんもんで[37]、おちょんを我が子やと思うて、大事[38]に育てとったのに」と言って、杖[39]をつきながら、おちょんを探し[40]に出かけました。

三

おじいさんが雀のおちょんを探しながら歩いて行くと、川のところに牛を洗っている男がいました。

そこでおじいさんは、「あのう、ここを舌切りすずめが通らなかったかいの[41]」と尋ね[42]ました。「おお、通ったぞ[43]」と言うので、おじいさんは、「どらちへ行ったか、教えてくれや」と頼み[44]ました。

すると、男が「この牛の洗い汁[45]を、七桶[46]飲んでみせたら教えてやろう」と言うので、おじいさんは汚い[47]洗い汁をがまん[48]して飲みました。すると、牛洗の男は、「この道をまっすぐ[49]行け」と言いました。

おじいさんがまっすぐ行くと、今度は馬を洗っている男に出会い[50]ました。おじいさんは、また「ここを舌切りすずめが通らなかったかいの」と尋ねました。すると、「おお、通った、通った。この馬の洗い汁を、七桶飲んだら教えてやろう」と言うので、おじいさんは、臭い[51]洗い汁を鼻[52]をつまみながら、ごくごく[53]飲みました。すると、馬洗の男は、「じいよ、よく飲んだ。この川を上って行けば、野菜を洗っているばあさまがいるから、尋ねてみなされ。きっと雀[54]のお宿を教えてくれよう」と言いました。

おじいさんは、杖を引き川を上っていきました。すると、馬洗の男が言ったとおり[55]、野菜を洗っているおばあさんがいました。「ばあさんや、舌切りすずめのお宿を知らんかいの」と聞くと、「ああ、その道をもうちょっと行かっしゃい。竹藪[56]があるわいの。そこが雀のお宿や」と教えてくれました。「そやけど[57]、教えてやったかわりに[58]、この洗い水を七桶飲まな、通されん」と言うので、おじいさんは、またがまんして飲みました。

そのときです。おばあさんの姿はすっと[59]消え[60]、天空[61]から、「じい、よく[62]三つの試練[63]に耐えた[64]。お前がおちょんを思う心に嘘[65]はない。さあ、おちょんに会いに行くがよい[66]」という声[67]が響きました。

四

それから、少し行くと竹藪がありました。

「おちょん雀はどこ行った舌切り雀はどこ行ったあ〜れ、かわいや、どこいった」

すると、「チンカラトントン、ギイギイ、バッタン」と、どこからか機[68]を織る音が聞こえて[69]きます。おじいさんがその音[70]がする方に歩いていくと、藪[71]に囲まれた[72]大きな屋敷[73]がありました。

「舌切り雀のお宿は、ここかいの。おちょん雀のお宿は、ここかいの」とおじいさんが言うと、機の音がばたんと止んで[74]、中からおちょん雀が着物を着て出てきました。周り[75]には藍染め[76]の着物に赤い前掛け[77]、赤いたすき[78]の雀たちが座っています。

雀のお宿磯部館に展示されているもの

「おお、ここにおったか。じいが来たわいの」と言うと、おちょん雀は[79]喜んで[80]出迎え、おじいさんの手をとって、うちの中へ[81]案内しました。そして、たくさんの[82]山海の珍味を出して[83]もてなしました。[84]他の雀たちも、おじいさんに喜んでもらおうと、歌を歌い、[85]雀踊りを踊りました。おじいさんはあんまり楽しかったので、[86]時が経つのも忘れていました。

[87]そのうち、外も[88]だんだん[89]暗くなってきた[90]ものですから、おじいさんは、「今日はおちょんの[91]おかげで、楽しい時間を過ごさせてもらった。おばあさんも待っていることだし、[92]日の暮れない[93]うちに、[94]おいとましましょう」と言いました。

するとおちょんが[95]呼び止めました。

「おじいさん、これはお[96]世話になった[97]お礼の品です。大きな[98]つづらがいいですか。小さなつづらがいいですか」

「わしはもう年じゃから、小さいのをおくれ」

「はい、おじいさん。小さなつづらですね。これは、[99]必ず家に帰ってから開けてくださいね」

「うん。じゃ、さようなら。また来るよ」

「お待ち申しております。どうか[100]気をつけてお帰りくださいまし」

おちょんは門までおじいさんを送って出ました。

おじいさんは小さなつづらを[101]背負って帰ると、言われたとおりに、家に帰ってつづらを開けました。

[102]すると、つづらの中には[103]大判小判がいっぱい入っていました。二人は大喜びです。

しかし、おばあさんはすぐに[104]真顔になって、「[105]どうせもらうなら、どうして大きいつづらにせんかったのかいの」と言って、おじいさんを詰りました。

五

おじいさんの話を聞いたおばあさんは、「自分もつづらをもらって来よう」と、欲[106]がむらむら[107]と湧いてきました。そして、翌朝[108]、まだ夜[109]も明けないうちに、自分がおちょん雀の舌を切ったのも忘れて、雀のお宿に向かい[110]ました。

「おちょん雀はどこ行った舌切り雀はどこ行ったあ〜れ、かわいや、どこいった」

おばあさんが歌うと、お屋敷の中から「チッ、チチチ」と雀の鳴き声[111]がしました。

「おばあさん、よく訪ねて[112]来てくださいました。どうぞお入りください」

おばあさんが家に上がると、雀たちは厠[113]の板[114]をお膳[115]にして、何で作ってあるのかわからないご馳走[116]を出しました。おばあさんは、つづらのことしか頭にありません。食事もそこそこに[117]、「用事があるので、うちに帰らねばならん」と言い出しました。

「それは残念[118]です。もっとゆっくり[119]していただきたかったのですが……。では、おばあさん、これはお世話になったお礼です。大きなつづらがいいですか。小さなつづらがいいですか」

「わしは元気じゃから、大きいのをおくれ」

「はい、おばあさん。大きなつづらですね。これは必ず家に帰って開けてくださいね」

おばあさんはにんまり[120]すると、つづらを背負って、門の外に飛び出し[121]ました。うれしくて笑いが抑え[122]られません。しばらく歩いて、竹藪の中に来たとき、おばあさんはつづらの中にどんな宝物[123]が入っているか気になって[124]しかたがなくなりました。そして、家に帰るのを待ち[125]きれず[126]、とうとう[127]つづらの蓋[128]を開けてしまいました。

その瞬間[129]、おばあさんは「ヒッ！」と悲鳴[130]を上げて、腰を抜かして[131]しまいました。

つづらの中からは、蛇[132]やマムシ[133]やムカデ[134]や毒虫[135]がゾロゾロ[136]とはい出し[137]たのです。そして、腰を抜かして動けなくなっているおばあさんに噛みつき[138]、毒針[139]を刺して[140]、殺してしまいました。

おじいさんは、おばあさんの帰りを心配しながら待っていました。しかし何日待っても、ついに[141]帰ってくることはありませんでした。おばあさんの白骨死体[142]が発見[143]されたのは、それから半年も経った秋のことでした。

そんなある日、一人で寂しく[144]暮らしていたおじいさんの家に、雀がたくさん飛んできました。その中にはおちょん雀もいました。おじいさんを元気づけよう[145]と、みんなでやってきたのです。

それからというもの[146]、おじいさんとおちょん雀たちは、いつまでも仲良く[147]暮らしたとか。

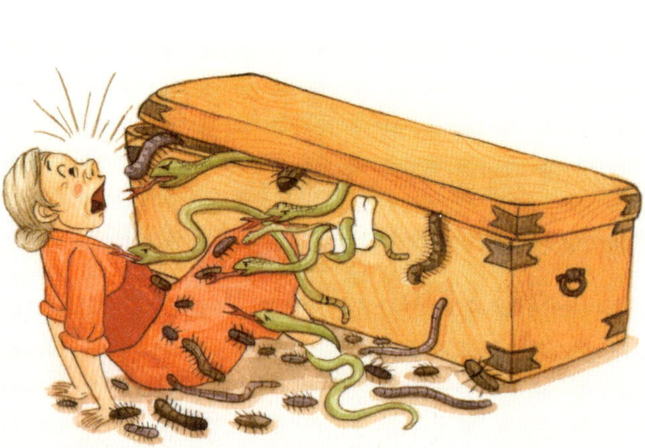

一

1 枝《えだ》 가지 2 弁当《べんとう》 도시락 3 柴《しば》を刈《か》る 땔감을 베다 4 ～(よ)うとする ~하려고 하다 5 お腹《なか》が空《す》く 배가 고프다 6 飯粒《めしつぶ》 밥알 7 地面《じめん》 지면, 땅 8 撒《ま》く 뿌리다 9 大喜《おおよろこ》び 큰 기쁨 10 ついてくる 따라오다 11 かわいい 귀엽다 12 ～てしかたがない ~해서 어쩔 수가 없다, ~해서 견딜 수가 없다 13 連《つ》れる 데리고 가다, 동반하다 14 育《そだ》てる 기르다, 키우다

二

15 晴《は》れる 맑다, 개이다 16 桶《おけ》 통, 나무통 17 洗濯用《せんたくよう》 세탁용 18 煮《に》る 삶다 19 糊《のり》 풀 20 なめる 핥다, 맛보다 21 顔《かお》 얼굴 22 真《ま》っ赤《か》 새빨감 23 怒《おこ》る 화내다 24 餓鬼《がき》め 아귀 같은 놈, 개구쟁이 녀석 25 こっちゃ(＝こちら) 이쪽 26 はさみ 가위 27 舌《した》を切《き》る 혀를 자르다 28 バタバタと 푸드득푸드득(날개), 허둥지둥, 픽픽(쓰러지는), 척척(순조롭게) 29 腹《はら》が立《た》つ 화가 나다 30 逃《に》げる 도망치다 31 ～しもうた(＝しまった) ~해 버렸다 32 甘《あま》やかす 응석을 받아주다 33 詰《なじ》る 힐문하다, 따지다 34 ～やいなや ~하자마자 35 なんて 어쩌면 그렇게 36 オラ(俺)たち 우리들(남자가 사용) 37 ～もんで(＝もので) ~하므로 38 大《だい》事《じ》 귀중함, 소중함 39 杖《つえ》をつく 지팡이를 짚다 40 探《さが》す 찾다

三

41 ～かいの(＝ませんか) ~하지 않겠습니까? 42 尋《たず》ねる 묻다, 방문하다 43 通《とお》る 통하다, 지나가다 44 頼《たの》む 부탁하다 45 洗《あら》い汁《じる》 씻은 물 46 七桶《ななおけ》 일곱 통 47 汚《きたな》い 더럽다 48 がまんする 참다 49 まっすぐ 똑바로, 곧장 50 出会《であ》う 만나다 51 臭《くさ》い 고약한 냄새가 나다 52 鼻《はな》をつまむ 코를 잡다 53 ごくごく 벌컥벌컥, 꿀꺽꿀꺽 54 雀《すずめ》のお宿《やど》 참새집 55 ～とおり ~대로 56 竹藪《たけやぶ》 대숲, 대밭 57 そやけど(＝しかし) 그러나 58 ～かわりに ~대신에 59 すっと 쑥, 쓱, 후련함 60 消《き》える 사라지다 61 天空《てんくう》 천공 62 よく 자주, 잘 63 試練《しれん》 시련 64 耐《た》える 참다, 견디다 65 嘘《うそ》 거짓말 66 ～がいい ~이 좋다 67 声《こえ》が響《ひび》く 목소리가 울리다

四

68 機《はた》を織《お》る 베를 짜다 69 聞《き》こえる 들리다 70 音《おと》がする 소리가 나다 71 藪《やぶ》 덤불, 대숲 72 囲《かこ》む 둘러싸다 73 屋敷《やしき》 집의 부지, 대지, 큰 주택 74 止《や》む 멈추다, 그치다 75 周《まわ》り 주변, 주위 76 藍染《あいぞ》め 남빛으로 물들임 77 前掛《まえか》け 앞치마 78 たすき 옷소매를 걷어매는 끈, 어깨띠 79 喜《よろこ》ぶ 기뻐하다 80 出迎《でむか》える 나가서 맞다, 마중하다 81 案内《あんない》する 안내하다 82 山海《さんかい》の珍《ちん》味《み》 산해진미 83 もてなす 대접하다 84 他《ほか》 그 외, 기타 85 踊《おど》りを踊《おど》る 춤을 추다 86 時《とき》が経《た》つ 시간이 흐르다 87 そのうち 그 동안 88 だんだん 점점 89 暗《くら》い 어둡다 90 ～ものだから ~하니까 91 ～おかげで ~덕분에 92 日《ひ》の暮《く》れる 날이 저물다 93 ～ないうちに ~하지 않는 동안에, ~하기 전에 94 おいとまする (인사하고) 물러가다, 작별하다 95 呼《よ》び止《と》める 불러세우다 96 世話《せわ》になる 신세지다 97 お礼《れい》の品《しな》 인사의 물건, 감사의 선물 98 つづら 옷고리짝 99 必《かなら》ず 반드시 100 気《き》をつける 조심하다 101 背負《せお》う 업

다, 짧어지다 102 すると 그러자 103 大判《おおばん》小《こ》判《ばん》 금은보화 104 真《ま》顔《がお》になる 정색을 하다 105 どうせ 어차피

五

106 欲《よく》が湧《わ》く 욕심이 끓다, 솟구치다 107 むらむら 불끈불끈(울화, 욕망), 뭉게뭉게(구름, 연기) 108 翌朝《よくあさ》 이튿날 아침 109 夜《よ》が明《あ》ける 날이 밝다 110 向《む》かう 향하다 111 鳴《な》き声《ごえ》 우는 소리 112 訪《たず》ねる 방문하다 113 厠《かわや》 화장실, 뒷간 114 板《いた》 판자 115 お膳《ぜん》 밥상 116 ご馳《ち》走《そう》 진수성찬, 대접 117 ～もそこそこに ~도 하는 둥 마는 둥 118 残念《ざんねん》 유감 119 ゆっくりする 천천히 하다, 여유롭게 하다 120 にんまり 빙긋이, 빙그레 121 飛《と》び出《だ》す 뛰어나가다 122 抑《おさ》える 참다, 억누르다 123 宝物《たからもの》 보물 124 気《き》になる 마음에 걸리다 125 待《ま》ちきれない 끝까지 기다릴 수 없다 126 ～きる/きれる (동사의 ます형에 붙어) 다 ~해내다, 끝까지 ~하다, 완전히 ~하다 / 다 ~해낼 수 있다, 끝까지 ~할 수 있다 127 とうとう 드디어, 마침내, 결국 128 蓋《ふた》 뚜껑 129 瞬間《しゅんかん》 순간 130 悲《ひ》鳴《めい》を上《あ》げる 비명을 지르다 131 腰《こし》を抜《ぬ》かす 깜짝 놀라다, 기겁을 하다 132 蛇《へび》 뱀 133 マムシ 살모사 134 ムカデ 지네 135 毒虫《どくむし》 독벌레 136 ゾロゾロ 벌레가 기어다니는 모양, 질질, 줄줄 137 はい出《だ》す 기어 나오다 138 噛《か》みつく 달려들어 물다, 물고 늘어지다, 대들다 139 毒針《どくばり》 독침 140 刺《さ》す 찌르다, 물다 141 ついに 끝끝내, 끝까지 142 白骨《はっこつ》死《し》体《たい》 백골이 된 시체 143 発見《はっけん》する 발견하다 144 寂《さび》しい 외롭다, 쓸쓸하다 145 元《げん》気《き》づける 기운을 북돋우다 146 それからというもの 그리고 나서 147 仲《なか》良《よ》く 사이 좋게

표현 문형

1 ~はともかく ~은 여하튼, ~은 하여간, ~은 어쨌든 / 접속 : 명사 + はともかく

- この魚、見た目はともかく、味はなかなかいいですよ。
  이 생선, 보기에는 어떨지 모르지만, 맛은 끝내 줍니다.
- 好き嫌いはともかく、経済も文化もボーダーレスの時代になりつつある。
  좋고 싫은 것은 여하튼 경제도 문화도 경계가 없는 시대가 되어가고 있다.
- 買うかどうかはともかく、一応その商品を見てみましょう。
  살지 사지 않을지는 어찌되었든 한 번 그 상품을 봐 봅시다.

2 ~てしかたがない ~해서 어쩔 수가 없다, ~해서 견딜 수가 없다 / 접속 : 동사(て형), い형용사(くて), な형용사(で) + てしかたがない

- 蚊《か》に刺《さ》されたらしくて、痒《かゆ》くてしかたがない。
  모기에 물린 것 같아 가려워서 견딜 수가 없다.
- こんな結果になって、残念《ざんねん》でしかたがない。
  이런 결과가 되서 유감스러워 견딜 수가 없다.
- 昨夜、マージャンで夜《よ》更《ふ》かししたので、今日は眠《ねむ》くてしかたがない。
  어젯밤, 마작으로 밤을 지새워서 오늘은 졸려서 견딜 수가 없다.

3 ~とおり ~대로 / 접속 : 동사(る·た), 명사(の) + とおり

- ね、僕が言ったとおりになっただろ。
  봐, 내가 말한 대로 됐지.
- 物事《ものごと》は、自分で思っているとおりには進まないことが多い。
  일은 스스로 생각하고 있는 대로는 진행되지 않는 경우가 많다.
- 部屋を使っていてもいいけど、元《もと》のとおりにしておいてね。
  방을 써도 좋지만, 원래대로 해 둬.

4 ~もそこそこに

~도 하는 둥 마는 둥 / 접속 : 명사 + もそこそこに

···▸ 住民《じゅうみん》への説明もそこそこに、ゴミ処理場《しょりじょう》の建設《けんせつ》が始められた。

주민에게 설명도 하는 둥 마는 둥 쓰레기처리장 건설이 시작되었다.

···▸ 夫は、朝ご飯もそこそこに、会社《かいしゃ》に出かけていった。

남편은 아침밥도 먹는 둥 마는 둥 회사로 나갔다.

···▸ お客が見えているのに、息子は挨拶《あいさつ》もそこそこに部屋を出ていった。

손님이 오시는 데도 아들은 인사도 하는 둥 마는 둥 방을 나갔다.

5 ~きる / きれる / きれない

완전히 ~하다/완전히 ~할 수 있다/완전히 ~할 수 없다
접속 : 동사(ます형) + きる / きれる / きれない

···▸ わかりきったことを言うなよ。

다 아는 일을 말하지 마.

···▸ あり金《がね》を全部使いきって、今夜の夕食代《ゆうしょくだい》もない。

수중에 있는 돈을 전부 다 써버려서, 오늘 밤 저녁 식사비도 없다.

···▸ こんなにたくさんの単語、とても一週間では覚《おぼ》えきれないよ。

이렇게 많은 단어, 도저히 일주일에 다 외울 수 없어.

확인 문제

● 실력을 확인해 보세요.

1 適当なものを選んで、文を完成させてください。

1. はともかく / もので / おかげで / とおりに / もそこそこに

① シートベルトを締めていた(　　　　)、命拾《いのちびろ》いをしました。

② 私が責任を取るから、君が思う(　　　　)やってみるといい。

③ JRで事故があった(　　　　)、遅刻してしまいました。

④ 彼ったら、晩《ばん》ご飯《はん》(　　　　)出かけたけど、どうしたの？

⑤ コスト面の問題(　　　　)、この企画《きかく》は検討《けんとう》してみる価値がありそうだ。

2. そこで / そうしたら / すると / では / それからというもの

① 今回の地震の被害は甚大《じんだい》です。(　　　　)ご相談したいことがあります。

② (　　　　)みなさん、これから筆記試験《ひっきしけん》を実施《じっし》します。

③「今日は雨だそうだ」(　　　　)「ハイキングは中止にするしかないね」

④ 手紙の封《ふう》を切った。(　　　　)中には一万円札が10枚も入っていた。

⑤ 彼は会社からリストラされた。(　　　　)彼は酒浸《さかびた》りの毎日だ。

2 文章の内容と合っているものに○、合っていないものに×を入れてください。

①( ) おじいさんはお腹を空かせた雀に、お弁当を分けてやりました。

②( ) おじいさんが甘やかしたので、雀は洗濯用の糊を食べてしまいました。

③( ) おじいさんはおばあさんの話を聞くとすぐ、雀を探しに出かけました。

④( ) おじいさんは、牛や馬、野菜を洗っている三人の男たちに会いました。

⑤( ) 竹藪の中にあった屋敷は雀のお宿で、おちょん雀はそこのお姫様でした。

⑥( ) おちょん雀たちのおじいさんを歓迎する宴会は、夜遅くまで続きました。

⑦( ) おじいさんがもらった小さいつづらには、大判小判が入っていました。

⑧( ) おばあさんは大きいつづらをもらおうと、夜が明けてから出かけました。

⑨( ) おばあさんは、つづらの中から出てきた蛇や毒虫に殺されました。

Part 10 一寸法師《いっすんぼうし》

이야기 해설

Track 10

一寸法師が旅立った住吉の細江

「一寸法師《いっすんぼうし》」のお話は、室町時代《むろまちじだい》から江戸《えど》時代にかけて成立《せいりつ》した御伽草子《おとぎぞうし》に収《おさ》められている民話《みんわ》です。お話の舞台《ぶたい》は摂津《せっつ》(今の大阪《おおさか》)で、「子供《こども》をお授《さず》けください」と、夫婦《ふうふ》がお参《まい》りした住吉神社《すみよしじんじゃ》は、今も大阪市の住吉区《く》にあります。一寸法師はこの住吉神社が管轄《かんかつ》する住吉の細江《ほそえ》「住吉津《すみよしのつ》」から出発《しゅっぱつ》し、住之江《すみのえ》の海《うみ》(大阪湾《おおさかわん》)に出た後《あと》、淀川《よどがわ》を上《のぼ》って、京都《きょうと》へ向《む》かっています。

さて、今日《こんにち》では、一寸法師もその親《おや》も心やさしい善人《ぜんにん》として描《えが》かれているのですが、御伽草子に収められた元《もと》のお話では、一寸法師の親は大きくならない一寸法師を厭《いと》い、厄介者扱《やっかいものあつか》いしています。故郷《ふるさと》を追《お》われた一寸法師も、立身出世《りっしんしゅっせ》の野心《やしん》に満《み》ち、姫《ひめ》を手に入《い》れるために策略《さくりゃく》をめぐらす若者《わかもの》であり、私たちが知っている「一寸法師」のお話とは、かなり違《ちが》っています。

民話というのは、何かしらの実話《じつわ》を素材《そざい》にしていることが多いのですが、この物語《ものがたり》については、「未熟児《みじゅくじ》として生《う》まれ、障害《しょうがい》を抱《かか》えた一人の若者(一寸法師)の生き様《ざま》を描いており、その背景《はいけい》には、当時《とうじ》にあって障害児《じ》を間引《まび》きせざるを得《え》ない現実《げんじつ》があった」という民俗学者《みんぞくがくしゃ》もいます。

～から～にかけて ~부터 ~에 걸쳐서 | 御伽草子《おとぎぞうし》 무로마치 시대부터 에도 초기에 걸쳐 만들어진 아녀자와 노인을 위한 소박한 단편소설의 총칭 | 収《おさ》める 담다, 수록하다, 손에 넣다 | 舞台《ぶたい》 무대 | お参《まい》りする 참배하다 | 子供《こども》を授《さず》ける 아이를 주다(내려주다) | さて 자, 이제, 그런데, 그리고 | 善人《ぜんにん》 선인, 착한 사람, 호인 | 厭《いと》う 싫어하다, 꺼리다 | 厄介者扱《やっかいものあつか》い 성가신 존재로 취급 | 立身出世《りっしんしゅっせ》 입신출세 | 野心《やしん》に満《み》ちる 야심에 가득차다 | 姫《ひめ》 공주, 귀인의 딸 | 手《て》に入《い》れる 손에 넣다 | 策略《さいりゃく》をめぐらす 책략을 궁리하다 | かなり 꽤, 상당히 | 何《なに》かしら 무엇인가, 무언인지, 어딘지 모르게 | 実話《じつわ》 실화 | 素材《そざい》 소재 | 未熟児《みじゅくじ》 미숙아 | 障害《しょうがい》を抱《かか》える 장애를 떠안다 | 生《い》き様《ざま》 살아가는 태도, 삶 | 間引《まび》きする 솎아내다 | ～ざるを得《え》ない ~하지 않을 수 없다 | 民俗学者《みんぞくがくしゃ》 민속학자

一

今は昔、摂津《せっつ》の国(今の大阪《おおさか》)に、子どもに恵まれない[1]夫婦[2]が住んでいました。二人は住吉の明神《みょうじん》さまにお参りしては、「どうか私たちに子どもをお授け[3]くださいまし。たとえ手の指ほどの小さい子どもでもかまいません」と、お祈りしていました。

すると、一生懸命[4]のお祈りが通じた[5]のか、おかみさん[6]が41歳のとき、ついに[7]念願[8]の赤ちゃんを授かりました。しかし、五ヶ月、六ヶ月が過ぎても、おかみさんのお腹は大きくなりません。それでも十月十日経つと陣痛[9]が起こり、とても小さな男の子が生まれました。物差し[10]で測って[11]みると、一寸ほどしかありません。そこで、男の子は一寸法師と名づけられました[12]。

一寸法師は十三歳になっても、人並み[13]に大きくなりません。村人たちは一寸法師を気味悪がり[14]、村の子どもたちも「一寸ちび[15]、一寸ちび」と言って、一寸法師をいじめました。それどころか[16]、両親までもが、「住吉大明神《すみよしだいみょうじん》さまは、何を思って私たちにこんな罰[17]を与えたのだろう」と、一寸法師のことを厄介者扱いするようになりました。

ある日のこと、一寸法師が家に帰ると、中から両親のひそひそ話[18]が聞こえてきました。

「このままでは嫁[19]も来ないし、老後の面倒[20]も見てもらえない。いっそのこと[21]、あの子をどこかへやって、かわりに[22]立派な男の子でも養子[23]にもらおうじゃないか」

一寸法師は自分が親からも愛され[24]ていないことを知り、傷つき[25]、悲しみました[26]。十三歳の一寸法師にすれば[27]、さぞ[28]辛いことだったでしょう。

その夜、一寸法師は家を出る決心[29]をしました。そして、翌朝[30]、両親に告げました[31]。

「私はこの村では仕事もなく、何の役[32]にも立てません。ですから、これから都[33]へ働きに行きます」

両親[34]にとっては願[35]ってもないことです。

「そうか、そうか。それでは餞別[36]に何かやりたいが、うちは貧乏[37]だから、……」

「では、針[38]一本とお椀[39]とお箸[40]をください」

一寸法師は、こうして追[41]われるように、故郷[42]を後[43]にしました。

「おとうさん、おかあさん、さようなら。もうお会いすることもないかもしれません」

一寸法師は心の中で別れ[44]を告げると、刀[45]のかわりに針を腰[46]に差し、川にお椀を浮[47]かべ、箸[48]をオールのかわりにして、都へ都へと上[49]っていきました。

懐[50]かしい故郷の景色[51]が遠[52]ざかるにつれて[53]、悲しみと悔しさに、涙が頬[54]を伝わります。「必ず出世[55]して、私を嘲[56]った奴らを見返[57]してやる」、一寸法師は自分に言い聞かせる[58]ようにつぶやき[59]ました。

そのときに一寸法師が残した和歌[60]があります。

「住みなれし　難波《なにわ》の浦《うら》を　立ち出《い》でて　都へ急ぐ　我《わ》が心かな」

二

やがて鳥羽《とば》(今の三重県《みえけん》)の津に着いた一寸法師は、お椀の舟を乗り捨て[61]て、道々[62]食べ物を乞[63]いながら、都へ上りました。京の四条通[64]は、まるで異国[65]の地のようで、その人の多さ[66]といったら、尋常[67]ではありません。一寸法師は、通行人[68]に踏み[69]つぶされ

ないようにするのが精一杯[70]でした。

ふと気がつくと、宰相殿《さいしょうどの》の屋敷[71]に来ていました。人の足をよけて[72]歩いているうちに、知らず知らず[73]宰相殿の屋敷の庭に上がり込んでいたのです。

誰もいないので、「お頼み申す。どうか少し休ませてください」と大声で叫んだ[74]ところ、奥から宰相殿が出てきました。しかし、どこを見回して[75]も人の姿が見えません。「おかしいな。どうしたことか」、宰相殿が下足[76]を履いて庭へ出ようとしたとき、一寸法師は叫びました。「ああ、お待ちになってください。私をお踏みにならないでください」

宰相殿は、やっと足下[77]にいた一寸法師に気づきました。そして、「これはなんと！わっはっは」と大笑いしました。

人間の姿をした小さな生き物[78]に大変興味[79]を持った宰相殿は、一寸法師に尋ね[80]ました。

「お前は何者[81]だ」

「難波からまいりました[82]一寸法師でございます」

「一寸法師とな。なるほど[83]一寸法師に違いない[84]。それで京に来たのは何の用だ」

「私は出世したいと思って、京の都へ上ってまいりました。一生懸命働きますから、どうか[85]お屋敷で使ってください」

一寸法師はこう言って、ピョコン[86]とお辞儀[87]をしました。宰相殿は笑いながら、「よしよし使ってやろう」と言って、屋敷に置いてやりました。

三

やがて時は経ち、一寸法師も16歳になりました。しかし、背[88]は依然[89]として元[90]のままです。

宰相殿には十三になる美しい姫君[91]がいました。一寸法師は一目[92]見たときから恋[93]に落ちていました。しかし、身分[94]も違えば[95]、体の大きさも違います。しょせん[96]かなわぬ[97]恋でしたが、一寸法師はどうにかして[98]姫を妻にしたいと思っていました。そこで一寸法師は、一つの策略をめぐらしました。

ある日、一寸法師は神前[99]に供える[100]神聖[101]な米を茶袋[102]に入れ、姫が寝ているときに姫の口に米を塗ると、大声で泣き出しました。宰相殿が一寸法師の泣き声を聞きつけて[103]わけを聞くと、一寸法師は「神前にお供えするために、私が集めて[104]おいたお米を、姫が取ってしまわれたのです」と言います。

宰相殿が姫のところに行ってみると、姫の口に米がついています。宰相殿は「正[105]に偽り[106]のない事実。お前をこんなに行儀[107]の悪い娘に育てた覚え[108]はない。今すぐ屋敷を出ていけ」と、すごい剣幕[109]です。

しかし、姫は何があったのかわけ[110]がわからず、ただ呆然[111]とするだけです。姫は涙[112]ながらに[113]「私がいったい[114]何をしたのでございますか」と聞きましたが、宰相殿は問答無用[115]とばかりに[116]、「一寸法師ともども[117]、この屋敷を出て行け」と命じました。

一寸法師は心の中で「しめた[118]」と思いましたが、そんなことはおくびにも[119]出しません。

一方、姫は誰も引き留めて[120]くれないことを寂しく思いつつも[121]、継母[122]のせい[123]に違いないと思って、泣く泣く屋敷を出ていきました。

四

姫には付き添う[124]お女中[125]もなく、ひとり一寸法師を伴い、遠くに住む身寄りを頼って旅に出ました。

二人は鳥羽の津から船に乗りました。ところが、昼を少し回ったころ、突然空が黒い雲に覆われた[126]かと思うと、海は荒れ[127]、激しい嵐[128]になりました。二人を乗せた船は流されて、一つの島に漂着[129]しました。

そこは、「ガーガー」とカラス[130]ばかり[131]が空を舞う不気味[132]な島でした。船を降りて見回しましたが、人家もありません。二人が途方に暮れて[133]いると、森の中から恐ろしい顔の鬼が二匹出てきました。一匹は赤鬼で、手に金棒[134]を持っていました。もう一匹は青鬼で、手に打ち出の小槌[135]を持っていました。

鬼たちは、「あんなちびには似合わない[136]、いい女を連れているぞ」「ちびは喰って[137]、女は俺たちのものにしようじゃないか[138]」と笑いながら、一寸法師たちの方に近づいてきました。そして、赤い顔をした鬼は一寸法師をつまみ上げる[139]と、パクリ[140]と口の中に呑み込み[141]ました。

一寸法師は口から鬼の鼻に潜り込む[142]と、針でチクチク粘膜[143]を突き刺し[144]ました。

「痛い。痛たたた」、赤鬼は「これはたまらん[145]」とばかりに、悲鳴[146]を上げました。すると、今度はどこからどうやって入ったのか、一寸法師は鬼の目から出てきました。青鬼も恐れおののいて[147]います。

「こいつはただ者[148]ではない。口に入れれば鼻に移り[149]、鼻を塞げば[150]目から出る」

鬼たちはそう言うと、姫も打ち出の小槌も置き去り[151]にして、森の中に逃げていきました。

一寸法師の勇敢[152]な戦い[153]によって[154]、姫は危機一髪[155]のところを救われ[156]たのでした。

「御伽草子」の挿絵

五

鬼たちが逃げ[157]去った後、姫は言いました。

「この小槌[158]こそ、何でも願い[159]が叶うという、打ち出の小槌に違いありません。一寸法師よ、今のあなたの一番の望み[160]はなんですか」

「大きくなりたいです」

姫は打ち出の小槌を振りながら、「大きくなれ、大きくなれ。一寸法師よ、大きくなれ」と唱え[161]ました。するとどうでしょう。一寸法師は忽ち[162]大きくなり、顔立ち[163]の整った[164]立派な若者になりました。

二人は都に戻ると、五条に宿[165]を取りました。そして打ち出の小槌を使って、金銀や珍しい物を取り出しました。それらを帝に献上[166]すると、帝はとても喜ばれ、一寸法師を宮中にお呼びになりました。

帝は一寸法師がとても気に入り[167]、その場で堀河天皇《ほりかわてんのう》の少将[168]になることを認められました。堀河の少将に命じ[169]られた一寸法師は、早速、宰相殿の屋敷に赴き[170]、正式の許しを得て、姫と結婚しました。その後、一寸法師は中納言[171]にまで出世し、３人の子供どもにも恵まれ、末永く[172]栄え[173]たそうです。

一寸法師が中納言にまで出世したという話は、やがて一寸法師の故郷・摂津の国にも伝わり[174]ました。地元の人たちは、相変わらず[175]貧しい暮らしをしている一寸法師の両親を見て、「せっかく住吉大明神さまがお授けになった一寸法師を、ぞんざい[176]に扱わ[177]なければ、今ごろは恩恵[178]にあやかることができただろうに」と噂[179]していたとか[180]。

一

1 恵《めぐ》まれる 혜택받다, 풍족하다, 행복하다 2 夫婦《ふうふ》 부부 3 どうか 부디, 제발 4 一生懸命《いっしょうけんめい》 매우 열심히 함 5 祈《いの》りが通《つう》じる 기도가 통하다 6 おかみさん 안주인, 마누라, 여편네 7 ついに 드디어, 마침내, 결국 8 念願《ねんがん》 염원 9 陣痛《じんつう》が起《お》こる 진통이 일어나다 10 物差《ものさ》し 자 11 測《はか》る 재다, 측정하다 12 名《な》づける 이름짓다 13 人並《ひとな》み (남들과 같은) 보통 정도나 상태 14 気味悪《きみわる》い 어쩐지 기분이 나쁘다, 무서운 느낌이 들다 15 ちび 꼬맹이 16 それどころか 그뿐만이 아니라, 그렇기는커녕 17 罰《ばつ》を与《あた》える 벌을 주다 18 ひそひそ話《ばなし》 비밀 이야기 19 嫁《よめ》も来《こ》ない 며느리도 못 보다 20 面倒《めんどう》を見《み》る 돌보다 21 いっそのこと 차라리, 숫제 22 かわりに 대신에 23 養子《ようし》にもらう 양자를 받다 24 愛《あい》する 사랑하다 25 傷《きず》つく 상처 입다, 다치다 26 悲《かな》しむ 슬퍼하다 27 ～にすれば ~의 입장에서는 28 さぞ～だろう 필시 ~일 것이다 29 決心《けっしん》 결심 30 翌朝《よくあさ》 이튿날 아침 31 告《つ》げる 고하다 32 役《やく》に立《た》つ 도움이 되다 33 都《みやこ》 궁궐이 있는 곳, 수도, 도시, 중심도시 34 ～にとって ~에게 있어서 35 願《ねが》ってもない 바라지도 못할 만큼 좋다 36 餞別《せんべつ》 전별, 금품 37 貧乏《びんぼう》 가난 38 針《はり》 침, 바늘 39 お椀《わん》 밥그릇 40 箸《はし》 젓가락 41 追《お》われるように 쫓기듯이 42 故郷《ふるさと》 고향 43 後《あと》にする 뒤로 하다(떠나다) 44 別《わか》れ 이별 45 ～かわりに ~대신에 46 腰《こし》に差《さ》す 허리에 차다 47 浮《う》かべる 띄우다 48 オール 노(배) 49 ～へ～へと ~으로 ~으로 50 懐《なつ》かしい 그립다 51 景色《けしき》 경치 52 遠《とお》ざかる 멀어지다, 사라지다 53 ～につれて ~함에 따라서 54 悔《くや》しさ 분함, 억울함 55 出世《しゅっせ》する 출세하다 56 嘲《あざけ》る 비웃다, 조소하다 57 見返《みかえ》す 뒤돌아보다, 다시 보다 58 言《い》い聞《き》かせる 타이르다, 설득하다 59 つぶやく 중얼거리다 60 和歌《わか》 일본 고유의 정형시

二

61 乗《の》り捨《す》てる 타고 가서 내린 후 타고 온 것을 버리다 62 道々《みちみち》 길을 (걸어) 가면서 63 乞《こ》う 청하다, 구걸하다 64 四《し》条通《じょうどおり》 시죠도오리(지명) 65 異国《いこく》 이국 66 ～といったら ~이라 하면, ~이라는 것은(감탄, 놀람, 기대) 67 尋常《じんじょう》 보통, 예사로움, 수수함 68 通行人《つうこうにん》 통행인 69 踏《ふ》みつぶす 밟아 뭉개다, 심하게 손상시키다 70 精一杯《せいいっぱい》 있는 힘을 다함, 힘껏, 한껏 71 屋敷《やしき》 집의 부지, 대지, 큰 주택 72 よける 피하다, 면하다, 벗어나다 73 知《し》らず知《し》らず 모르는 사이에, 어느새, 저절로 74 ～たところ ~했더니 75 見回《みまわ》す 사방을 둘러보다 76 下足《げそく》 벗어 놓은 신 77 足下《あしもと》 발밑 78 生《い》き物《もの》 생물, 살아있는 것 79 興味《きょうみ》を持《も》つ 흥미를 가지다 80 尋《たず》ねる 묻다 81 何《なに》者《もの》 어떤 것, 무엇, 무엇인가 82 まいる 가다, 오다, 참배하다 83 なるほど 과연 84 ～に違《ちが》いない ~임에 틀림없다 85 どうか 부디, 제발 86 ピョコンと 꾸뻑, 불쑥, 쑥 87 お辞儀《じぎ》をする 인사하다, 절을 하다

三

88 背《せ》 키 89 依然《いぜん》として 여전히 90 元《もと》のまま 원래대로 91 姫君《ひめぎみ》 아가씨, 귀인의 딸을 높이는 말 92 一目《ひとめ》 한눈, 첫눈 93 恋《こい》に落《お》ちる 사랑에 빠지다 94 身分《みぶん》 신분 95 ～も～ば、～も ~도 ~하고 ~도 96 しょせん 어차피, 결국 97 かなわぬ恋《こい》 이루지 못할 사랑 98 どうにかして 어떻게든 해서 99 神前《しんぜん》 신전 100 供《そな》える 바치다, 올리다 101 神聖《しんせい》 신성 102 茶袋《ちゃぶくろ》 찻주머니 103 聞《き》きつける 우연히 들어서 알다, 들어서 귀에

익다 104 ～ておく ~해 두다, ~해 놓다 105 正《まさ》に 정말로, 확실히, 틀림없이 106 偽《いつわ》り 거짓, 거짓말 107 行《ぎょう》儀《ぎ》が悪《わる》い 버릇이 없다 108 覚《おぼ》えはない 기억은 없다 109 すごい剣幕《けんまく》 서슬이 시퍼럼 110 わけがわからない 이유를 모르겠다 111 呆然《ぼうぜん》とする 어안이 벙벙하다, 망연하다 112 涙《なみだ》ながらに 눈물을 흘리면서 113 ～ながらに ~하면서, ~한 상태로 114 いったい 도대체 115 問答《もんどう》無《む》用《よう》 문답무용, 논쟁할 것 없음 116 ～とばかりに 마치 ~할 듯이 117 ともども 모두 함께, 다 같이 118 しめた 됐다 119 おくびにも出《だ》さない 내색도 않다, 깊이 감추고 입 밖에 내지 않다 120 引《ひ》き留《と》める 말리다, 만류하다, 붙잡다 121 ～つつも ~하면서도 122 継母《ままはは》 계모, 의붓어미 123 ～せい ~탓

四

124 付《つ》き添《そ》う 곁에 따르다, 옆에서 시중들다 125 お女《じょ》中《ちゅう》 하녀 126 雲《くも》に覆《おお》われる 구름에 덮이다 127 海《うみ》が荒《あ》れる 바다가 거칠어지다 128 嵐《あらし》 폭풍우, 몹시 거센 바람 129 漂着《ひょうちゃく》する 표착하다, 표류하여 도착하다 130 カラス 까마귀 131 ～ばかり ~뿐, ~만 132 不《ぶ》気《き》味《み》 어쩐지 불안함, 까닭 모를 무서움 133 途《と》方《ほう》に暮《く》れる 어찌할 바를 모르다 134 金棒《かなぼう》 금방망이 135 打《う》ち出《で》の小槌《こづち》 휘두르기만 하면 원하는 것은 무엇이든 나오고 무슨 일이든 이루어진다는 요술 방망이, 도깨비 방망이 136 似《に》合《あ》う 어울리다 137 喰《く》う 먹다 138 ～(よ)うじゃないか ~하자 139 つまみ上《あ》げる 집어올리다 140 パクリと 덥석, 꿀꺽 141 呑《の》み込《こ》む 삼키다 142 潜《もぐ》り込《こ》む 잠입하다, 기어들다 143 粘膜《ねんまく》 점막 144 突《つ》き刺《さ》す 깊이 찌르다 145 これはたまらん 이것은 참을 수 없어 146 悲鳴《ひめい》を上《あ》げる 비명을 지르다 147 恐《おそ》れおののく 무서워 부들부들 떨다 148 ただ者《もの》ではない 보통내기가 아니다 149 移《うつ》る 이동하다, 옮아가다 150 塞《ふさ》ぐ 막다 151 置《お》き去《ざ》りにする 내버려 두고 가다 152 勇敢《ゆうかん》 용감 153 戦《たたか》い 싸움 154 ～によって 에 의해서, 따라서 155 危《き》機《き》一髪《いっぱつ》 위기일발 156 救《すく》う 구하다

五

157 逃《に》げ去《さ》る 도망쳐 가버리다 158 ～こそ ~이야말로 159 願《ねが》いが叶《かな》う 소원이 이루어지다 160 望《のぞ》み 소망 161 唱《とな》える 외우다, 읊다, 외치다 162 忽《たちま》ち 금세, 순식간에 163 顔《かお》立《だ》ち 얼굴 생김새, 용모, 이목구비 164 整《ととの》う 갖추어지다, 구비되다 165 宿《やど》を取《と》る 숙소를 정하다, 여관을 잡다 166 献上《けんじょう》する 헌상하다 167 気《き》に入《い》る 마음에 들다 168 少将《しょうしょう》 소장(옛 근위부의 차관) 169 命《めい》じる 임명하다, 명하다 170 赴《おもむ》く 향하여 가다, 어떤 상태로 향하다 171 中《ちゅう》納《な》言《ごん》 옛날 벼슬의 하나(차관) 172 末永《すえなが》く 앞으로 오래도록, 길이길이, 언제까지나 173 栄《さか》える 번영하다 174 地《じ》元《もと》 그 지방, 그 고장 175 相《あい》変《か》わらず 변함없이, 여전히 176 ぞんざい (일을) 소홀히 함, 난폭함 177 扱《あつか》う 다루다, 취급하다 178 恩恵《おんけい》にあやかる 은혜를 입다 179 噂《うわさ》する 이러니저러니 남의 이야기를 하다 180 ～とか ~이라고 한다(전문)

표현 문형

1 ～ざるを得ない ~하지 않을 수 없다 / 접속 : 동사(ない형) + ざるを得ない

⋯▸ したくなくても、せざるを得ないことはあるものだ。
하고 싶지 않아도 하지 않을 수 없는 일은 있는 법이다.

⋯▸ データーから見て、タバコは癌《がん》の原因《げんいん》になると言わざるを得ない。
데이터로 보아, 담배는 암의 원인이 된다고 말하지 않을 수 없다.

⋯▸ 必要《ひつよう》な物《もの》なら、いくら高くても買《か》わざるを得ないだろう。
필요한 물건이라면 아무리 비싸도 사지 않을 수 없을 것이다.

2 ～にすれば ~의 입장에서는 / 접속 : 명사 + にすれば

⋯▸ 部長《ぶちょう》から頭《あたま》ごなしに叱《しか》られたが、私にすれば言い分もあった。
부장으로부터 불문곡직하고 야단맞았지만, 내 입장에서는 하고 싶은 말도 있었다.

⋯▸ 車《くるま》椅《い》子《す》の人にすれば、駅《えき》の階段《かいだん》はそびえ立つ山のようなものだ。
휠체어를 타는 사람의 입장에서는 역의 계단은 높이 솟은 산 같은 것이다.

⋯▸ あなたにとっては小《こ》遣《づか》い銭《せん》でしょうが、私にすれば大金《たいきん》なんです。
당신에게 있어서는 용돈이겠지만, 내 입장에서는 거금입니다.

3 ～ながらに(の) ~하면서, ~한 상태로 / 접속 : 동사(ます형), 명사 + ながらに(の)

⋯▸ 彼は生まれながらに盲目《もうもく》だったが、世界屈指《せかいくっし》のギター奏者《そうしゃ》となった。
그는 태어나면서부터 맹인이었지만, 세계굴지의 기타 연주자가 되었다.

⋯▸ この清酒《せいしゅ》は、昔ながらの製法《せいほう》で造《つく》られています。
이 청주는 옛날 그대로의 제법으로 만들어져 있습니다.

⋯▸ 現在《げんざい》では、テレビやインターネットで、家にいながらにして世界の動《うご》きを知《し》ることができる。
현재는 텔레비전과 인터넷으로 집에 있으면서 세계의 움직임을 알 수 있다.

4 ~とばかりに / ~と言わんばかりに

마치 ~할 듯이 / 접속 : 보통체, 정중체 + とばかりに, と言わんばかりに

彼はその男を死ねとばかりに殴りつけた。

그는 그 남자를 마치 죽일 듯이 후려 갈겼다.

挑戦者《ちょうせんしゃ》が疲れたと見るや、彼はここぞとばかりに反撃に転《てん》じた。

도전자가 피곤하다고 보자마자, 그는 마치 지금이라는 듯이 반격으로 바뀌었다.

「ざまを見ろ」と言わんばかりに、彼は嘲笑《ちょうしょう》の笑《え》みを浮かべた。

마치 '꼴 좀 봐라'라는 듯이 그는 조소의 미소를 띄웠다.

5 ~(よ)うじゃないか

~하자 / 접속: 동사(의지형) + (よ)うじゃないか

さあ、そろそろ出発《しゅっぱつ》しようじゃないか。

자, 슬슬 출발하자.

諸君《しょくん》、今こそ、団結《だんけつ》して圧政《あっせい》と戦《たたか》おうじゃないか。

제군들, 지금이야말로 단결해서 압력정치(억압정치)와 싸우자.

おい、みんな。仕事が終《お》わったら、一杯《いっぱい》飲《の》みに行こうじゃないか。

어이, 여러분. 일이 끝나면 한 잔 하러 가지.

확인 문제

● 실력을 확인해 보세요.

1 適当なものを選んで、文を完成させてください。

1. にすれば / につれて / ながらに / とばかりに / つつも

① 良くないことと知り(　　　)、ついゴミを分別せずに捨ててしまう。

② 両親(　　　)心配でしょうが、私は一人暮らしに憧《あこが》れていました。

③ 原油価格が上がる(　　　)、電気料も食料品も値上がりした。

④ 彼女は生まれ(　　　)その美貌《びぼう》と共に音楽の天分が備《そな》わっていた。

⑤ 試合に勝った彼は、「どうだ。見たか」(　　　)自慢げに笑った。

2. どうか / なるほど / やっと / いったい / せっかく

① 長年の夢が、いま(　　　)実現しようとしている。

② (　　　)手に入れたこと地位を、他の者に奪《うば》われてなるものか。

③ 結婚おめでとう。(　　　)幸せになってください。

④ 美人だと聞いていたが、実際に会ってみると、(　　　)美しい。

⑤ (　　　)何が起こったのか、さっぱりわからない。

2 文章の内容と合っているものに○、合っていないものに×を入れてください。

①( ) 念願だった子どもが生まれましたが、一寸足らずの男の子でした。

②( ) お椀の船に乗り都に向かう一寸法師の心は、夢と希望でいっぱいでした。

③( ) 一寸法師は雇ってもらいたいと思って、宰相殿の屋敷に行きました。

④( ) 一寸法師はお屋敷のお姫様に恋しましたが、かなわぬ恋だと諦めました。

⑤( ) 一寸法師は、策略を使ってでも、お姫様をぜひ妻にしたいと思いました。

⑥( ) 屋敷を追い出されたお姫様は、一寸法師に騙されたと知って怒りました。

⑦( ) 一寸法師は二人を襲った鬼を追い払い、打ち出の小槌を手に入れました。

⑧( ) お姫様が打ち出の小槌を振ると、一寸法師は見る見る大きくなりました。

⑨( ) 出世した一寸法師とお姫様は、宰相殿にも祝福されて結婚しました。

Part 11 雪女《ゆきおんな》

Track 11

이야기 해설

「雪女《ゆきおんな》」のお話は、秋田《あきた》、山形《やまがた》、新潟《にいがた》、岩手《いわて》、長野《ながの》…と、雪国《ゆきぐに》に広く伝承《でんしょう》されている民話《みんわ》ですが、ここでは最《もっと》も有名《ゆうめい》な「雪女」伝説《でんせつ》、秋田県横手地方《あきたけんよこてちほう》に伝《つた》わる民話をご紹介《しょうかい》しましょう。

雪女といえば、吹雪《ふぶき》の夜に現《あら》われ、近づくと精気《せいき》を奪《うば》われて死んでしまうとか、山小屋《やまごや》に泊《と》まって眠《ねむ》っている人に、冷《つめ》たい息《いき》を吹《ふ》きかけて殺《ころ》してしまうとか伝えられています。その姿《すがた》は、透《す》けるような白い肌《はだ》の若《わか》くて美《うつく》しい娘《むすめ》だという地方もあれば、恐《おそ》ろしい顔《かお》をした老女《ろうじょ》だという地方もあります。

さて、民俗学者《みんぞくがくしゃ》によると、「雪女」は「吹雪の精《せい》」と言われています。実際《じっさい》、新潟県《にいがたけん》の南魚沼《みなみうおぬま》の山村《さんそん》では、吹雪で凍死《とうし》した死体《したい》が見つかると、今でも「雪女にやられた」と言うそうです。昔《むかし》の人は、吹雪の中に雪女を見たのかもしれませんね。

雪女《ゆきおんな》 설녀 | 伝承《でんしょう》する 전승하다 | 最《もっと》も 가장, 무엇보다도 | 有名《ゆうめい》 유명 | 伝説《でんせつ》 전설 | 紹介《しょうかい》する 소개하다 | 吹雪《ふぶき》 눈보라 | 現《あら》われる 나타나다 | 近《ちか》づく 다가오다, 접근하다 | 精気《せいき》を奪《うば》う 정기를 빼앗다 | 山小屋《やまごや》 산오두막, 등산자를 위해 지어놓은 산막 | 吹《ふ》きかける 세차게 내뿜다 | ～とか～とか ~이라든지 ~이라든지 | 透《す》ける 들여다 보이다 | ～も～ば、～も ~도 ~하고 ~도 | さて 자, 그럼, 그런데, 그리고 | 精《せい》 혼, 정령 | 実際《じっさい》 실제 | 山村《さんそん》 산촌 | 凍死《とうし》する 얼어 죽다 | 死体《したい》 시체 | 見《み》つかる 발견되다

一

昔むかし、今の秋田県横手という地方に、茂作《もさく》と巳吉《みのきち》という二人のマタギ[1]が住んでいました。

茂作は年取った[2]マタギで、巳吉はマタギになったばかり[3]の若者で、茂作からマタギの仕事を教わって[4]いました。

ある冬の日、二人は兎狩り[5]に行きましたが、兎もいませんし、雉[6]もいません。そのうち[7]、だんだん[8]山が暗くなって、激しく吹雪いて[9]きました。

「ああ、吹雪はひどく[10]なりそうだ。どこか炭焼き小屋[11]を探して、そこで晴れる[12]のを待って帰ることにしよう」と茂作が言うので、二人は巳吉が探してきた炭焼き小屋に泊ることにしました。

小屋の中には薪はおろか[13]、火を焚く[14]場所すら[15]ありませんでした。二人はしかたなく、吹雪が入って来ない[16]ようにしっかり[17]と戸を閉め[18]、そのまま身をくるめて[19]、横になり[20]ました。

茂作はすぐ眠りにつき[21]ましたが、巳吉はあまりの寒さと吹き荒れる雪風の音に怯えて[22]、なかなか[23]寝つけ[24]ませんでした。こんな激しい吹雪にあったのは初めてだったのです。しかし、仕事の疲れもあって、そのうち巳吉もうとうと[25]としていました。

二

それから、どれほどの時間が経ったのでしょう。巳吉は雪がさらさら[26]と顔にかかって来たので、ふと目を覚ましました。すると奇妙な[27]ことに[28]、戸が開け放たれて[29]いて、雪が吹き込んで[30]います。そして、隣で眠っている茂作を見ると、茂作の上に、何か白いものが被さって[31]いました。

「あれは何だろう？」と思って見ていましたが、巳吉はまるで金縛り[32]にあった[33]ように、身動き[34]できなくなってしまいました。

なんと茂作の上に乗った何だか[35]分からない白いものは、白装束[36]をまとい[37]、透きとおる[38]ほど白い肌をした若い女ではありませんか。その女は気味[39]の悪い笑みを浮かべて、茂作の顔にフーッと大きく白い[40]息を吹きかけました。

「ゆ、ゆ、雪女！」巳吉は恐怖[41]のあまり[42]叫び声[43]を上げようとしましたが、すくんで[44]声も出ません。やがて[45]、女は巳吉の方へやって来て、顔を覗き込み[46]ました。逃げなくてはと思うのですが、体[47]が動きません。

その女はスーッと雪が被さるように、巳吉の上に乗ってきました。女は今まで巳吉が見たこともないほど美しい女でした。「うっ」、巳吉は感嘆[48]とも[49]恐怖ともつかない声を上げました。

「そんなに美しいかい」

女は笑いながら、巳吉に言いました。

「お前はまだ若いな。殺すのはかわいそう[50]じゃから、今度だけは見逃して[51]やろう。だが、今日見たことを誰にも話すでない。たとえ母親であってもだ。しゃべろ[52]うものなら[53]、殺しに行くからね」と言うと、ぞっと[54]するほど冷たい唇[55]で巳吉に口づけ[56]をして、かき消える[57]ように戸口[58]から出て行きました。

巳吉は女がいなくなったのを見るや[59]、「おい、茂作さん」と眠っている茂作に声をかけました。しかし、茂作はもう氷のように冷たくなっていました。

三

次の日、二人が戻って来ないので、村人たちは探しにやって来ました。茂作はとっくに[60]息が絶え[61]ていていましたが、巳吉は介抱[62]されると、すぐに気がつきました。村に運ばれた巳吉は、半月ほど病の床[63]にふせって[64]いましたが、しばらくして、またマタギの仕事に戻りました。しかし、巳吉はあ

「御伽草子」の挿絵

の吹雪の晩に[65]出会った女のことは、[66]一切口にしませんでした。

それから、数年後のことです。巳吉が横手の町で買い物をしての[67]帰り道、[68]途中で日も暮れ、激しい吹雪に[69]襲われました。[70]ところが、そんな吹雪の中を歩いてくる若い娘がいるではありませんか。

「おめぇ、この吹雪の中、どこへ行くんだ」

「これから横手の町に、[71]奉公に行くところです」

「おめぇ、これから横手の町へ行くったって、途中で吹雪くから[72]危ねぇ。日も暮れているから、[73]狼も出るかもしんねえ。今晩はオラのうちに泊って、明日の朝に[74]でも、[75]早立ちし[76]たらどうか」娘は、「はい、お願いします」と答えました。

四

巳吉は、母親と二人暮らしでした。母親はその娘を[77]一目見る[78]なり、[79]「なんと[80]めんこい娘だろう」と、[81]すっかり[82]気に入ってしまいました。

「巳吉も[83]嫁をもらわ[84]ねばならない[85]年頃だしな。おめ～よ、横手のその奉公先は[86]身寄りなんだか？」

「そうではないんです。ほんとうは、私、どこも行く[87]あてがないんです。村の人に奉公に行けと言われて、それで[88]しかたなくやってきたんです」

母親は待っていました[89]とばかりに、[90]真顔になって娘に[91]頼みました。

「そんなら、巳吉の嫁になっておくれでないか」

娘は顔を[92]赤らめて[93]うつむくと、[94]恥ずかしそうに、「はい」と[95]うなずきました。

月日は過ぎ、娘も巳吉の嫁になって三年になりました。子どもも一人、二人とできました。その間に母親は[96]亡くなりましたが、親子は[97]幸せな日々を送っていました。しかし、一つだけ[98]不思議なことがありました。それは、嫁がいつまで経っても、巳吉が初めて[99]会ったときのまま[100]の若さだったことです。

村人は巳吉の嫁を見て、首を傾げ[101]ました。「巳吉とこさ嫁ご、もしかして[102]物[103]の怪じゃ[104]あるまいか」と噂[105]する者まで出てくる始末です[106]。

五

それはひどく吹雪く晩のことでした。嫁は炉端[107]で針仕事[108]をしていました。

「こんなに吹雪く晩は早く寝た方がいいよ」

「そうしましょう。じゃ、これで止めて寝るとしましょう」

そのとき、巳吉は大変なことを、さらりと[109]口走って[110]しまったのでした。

「こんなに吹雪くと、あの晩のことを思い出す。おかしなことに、お前を見れば[111]見るほど、その時の女に似て[112]いるような気がする[113]んだ」

そのとたん[114]、な、なんと、嫁のまなこ[115]がグルリ[116]と剥けた[117]かと思うと、押し殺した[118]ような低い声で、「おめ～、その先、言うな」と言いました。

腹にずしんと[119]響く[120]、別人のような恐ろしい声でした。うろたえた[121]巳吉が嫁の顔を見ると、そこにあったのは、茂作に息を吹きかけて殺した、あの雪女の顔でした。「うわ、うわ、うわわ！」、巳吉は思わず[122]後ずさり[123]ました。

嫁は、続けて言いました。「その先を言うな。言えば、お前を殺さにゃなんねえ。だが、お前との間には子どももおるし、今お前を殺す[124]わけにはいかない。だからその先を言うな」

そう言って、嫁は巳吉を睨みつける[125]と、縫い[126]かけ[127]の着物を炉端に残して、まるであの晩のように、吹きすさぶ[128]吹雪の中に消えていきました。

巳吉は、恐怖のあまりに腰も抜け[129]、声も出せず、ただ呆然[130]と雪女が立ち去るのを見ていました。

낱말과 표현

一

1 マタギ 사냥꾼 2 年《とし》取《と》る 나이 먹다 3 ～たばかり 이제 막 ~한 4 教《おそ》わる 배우다 5 兎《うさぎ》狩《が》り 토끼 사냥 6 雉《きじ》 꿩 7 そのうち 일간, 머지않아 8 だんだん 점점 9 吹《ふ》雪《ぶ》く 눈보라가 치다 10 ひどくなる 심해지다 11 炭《すみ》焼《や》き小《ご》屋《や》 숯막 12 晴《は》れる 맑다, 개이다 13 ～はおろか ~은커녕 14 火《ひ》を焚《た》く 불을 지피다, 불을 때다 15 ～すら ~조차 16 ～ないように ~하지 않도록 17 しっかり 확실히, 제대로, 단단히 18 閉《し》める 닫다 19 身《み》をくるめる 몸을 웅크리다 20 横《よこ》になる 눕다 21 眠《ねむ》りにつく 잠들다, 죽다 22 怯《おび》える 무서워서 벌벌 떨다, 겁내다 23 なかなか～ない 좀처럼 ~하지 않다 24 寝《ね》つく 잠들다, 병으로 눕다 25 うとうとする 꾸벅꾸벅 졸다

二

26 さらさら 막힘없이, 술술, 보송보송, 바슬바슬 27 奇《き》妙《みょう》 기묘 28 ～ことに ~하게도 29 開《あ》け放《はな》つ 활짝 열다, 개방하다 30 吹《ふ》き込《こ》む 바람이 안으로 들이치다, 불어넣다 31 被《かぶ》さる 덮이다, 씌워지다 32 金縛《かなしば》りにあう 가위눌리다 33 ～にあう ~을 만나다, ~을 당하다 34 身《み》動《うご》きできない 옴짝달싹도 할 수 없다 35 何《なん》だか 왠지, 어쩐지 36 白装束《しろしょうぞく》 흰옷차림, 소복 37 まとう 두르다, 몸에 걸치다, 감기다 38 透《す》きとおる 비쳐 보이다, 투명하다 39 気《き》味《み》の悪《わる》い 어쩐지 기분이 나쁘다 40 白《しろ》い息《いき》 하얀 입김 41 恐《きょう》怖《ふ》 공포 42 ～あまり ~한 나머지 43 叫《さけ》び声《ごえ》 큰소리로 외치는 소리, 부르짖는 소리 44 すくむ 자지러지다, 위축되다, 몸이 움츠러지다 45 やがて 이윽고, 머지않아 46 覗《のぞ》き込《こ》む 얼굴을 가까이 들이밀고 보다, 몸을 길게 빼어 들여다보다 47 体《からだ》 몸 48 感嘆《かんたん》 감탄 49 ～とも～ともつかない ~이라고도 ~이라고도 말할 수 없다 50 かわいそう 가엾음, 불쌍함 51 見《み》逃《のが》す 간과하다, 눈감아 주다 52 しゃべる 말하다 53 ～(よ)うものなら ~한다면, ~하게 되면 54 ぞっとする 섬뜩하다, 소름이 끼치다 55 唇《くちびる》 입술 56 口《くち》づけ 입맞춤, 키스 57 かき消《き》える 싹 흔적도 없이 사라지다 58 戸《と》口《ぐち》 (집의) 출입구 59 ～や ~하자마자

三

60 とっくに 훨씬 전에 61 息《いき》が絶《た》える 숨이 끊어지다 62 介抱《かいほう》する 간호하다 63 病《やまい》の床《とこ》 병상 64 ふせる 엎드리다, 엎어놓다 65 出《で》会《あ》う 만나다 66 一切《いっさい》～ない 일체 ~하지 않다 67 帰《かえ》り道《みち》 돌아가는 길 68 途《と》中《ちゅう》 도중 69 襲《おそ》う 습격하다, 덮치다, 느닷없이 남의 집을 방문하다 70 ところが 그렇지만 71 奉公《ほうこう》 봉공, 나라를 위해 봉사함, 고용살이함 72 危《あぶ》ない 위험하다 73 狼《おおかみ》 이리, 늑대 74 ～でも ~이라도, ~이나 75 早《はや》立《だ》ち 아침 일찍 길을 떠남 76 ～たらどうか ~하는 게 어때?

四

77 一《ひと》目《め》 한눈, 첫눈 78 ～なり ~하자마자 79 なんと～だろう 얼마나 ~인가(명사에 붙어 감탄을 나타냄) 80 めんこい(＝可愛い) 귀엽다 81 すっかり 완전히, 깨끗이 82 気《き》に入《い》る 마음에 들다 83 嫁《よめ》をもらう 아내를 얻다 84 ～ねばならない ~하지 않으면 안 된다 85 年頃《としごろ》 그럴만한 나이, 적령기 86 身《み》寄《よ》り 몸을 기댈 곳, 친척, 친족 87 あてがない (갈) 곳이 없다, 가망(목표, 전망)이 없다 88 しかたなく 어쩔 수 없이

89 ～とばかりに 마치 ~할 듯이 90 真顔《まがお》になる 정색을 하다 91 頼《たの》む 부탁하다 92 赤《あか》らめる 붉히다 93 うつむく 머리(고개)를 숙이다 94 恥《はず》かしい 창피하다, 부끄럽다 95 うなずく 수긍하다, 고개를 끄덕이다 96 亡《な》くなる 죽다 97 幸《しあわ》せ 행복 98 不思議《ふしぎ》 불가사의, 이상함 99 初《はじ》めて 처음, 처음으로 100 ～まま ~그대로, ~한 채 101 首《くび》を傾《かし》げる 고개를 가웃하다 102 もしかして 어쩌면 103 物《もの》の怪《け》 귀신, 원령 104 ～じゃあるまいか ~이 아닐까 105 噂《うわさ》する 이러니저러니 남의 말을 하다 106 ～始末《しまつ》だ ~하는 꼴이다, ~하는 모양이다

五

107 炉端《ろばた》 화롯가 108 針仕事《はりしごと》 바느질, 재봉 109 さらりと 줄줄(막힘없이), 매끈매끈, 말끔히, 산뜻하게 110 口走《くちばし》る 무심결에 지껄이다, 엉겁결에 말하다 111 ～ば～ほど ~하면 ~할수록 112 似《に》る 닮다, 비슷하다 113 気《き》がする 생각(마음)이 들다 114 そのとたん 그 즉시, 그러자마자 115 まなこ 눈, 눈동자, 시선 116 グルリと 한번 빙, 휙 117 剥《む》ける 벗겨지다 118 押《お》し殺《ころ》す 눌러 죽이다, 억누르다, 억제하다 119 ずしんと響《ひび》く 쿵하고 울리다 120 別人《べつじん》 딴 사람 121 うろたえる 당황하다, 갈팡질팡하다 122 思《おも》わず 무심코 그만, 엉겁결에, 뜻하지 않게 123 後《あと》ずさる 뒷걸음질치다 124 ～わけにはいかない ~할 수 없다 125 睨《にら》みつける 매섭게 쏘아보다 126 縫《ぬ》いかけ 꿰매다 만 것 127 ～かけ ~하다 만 것 128 吹《ふ》きすさぶ (바람이) 휘몰아치다 129 腰《こし》が抜《ぬ》ける 기겁하다, 깜짝 놀라다 130 呆然《ぼうぜん》 망연함, 어이없어함, 어리둥절함

표현 문형

1 ~とか~とか

~이라든지 ~이라든지 /
접속 : 명사, 동사(る), 보통체 + とか 명사, 동사(る), 보통체 + とか

中国《ちゅうごく》とかインドとか、近年《きんねん》アジア地域《ちいき》の経済発展《けいざいはってん》はめざましい。
중국이라든지 인도라든지, 최근에 아시아 지역의 경제발전은 눈부시다.

あの二人は、別れるとか別れないとか、いつも夫婦喧嘩《ふうふげんか》が絶《た》えない。
저 두 사람은 헤어진다거니 안 헤어진다거니, 항상 부부싸움이 끊이지 않는다.

彼は給料《きゅうりょう》が安いとか仕事がきついとか、文句ばかり言っている。
그는 월급이 적다거나 일이 힘들다거나, 불평만 하고 있다.

2 ~はおろか~も(さえ / まで / すら)

~은커녕 ~도, ~은 말할 것도 없이 ~도 /
접속 : 명사 + はおろか 명사 + も(さえ / まで / すら)

こんな成績《せいせき》では大学進学《だいがくしんがく》はおろか、卒業《そつぎょう》も危ないよ。
이런 성적으로는 대학진학은커녕, 졸업도 힘들어.

腰《こし》が痛くて、立ち上がることはおろか、寝《ね》ているのさえ辛い。
허리가 아파서 일어서기는커녕, 누워 있는 것조차 힘들다.

最近《さいきん》は、小中学生《しょうちゅうがくせい》はおろか幼児《ようじ》まで、受験戦争《じゅけんせんそう》に巻き込まれている。
최근에는 초 · 중학생은 물론 유아까지 수험전쟁에 휘말리고 있다.

3 ~(よ)うものなら

~한다면, ~하게 되면 / 접속 : 동사(의지형) + ものなら

社長の方針《ほうしん》に反対《はんたい》しようものなら、即刻首《そっこくくび》にされてしまう。
사장의 방침에 반대한다면, 즉각 해고당하고 만다.

この会社は、一分でも遅刻《ちこく》しようものなら、すぐ賃金《ちんぎん》カットになる。
이 회사는 1분이라도 지각하게 되면, 바로 임금이 삭감된다.

···▸ 彼のところはかかあ天下《でんか》で、酔《よ》っぱらってでも帰《かえ》ろうものなら、家に入れてもらえないそうだ。

그는 아내에게 잡혀 살아, 술이라도 취해서 집에 가면 집에 안 들여보내 준다고 한다.

4 ～始末だ

~하는 꼴이다, ~하는 모양이다 / 접속 : 동사(る) + 始末だ

···▸ 借金《しゃっきん》に借金を重ねたあげく、ついには夜《よ》逃《に》げまでしでかす始末だ。

빚에 빚을 거듭한 끝에 결국에는 야반도주까지 해버리는 꼴이다.

···▸ あの二人は犬猿《けんえん》の仲《なか》で、顔《かお》を合《あ》わせると、すぐ口論《こうろん》になる始末だ。

저 두 사람은 견원지간으로, 얼굴을 맞대면 금방 싸움이 되는 형국이다.

5 ～ば～ほど

~하면 ~할수록 / 접속 : 동사(ば) + 동사(る) + ほど, い형용사(ければ) + い형용사(い) + ほど, な형용사(なら) + な형용사(な) + ほど

···▸ 『西遊記《さいゆうき》』という物語《ものがたり》は、読《よ》めば読むほどおもしろい。

'서유기'라는 이야기는 읽으면 읽을수록 재미있다.

···▸ 長引《ながび》けば長引くほど、我々《われわれ》に不利《ふり》になる。

길게 끌면 길게 끌수록 우리들에게 불리해진다.

···▸ 給料《きゅうりょう》は多ければ多いほどいいですが、給料だけが会社選びの基準《きじゅん》ではありません。

월급은 많으면 많을수록 좋지만, 월급만이 회사 선택의 기준은 아닙니다.

1 適当なものを選んで、文を完成させてください。

1. はおろか / ことに / ものなら / や / あまり

① 火山が爆発《ばくはつ》する(　　　)、真っ赤な溶岩《ようがん》が吹き出した。

② この機会を逃《のが》そう(　　　)、二度と君にチャンスは回ってこないよ。

③ うれしい(　　　)、私の息子がオリンピックの選手に選ばれた。

④ 一瞬《いっしゅん》の地震によって、私は財産(　　　)、両親も失ってしまった。

⑤ そのときは痛みの(　　　)、思わず悲鳴《ひめい》を上げた。

2. しかたがない / きれない / ざるを得ない / じゃないか / しまつだ

① 10年ぶりに親友にあったので、話したいこは多いが、話し(　　　)。

② 人生にはやりたくなくても、やら(　　　)ことがあるものだよ。

③ 彼は息子がY大学に合格したことが、うれしくて(　　　)ようだ。

④ その子は学校で暴力沙汰《ざた》を起こし、退学処分《たいがくしょぶん》になる(　　　)。

⑤ みんな、市民に地震被災者《ひさいしゃ》のためのカンパを呼びかけよう(　　　)。

2 文章の内容と合っているものに○、合っていないものに×を入れてください。

①(　) 巳吉は、こんな激しい吹雪を今までに経験したことがありませんでした。

②(　) 眠り込んだ茂作の上に被さっているのは、白装束の若い女でした。

③(　) 雪女は、巳吉がまだ若かったので、命を助けてやることにしました。

④(　) 数年後、巳吉は吹雪の中を歩いていた若い娘を家に連れて帰りました。

⑤(　) 巳吉はその娘を一目見るなり好きになり、すぐに結婚を申し込みました。

⑥(　) 巳吉と娘の間には子供も二人できて、幸せに暮らしていました。

⑦(　) 巳吉は妻がいつまで経っても若いままなので、気味が悪くなりました。

⑧(　) 村人の中には、巳吉の妻は物の怪ではないかと疑る人もいました。

⑨(　) ある吹雪の晩、巳吉は妻に雪女に会ったときの話をしようとしました。

Part 12 花《はな》咲《さ》かじじい

Track 12

이야기 해설

枯《か》れ木《き》に花《はな》を咲《さ》かせる「花咲《はなさ》かじじい」のお話は、日本人《じん》の多《おお》くが日本の昔話《むかしばなし》と思《おも》っていますが、実《じつ》はこの民話《みんわ》の起源《きげん》は中国《ちゅうごく》にあります。この民話以外《いがい》にも、物語に挿入《そうにゅう》された逸話《いつわ》の中には、中国や朝鮮半島《ちょうせんはんとう》から伝《つた》わったものが少《すく》なくありませんが、私はこの事実《じじつ》の中にこそ、古代東《こだいひがし》アジア地域《ちいき》の文化交流《ぶんかこうりゅう》の深《ふか》さを見ています。

さて、「花咲かじじい」に話を戻《もど》すと、「花咲かじじい」のことを中国では「花神《かしん》」と呼んでいます。今でも中国では、節日《せちにち》のひとつに花朝節《かちょうせつ》があり、またの名を「花神節《せつ》」と言います。この日は花をつかさどる神《かみ》が冬枯《ふゆが》れた大地《だいち》に花の種《たね》を蒔《ま》く日とされていて、地上《ちじょう》の全《すべ》ての花がこの日から生《しょう》じると考《かんが》えられています。また、中国には遺産分割《いさんぶんかつ》をする兄弟《きょうだい》が登場《とうじょう》する「花咲かじじい」と似《に》た話があるのですが、このお話の方がオリジナルだと考えた方がいいでしょう。

では、日本版《ばん》「花咲かじじい」を東アジアの文化交流の産物として、読んでみてください。なお、ここに載《の》せたお話は、楠山正雄《くすやままさお》先生の作品《さくひん》(著作権《ちょさくけん》の保護期間《ほごきかん》を過《す》ぎたもの)に基《もと》づいています。

枯《か》れ木《き》 마른 나무, 고목 | 起源《きげん》 기원 | 挿入《そうにゅう》する 삽입하다 | 逸話《いつわ》 일화 | ～こそ ~이야말로 | 古代東《こだいひがし》アジア地域《ちいき》 고대 동아시아지역 | 花神《かしん》 화신 | 花朝節《かちょうせつ》 화조절, 꽃의 생일을 축하하는 절기 | つかさどる 직무를 맡아하다, 관리하다, 담당하다 | 冬枯《ふゆが》れる 겨울에 초목이 마르다 | 種《たね》を蒔《ま》く 씨를 뿌리다 | 生《しょう》じる (식물 등이) 나다, 돋아나다, 생기다, 생겨나다 | 遺産分割《いさんぶんかつ》 유산분할 | 似《に》る 닮다, 비슷하다 | オリジナル 오리지널 | 産物《さんぶつ》 산물 | 載《の》せる 태우다, 싣다, 게재하다 | 著作権《ちょさくけん》 저작권 | 保護期間《ほごきかん》を過《す》ぎる 보호기간을 지나다 | ～に基《もと》づく ~에 근거하다

Part 12 花咲かじじい

一

昔むかし、あるところに、正直[1]で心のやさしいおじいさんとおばあさんがいました。

二人には子どもがいないものですから[2]、飼い犬[3]のシロのことを、まるでほんとうの子どものように、可愛がって[4]いました。シロもおじいさんとおばあさんに、とてもなついて[5]いました。

隣にもおじいさんとおばあさんが住んでいましたが、こちらは欲ばり[6]のおじいさんとおばあさんでした。いつもシロを汚がって[7]、ぶったり[8]蹴ったり[9]、いじめ[10]てばかり[11]いました。

ある日のこと、正直おじいさんが、いつものように鍬[12]を担いで、畑[13]を掘り返して[14]いると、シロも一緒について来て、そこらをクンクン嗅ぎ回って[15]いましたが、そのうち、「ワン！ワン！」と吠えて[16]、おじいさんを呼びました。「いったい[17]何事[18]か」とおじいさんが近づくと、「ここ掘れ。ワン！ワン！」と、シロは地面を足で蹴りました。

おじいさんが「何だ？何だ？」と言いながら、地面[19]を掘ると、なんと[20]土の中からキラキラ[21]光る大判小判[22]がザクザク[23]出て来ました。おじいさんはびっくりする[24]やら[25]、喜ぶ[26]やら、家に持ち帰って、おばあさんと大判小判を広げて勘定[27]していました。すると、そこへ隣の欲ばりおじいさんがやって来ました。

二

「お前さんは、いつも金がない、金がないと言っているくせに[28]、どこからそんなにたくさんのお金が手に入ったんだい[29]」

欲ばりおじいさんは話を聞くと、「そんなによい犬なら、俺[30]にも一日貸して[31]

おくれ」と言って、嫌[32]がるシロの首に縄[33]をつけて、無[34]理矢理、自分の畑に引[35]っ張って行きました。

「俺の畑にも大判小判が埋[36]まってるは[37]ずだ！さあ、どこだ？教えろ」と言って、よ[38]けいに酷[39]く引っ張るものですから、シロは苦しがって、や[40]たらにその辺りの土を引[41]っかき回しました。

欲ばりおじいさんが、「うん。ここか。し[42]めたぞ！」と言いながら地面を掘ると、出てきたのは、蛇[43]やム[44]カデ、石[45]ころや壊れた瀬[46]戸物ばかりでした。

欲ばりおじいさんは怒って、鍬を振[47]り上げると、い[48]きなりシロの頭に打[49]ち下ろしました。かわいそうに、シロは一声「きゃん」と鳴いたな[50]り、死んでしまいました。

夕方になってもシロが帰ってこないので、心配になった正直おじいさんは、シロはどうしたのかと隣へ聞きに行きました。

すると隣の欲ばりおじいさんは、プンプン怒りながら、「お前ところのシロのせ[51]いで、酷[52]い目に遭ったから、殺してしまったわい」と言いました。

「何というかわいそうなことを！何も殺さなくてもいいじゃないか」と、正直おじいさんはとても悲[53]しみ、裏[54]山にシロのお[55]墓を造[56]ってやり、そこへ松[57]の小枝を差[58]しておきました。

次の日に正直おじいさんがシロのお墓へ行ってみると、昨日差した小枝が、大きな松の木になっていました。「不思議なことがあればあるものだ」と正直おじいさんは驚きましたが、シロの形[59]見だと思って、その松の木を切って臼[60]をこ[61]しらえました。

三

正直おじいさんは、「シロはお餅が好きだったから」といって、その臼にお米を入れて、おばあさんと「ぺんたらこっこ、ぺんたらこ」とお餅[62]をつき始めました。すると、あら不思議。いくらついても、後から後から[63]お米が増えて、臼の外に溢れ出し[64]、やがて[65]台所[66]もお米でいっぱいになってしまいました。

すると、それを聞いた隣の欲ばりおじいさんは、また羨ましく[67]なって、臼を借り[68]に来ました。そして家に持ち返って、臼でお餅をつきましたが、お米どころか[69]、出て来るのは牛や馬の糞[70]ばかりです。臭いやら[71]汚いやら[72]、怒った欲ばりおじいさんは臼を叩き割って[73]、薪[74]にしてしまいました。

正直おじいさんはいつまでも臼を返してもらえないので、隣へ取りに行くと、欲ばりおじいさんは「囲炉裏[75]で燃やして[76]しまった」と言います。正直おじいさんはしかたなく、「せめて[77]その灰[78]なりともおくれ」と言って、臼を燃やした灰をざる[79]に入れて持って帰りました。

正直おじいさんが、その灰を畑に撒こ[80]うとする[81]と、突然風がサーと吹いて来て、灰は近くにあった桜の木にかかり[82]ました。すると、どうでしょう。見る見る[83]花が咲いて、まだ冬の最中[84]なのに、おじいさんのお庭は、すっかり[85]春景色[86]になりました。おじいさんは手を叩いて[87]喜びました。

「これはおもしろい。ついでに[88]、ほうぼう[89]の木に花を咲かせて[90]やろう」

そこでおじいさんは、ざるの中に残った灰を抱えて[91]、「花咲かじじい、花咲かじじい、日本一の花咲かじじい、枯れ木に花を咲かせましょう」と大きな声で言いながら、往来[92]を歩きました。

ちょうどそこへ、殿さま[93]が家来[94]を連れて通りかかり[95]ました。家来が呼ぶと、正直お

「福娘童話集」より

じいさんは、お殿さまの前に進み出で、「花咲かじじいでございます」と言いました。殿さまは「ほう、[96]珍しいじじいだ。では、そこの桜の枯れ木に、花を咲かせてみせよ」と[97]言いつけました。

おじいさんは、[98]早速ざるを抱えて、桜の木に上がって、パッと灰を撒きました。すると、見る見るうちに枯れ木に花が咲きました。

「[99]あっぱれ！[100]見事じゃ。[101]日本一の花咲かじじいよ」

殿さまは[102]褒め称え、[103]ご褒美をたくさんくださいました。

四

それを知った隣の欲ばりおじいさんは、[104]地団駄を踏んで[105]悔しがりました。そして残っていた灰を[106]かき集めると、ざるに入れて、正直おじいさんの[107]真似をしながら、往来を歩きました。「花咲かじじい、花咲かじじい、日本一の花咲かじじい、枯れ木に花を咲かせましょう」

ちょうどそこに、あの殿さまが通りかかって、「この前の花咲かじじいが来たな。また花を咲かせてみせよ」と言いました。

欲ばりおじいさんは、[108]得意げな顔をして灰を撒きました。しかし[109]一向に花は咲きません。「これはどうしたことか」、欲ばりおじいさんは[110]慌てて、[111]ますますたくさんの灰を[112]空中に[113]ばらまいたものですから、[114]たまったものではありません。灰は[115]四方八方へ[116]飛び散り、殿さまや[117]ご家来衆の目や鼻の中に入りました。「[118]ハクション、ハクション」、ここでもあそこでも、目を[119]こするやら、[120]くしゃみをするやら、[121]髪の毛についた灰を[122]払うやら、大変な[123]騒ぎになりました。

殿さまは[124]非常に[125]腹を立て、「こいつは[126]偽物の花咲かじじいに[127]違いない。[128]ふとどきな奴だ。[129]牢にぶち込め」と言って、欲ばりおじいさんを縛りあげました。「ごめんなさい。ごめんなさい」と、欲ばりおじいさんは泣いて[130]謝りましたが、もう[131]後の祭りでした。

一

1 正直《しょうじき》 정직 2 ～ものだから ~이기 때문에(이유, 변명) 3 飼《か》い犬《いぬ》 애완견, 기르는 개 4 可愛《かわい》がる 귀여워하다 5 なつく 친숙해져서 따르다, 친해지다 6 欲《よく》ばり 욕심쟁이 7 汚《きたな》がる 더러워하다, 상스러워하다 8 ぶつ 치다, 때리다 9 蹴《け》る 차다 10 いじめる 괴롭히다, 학대하다 11 ～てばかり ~하기만 함 12 鍬《くわ》を担《かつ》ぐ 괭이를 메다, 괭이를 짊어지다 13 畑《はたけ》 밭 14 掘《ほ》り返《かえ》す 흙을 파서 뒤엎다, 파서 일구다, 다시 파다 15 嗅《か》ぎ回《まわ》る 냄새를 맡으며 돌아다니다 16 吠《ほ》える 짖다 17 いったい 도대체 18 何事《なにごと》か 무슨 일인가 19 地面《じめん》を掘《ほ》る 지면(땅)을 파다 20 なんと 웬걸, 어떻게, 뭐라고, 이 얼마나 21 キラキラ 반짝반짝 22 大判《おおばん》小判《こばん》 금은보화 23 ザクザク 지천으로, 얼마든지(금화 등), 서벅서벅(걸어갈 때) 24 びっくりする 깜짝 놀라다 25 ～やら～やら ~와 ~와, ~하기도 하고 ~하기도 하고(열거, 병렬) 26 喜《よろこ》ぶ 기뻐하다 27 勘定《かんじょう》 셈, 계산

二

28 ～くせに ~한 주제에 29 ～んだい ~하는 거냐(친밀감을 담아 표현을 부드럽게 하는 말) 30 俺《おれ》 나(남성) 31 貸《か》す 빌려주다 32 嫌《いや》がる 싫어하다 33 縄《なわ》をつける 새끼줄을 달다 34 無理矢理《むりやり》 억지로, 강제로 35 引《ひ》っ張《ぱ》る 잡아당기다, 끌다 36 埋《う》まる 묻히다, 가득차다, 온통 뒤덮이다 37 ～はずだ 당연히 ~할 것이다 38 よけいに 더욱, 쓸데없이 39 酷《ひど》い 심하다, 가혹하다 40 やたらに 마구, 함부로 41 引《ひ》っかき回《まわ》す 함부로 뒤섞다, 마구 뒤적거리다, 혼란에 빠뜨리다 42 しめた 됐다 43 蛇《へび》 뱀 44 ムカデ 지네 45 石《いし》ころ 자갈, 돌맹이 46 瀬戸物《せともの》 도자기 47 振《ふ》り上《あ》げる 치켜들다, 치켜올리다 48 いきなり 느닷없이, 갑자기 49 打《う》ち下《お》ろす 내리치다 50 ～なり ~하자마자 51 ～せいで ~탓으로 52 酷《ひど》い目《め》に遭《あ》う 혼나다, 된통 당하다 53 悲《かな》しむ 슬퍼하다 54 裏山《うらやま》 뒷산 55 お墓《はか》 묘, 무덤 56 造《つく》る 만들다 57 松《まつ》の小枝《こえだ》 소나무 잔가지 58 差《さ》す 꽂다, 차다 59 形見《かたみ》 기념물, 추억거리, 유물 60 臼《うす》 절구, 맷돌 61 こしらえる 만들다, 마련하다, 꾸미다

三

62 餅《もち》をつく 떡을 찧다 63 後《あと》から後《あと》から 연달아, 뒤이어, 계속해서 64 溢《あふ》れ出《だ》す 넘쳐나오다, 흘러넘치다 65 やがて 이윽고, 머지않아 66 台所《だいどころ》 부엌 67 羨《うらや》ましい 부럽다 68 借《か》りる 빌리다 69 ～どころか ~하기는커녕 70 糞《ふん》 똥(동물의 것) 71 臭《くさ》い 냄새 나다 72 汚《きたな》い 더럽다 73 叩《たた》き割《わ》る 두들겨 쪼개다 74 薪《まき》 장작 75 囲炉裏《いろり》 난로, 화로 76 燃《も》やす 불태우다 77 せめて～なりとも 하다못해 ~(만)이라도 78 灰《はい》 재 79 ざる 소쿠리 80 撒《ま》く 뿌리다 81 ～(よ)うとする ~하려고 하다 82 (灰《はい》が)かかる (재가) 묻다 83 見《み》る見《み》る 순식간에 84 最中《さいちゅう》 한창 ~하는 중에 85 すっかり 완전히, 깨끗이 86 春景色《はるげしき》 봄의 경치 87 手《て》を叩《たた》く 손뼉을 치다 88 ついでに (~하는) 김에, (~하는) 기회에 89 ほうぼう 사방, 여기저기 90 咲《さ》かせる(咲《さ》く의 사역형) 피우게 하다 91 抱《かか》える 안다, 껴안다 92 往来《おうらい》 도로, 길, 왕래 93 殿《との》さま 주군, 귀인(높임말) 94 家来《けらい》 부하, 가신, 종자 95 通《とお》りかかる 마침 그곳을 지나가다 96 珍《めずら》しい 드물다, 진기하다 97 言《い》いつける 명령하다, 지시하다, 고자질하다 98 早速《さっそく》 곧, 즉시

99 あっぱれ 훌륭함, 눈부심, 잘했어, 장하다 100 見事《みごと》 훌륭함, 멋짐 101 日本一《にほんいち》 일본 제일 102 褒《ほ》め称《たた》える 극구 칭찬하다 103 ご褒美《ほうび》 포상, 상

四

104 地団駄《じだんだ》を踏《ふ》む 발을 동동 구르며 분해하다 105 悔《くや》しがる 분해하다, 억울해하다 106 かき集《あつ》める 긁어모으다 107 真似《まね》をする 흉내를 내다 108 得意《とくい》げ 자랑스러운 듯이 109 一向《いっこう》に〜ない 전혀 ~하지 않다 110 慌《あわ》てる 당황하다, 허둥지둥하다 111 ますます 점점 (더), 더욱더 112 空中《くうちゅう》 공중 113 ばらまく 흩뿌리다, 여기 저기 뿌리다, 마구 나누어 주다 114 たまらない 견딜 재간이 없다 115 四方八方《しほうはっぽう》 사방팔방 116 飛《と》び散《ち》る 흩날리다, 날아 흩어지다 117 ご家来衆《けらいしゅう》 하인들 118 ハクション 엣취(기침소리) 119 こする 문지르다, 비비다 120 くしゃみをする 재채기를 하다 121 髪《かみ》の毛《け》 머리카락 122 灰《はい》を払《はら》う 재를 털어내다 123 騒《さわ》ぎ 소동 124 非常《ひじょう》に 대단히, 매우 125 腹《はら》を立《た》てる 화를 내다 126 偽物《にせもの》 가짜 127 〜に違《ちが》いない ~임에 틀림없다 128 ふとどき 괘씸함, 무례함, 못됨 129 牢《ろう》にぶち込《こ》む 감옥에 집어넣다 130 謝《あやま》る 사과하다 131 後《あと》の祭《まつ》り 때를 놓쳐 보람이 없음, 소 잃고 외양간 고친다

표현 문형

1 ~やら~やら

~와 ~와, ~하기도 하고 ~하기도 하고 / 접속: 동사(る), い형용사(い), 명사 + やら 동사(る), い형용사(い), 명사 + やら

···› 和食《わしょく》といえば、寿司《すし》やら天ぷらやらが頭に浮かびます。
일식이라고 하면 초밥이나 튀김이 머리에 떠오릅니다.

···› 物価《ぶっか》が高いやら忙しいやらで、日本での生活は大変だ。
물가가 높고 바쁘고 해서, 일본에서의 생활은 힘들다.

···› 悔しいやら自分が情《なさ》けないやらで、涙が出てきた。
분하기도 하고 자신이 한심하기도 해서 눈물이 나왔다.

2 ~くせに

~한 주제에, ~이면서도 /
접속 : 보통체[な형용사(な, である),명사(の, である)] + くせに

···› 弱《よわ》いくせに、口《くち》ばかりが達者《たっしゃ》な奴《やつ》だ。
약한 주제에, 말만 잘하는 녀석이다.

···› 事情《じじょう》も知《し》らないくせに、他人《たにん》のことに口を挟《はさ》むな。
사정도 모르는 주제에, 남의 일에 끼어들지마.

···› あなたは大学生《だいがくせい》のくせに、こんな漢字《かんじ》も読《よ》めないんですか。
당신은 대학생이면서, 이런 한자도 못 읽습니까?

3 ~せいで / ~せいか

~탓으로, ~탓인지 / 접속 : 보통체[な형용사(な, である), 명사(の, である)] + せいで / ~せいか

···› 熱があるせいで、頭がふらふらします。
열이 있는 탓인지 머리가 흔들흔들합니다.

···› お前のせいで、俺までが課長に怒られた。
네 탓으로 나까지 과장님께 혼났다.

···› 年《とし》を取《と》ったせいか、すっかり物覚《ものおぼ》えが悪くなりました。
나이를 먹은 탓인지, 완전히 기억력이 나빠졌습니다.

4 ～どころか

~하기는커녕 /
접속 : 명사, 보통체[な형용사(な, である), 명사(である)] + どころか

···▸ 喉《のど》が痛くて、食事どころか水を飲むのも辛いんだ。
목이 아파서, 식사는커녕 물을 마시는 것도 힘들다.

···▸ お前に金を貸せるどころか、俺自身が借金《しゃっきん》で首が回らないんだ。
네게 돈을 빌려줄 수 있기는커녕, 내 자신이 빚으로 옴짝달싹 못 하겠다.

···▸ 「彼女のことを知ってるかい？」
「知ってるどころか僕の妻《つま》だよ」
"그녀를 알아?"
"알고 있을 뿐만 아니라 내 아내야"

5 せめて～なりとも

하다못해 ~(만)이라도 / 접속 : せめて 명사(+ 조사) + なりとも

···▸ せめて話なりとも、聞いていただけませんか。
하다못해 이야기라도 들어주실 수 없겠습니까?

···▸ 全額《ぜんがく》とは言いません。せめて利子《りし》なりとも払ってください。
전액이라고는 말하지 않겠습니다. 하다못해 이자라도 지불해 주세요.

···▸ この正月《しょうがつ》、ハワイは無理《むり》でも、せめて近場《ちかば》の温泉《おんせん》になりとも行きたいね。
이번 정월에 하와이는 무리라도, 하다못해 근처 온천에라도 가고 싶다.

확인 문제

● 실력을 확인해 보세요.

1 適当なものを選んで、文を完成させてください。

1. ばかり / くせに / せいで / どころか / なりとも

① 事情も知らない(　　　)、横から口を挟まないでくれ。

②「結婚生活はどう？楽しい？」「楽しい(　　　)、忍耐《にんたい》の連続だよ」

③ 遊んで(　　　)いないで、勉強しなさい。

④ よろしければ、私の話(　　　)聞いていただけないでしょうか。

⑤ 急にアルバイトを休んだ(　　　)、今日は三時間も残業《ざんぎょう》させられた。

2. なつく / いじめる / あう / こしらえる

＊ 適当な語を選び、必要なら語形を変えて文を完成させましょう。

① 海外旅行をしているとき、宿泊《しゅくはく》したホテルで盗難《とうなん》に(　　　)。

② 私の父は、休みの日には、よくカレーライスを(　　　)くれた。

③ 狼《おおかみ》は育ててやっても、なかなか人に(　　　)と言われている。

④ T君は子供のころ、よく級友に(　　　)、泣かされていた。

2 文章の内容と合っているものに○、合っていないものに×を入れてください。

①(　) ある日、シロは正直おじいさんに大判小判が埋めてある場所を教えました。

②(　) 隣に住んでいる欲張りおじいさんにも、シロはとてもなついていました。

③(　) シロは欲張りおじいさんに、わざと蛇やムカデの出る場所を教えました。

④(　) 怒った欲張りおじいさんは、シロを鍬で殴り殺してしまいました。

⑤(　) 正直おじいさんは、シロを埋めた所から生えた松の木で臼を作りました。

⑥(　) 正直おじいさんは、家に帰って、臼を燃やした灰を自分の畑にまきました。

⑦(　) 枯れ木に花を咲かせた正直おじいさんは、殿さまから褒美をもらいました。

⑧(　) 正直おじいさんは、今度も欲張りおじいさんに残った灰を貸してあげました。

⑨(　) 欲張りおじいさんも枯れ木に花を咲かせて、褒美をもらおうとしました。

Part 13 猿蟹合戦《さるかにがっせん》

Track 13

이야기 해설

「猿蟹合戦《さるかにがっせん》」が成立《せいりつ》したのは室町時代《むろまちじだい》の末期《まっき》と言われています。ずる賢《がしこ》い猿《さる》が蟹《かに》をいじめて殺《ころ》し、殺された蟹の子が栗《くり》、蜂《はち》、昆布《こんぶ》、臼《うす》に助《たす》けられて仕返《しかえ》しするというお話《はなし》なのですが、登場人物《とうじょうじんぶつ》の猿、蟹や蜂たちが、人間《にんげん》を暗示《あんじ》していることは明《あき》らかです。

では、猿と蟹は何を象徴《しょうちょう》しているのでしょうか。現在《げんざい》の民俗学者《みんぞくがくしゃ》は、猿は狩猟採集《しゅりょうさいしゅう》の生活《せいかつ》を表《あらわ》し、蟹は農業《のうぎょう》を表していると言います。農耕《のうこう》生活を成立させているのは共《きょう》同作業《どうさぎょう》です。用水《ようすい》、田植《たう》えから刈入《かりい》れまで、共同で行《おこな》わなくてはなりません。ここから、子蟹と栗、蜂、昆布、臼、みんなが力《ちから》を合《あ》わせれば、ずる賢い猿にも勝《か》てるというストーリーになったのではないでしょうか。

今でも農作物《のうさくもつ》が猿に荒《あ》らされるといった猿被害《さるひがい》が各地《かくち》で報告《ほうこく》されていますが、昔もきっと同じだったことでしょう。現地《げんち》では、毎日猿駆除《まいにちさるくじょ》に大わらわですが、まるで猿と人間の知恵比《ちえくら》べ、現代版《げんだいばん》猿蟹合戦ですね。

さて、ここで掲載したものは、楠山正雄《くすやままさお》先生の作品《さくひん》「猿蟹合戦」(著作権《ちょさくけん》の保護期間《ほごきかん》を過《す》ぎたもの)に基《もと》づいています。

ずる賢《がしこ》い 약삭빠르다, 영악하다, 교활하다 | 蟹《かに》 게 | いじめ殺《ころ》す 괴롭혀 죽이다 | 栗《くり》 밤 | 蜂《はち》 벌 | 昆布《こんぶ》 다시마, 곤포 | 臼《うす》 절구, 맷돌 | 仕返《しかえ》しする 복수하다 | 暗示《あんじ》する 암시하다 | 象徴《しょうちょう》 상징 | 狩猟採集《しゅりょうさいしゅう》 수렵채집 | 農業《のうぎょう》 농업 | 農耕《のうこう》 농경 | 田植《たう》え 모내기 | 刈《か》り入《い》れ 수확, 추수 | 力《ちから》を合《あ》わせる 힘을 모으다 | ストーリー 스토리 | 荒《あ》らす 어지럽게 하다, 휩쓸다, 망가뜨리다 | 猿被害《さるひがい》 원숭이로 인한 피해 | ～ことだろう ~일 것이다 | 猿駆除《さるくじょ》 원숭이 구제 | 大《おお》わらわ 정신없이 일함, 머리가 어지럽게 흐트러짐 | 知恵比《ちえくら》べ 지혜 겨루기

一

昔むかし、あるところに、猿と蟹がいました。

ある日、猿と蟹はお天気がいいので、連れだって[1]遊びに出かけ[2]ました。その途中[3]、山道で猿が柿[4]の種を拾い[5]ました。しばらくして、今度は蟹が川の側でおむすび[6]を拾いました。

蟹が「こんなものを拾った」と言っておむすびを猿に見せると、猿も「俺もこんないいものを拾ったよ」と言って、柿の種を見せました。けれども[7]、猿はお腹[8]がとても空いていたので、おむすびがほしくて[9]なりません。そこで蟹に向かって、「どうだい。この柿の種と取り換え[10]ないか」と言いました。

「でも、おむすびの方が大きいじゃないか」、蟹が交換[11]を渋る[12]と、ずる賢い猿は、「でも、柿の種は蒔け[13]ば芽[14]が出て木になって、おいしい実[15]がなるよ」と言いました。「そう言われれば、確か[16]にそうだ」

蟹はとうとう[17]大きなおむすびと、小さな柿の種を取り換えてしまいました。

猿はうまく蟹を騙して[18]おむすびをもらうと、いかにも[19]うまそう[20]にむしゃむしゃ[21]食べました。そして、「蟹さん。どうもごちそうさま[22]」と言って、鼻歌[23]を歌いながら、山のうちへ帰っていきました。

二

蟹は、柿の種を、早速[24]庭に蒔きました。そして、「早く芽を出せ、柿の種。出さぬと、はさみ[25]でちょん切る[26]ぞ」と言いました。すると、まもなく[27]かわいらしい[28]芽がにょきんと[29]出ました。

絵：伊谷のりこ

蟹はその芽に向かって、毎日、「早く木になれ、柿の芽よ。ならぬと、はさみでちょん切るぞ」と言いながら、川から汲んで[30]きては[31]水をやりました。

すると、柿の芽はずんずん[32]大きな木になって、枝[33]が出て、葉[34]が茂り、やがて[35]花が咲きました。

蟹は、今度はその木に向かって、「早く実がなれ、柿の木よ。ならぬと、はさみでちょん切るぞ」と言いました。すると、柿の木にはたくさんの実がなって、ずんずん赤くなりました。

蟹は下から柿の木を見上げて[36]、「うまそうだなぁ。早く一つ食べてみたい[37]なぁ」と、手を伸ばして[38]みましたが、背が低いので、とても[39]木の枝には手が届き[40]ません。木の上に登ろ[41]うにも[42]、蟹は横ばい[43]ですから、すぐ下に落ちてしまいます。

蟹は毎日恨めし[44]そうに、柿の木を下から眺めて[45]いました。「ああ、おむすびと取りかえっこ[46]をするんじゃなかった」と後悔[47]し、もう諦め[48]かけて[49]いたところに猿がやってきました。猿はうまそう[50]な柿の実を見て、舌なめずり[51]しています。

蟹は猿を見ると、「猿さん、柿の実を取ってくれたら、お礼に柿を分けてあげるよ」と言いました。猿は「しめた![52]」と言わんばかり[53]の顔で、「よし、わかった。取って上げるから、待っておいで」と言うと、スルスル[54]木の上に登っていきました。

そして枝と枝との間にゆっくり腰をかけて[55]、うまそうな赤い柿を一つもいで[56]、わざと[57]「おいしい、おいしい」と言いながら、ムシャムシャ食べ始めました。蟹は羨まし[58]そうに、下から眺めていましたが、「自分ばかり[59]食べていないで、早くここへも放って[60]おくれよ」と言いました。

絵：伊谷のりこ

すると、猿は、「よし、よし」と言いながら、わざと青い柿をもいで、蟹に放りました。蟹は一口[61]食べるなり[62]、「ぺっ」と吐き出しました。「こんな渋い[63]のはだめだよ。もっと甘いのをおくれ」と言うと、猿はもっと青い実をもいで放りました。

蟹が、「これも渋くてだめだ。ほんとうに甘いのをおくれ」と言うので、猿はうるさく[64]なって、「そんなにほしけりゃ、これを食らえ[65]」と、一番青くて硬い柿の実を、蟹にめがけて[66]思い切り[67]投げつけ[68]ました。石のように硬い柿の実です。蟹の甲羅[69]はバリッと割れ、蟹は「ぎゃっ」と言ったなり、泡を吹いて[70]死んでしまいました。

猿は、「ちっ。うるさい蟹め、ざまを見ろ[71]」と吐き捨てる[72]ように言うと、甘い柿を独り占め[73]にして、たらふく[74]食べました。そして、両手に抱えきれない[75]ほどの柿を持つと、後も見ずに、山の方に逃げて行きました。

三

猿が行ってしまった後、裏の小川[76]へ友だちと水遊び[77]に行っていた子蟹《こがに》が帰ってきました。

見ると柿の木の下で、親蟹《おやがに》が甲羅[78]を砕かれて[79]死んでいます。子蟹はびっくり[80]して、おいおい[81]泣きながら、「いったい[82]誰がこんなひどい[83]ことをしたのか」と思って見ると、さっきまであれほど見事[84]に実って[85]いた柿の実がきれいになくなり、青い渋柿[86]ばかりが残っていました。

「こんなことをするのは、猿の奴[87]に違いない[88]」と、子蟹は悔しがって[89]、またおいおい泣き出しました。すると、そこへ栗がポンと跳ねて[90]やって来て、「蟹さん、蟹さん、なぜ泣くの」と聞きました。子蟹は泣きながら、「猿に親が殺されたから、仇[91]を討ちたい」と言いました。栗は、「憎い[92]猿だ。よしよし[93]、おじさんが仇をとってやるから、お泣きでない」と言いました。

絵：伊谷のりこ

それでも子蟹は泣きやみ[94]ません。すると、今度は蜂がブンブンと羽音[95]をたてながらやって来て、「蟹さん、蟹さん、なぜ泣くの」と聞きました。子蟹がかくかくしかじか[96]と話すと、蜂も「憎い猿だ。よしよし、おじさんが仇をとってやるから、お泣きでない」と言って、子蟹を励まし[97]ました。

それでも子蟹は泣きやみません。すると、今度は昆布がぬるぬる[98]と滑って[99]きて、「蟹さん、蟹さん、なぜ泣くの」と聞きました。

子蟹がまた事情を話すと、昆布も、「なんと憎い猿だ。おじさんが仇をとってやるから、お泣きでない」と言いました。

それでも、まだ子蟹は泣いています。すると、今度は臼がごろごろ[100]転がって[101]きて、「蟹さん、蟹さん、なぜ泣くの」と聞きました。臼もわけ[102]を聞いて、「憎い猿だ。よしよし、おじさんが仇をとってやるから、お泣きでない」と言いました。

子蟹はやっと[103]泣きやみ[104]ました。そこで、栗と蜂と昆布と臼は、どうやって猿に仇討ち[105]をするか、作戦[106]を練りました。

四

やっと作戦がまとまり[107]、臼と昆布と蜂と栗は、子蟹を連れて、猿のうちへ出かけて行きました。

猿は山へでも遊びに行っていたのでしょうか、家にはいませんでした。

「これはちょうどいいチャンスだ。今のうちに[108]打ち合わせ[109]どおり、家の中に隠れて、猿の帰りを待っていよう」と臼が言うと、栗は「私はここに隠れよう」と言って、囲炉裏[110]の灰の中に潜り込み[111]ました。

蜂は「じゃ、私はここにする」と言いながら、水がめ[112]の陰に隠れました。「私はここさ」と、昆布は敷居[113]の上に長々[114]と寝そべり[115]ました。臼は「じゃ、私はここに乗っていよう」と言って、かもい[116]の上に這い上がり[117]ました。

夕方になって、猿が帰って来ました。そして炉端[118]にどっかり[119]と座り込んで[120]、「ああ、喉が渇いた[121]」と言いながら、やかん[122]に手をかけました[123]。すると、待ってましたとばかりに[124]、灰の中に隠れていた栗が「ばちーん」と弾けて[125]、猿の鼻に飛びつきました[126]。

「熱い、熱い、あっちっち」と猿は叫んで、鼻面[127]を押さえながら[128]、台所へ駆け出しました。そしてやけど[129]を冷やそう[130]と、水がめの上に顔を出したときです。今度は隠れていた蜂がブーンと飛び出してきてブスリ。猿の目を嫌というほど[131]刺しました[132]。

「痛い、痛い、痛たたた」と猿は叫ぶと、大慌てで[133]表へ逃げ出しました。そのとき、敷居の上に寝ていた昆布の上に足を乗せたものですから、つるりと[134]滑って、ドテーン。腹ばい[135]に倒れてしまいました。

それを見た臼が、上からドシンと飛び降りて[136]、猿を押しつぶしました[137]。

猿は赤い顔をありったけ[138]赤くして苦しがり、うんうん唸り[139]ながら、手足をバタバタ[140]させますが、重い臼はびくともしません[141]。

絵：伊谷のりこ

そのとき、庭の隅[142]から子蟹がちょろちょろ[143]這い出して[144]きて、「親の仇[145]、覚えたか」と言うが早いか、大きな爪[146]で猿の首をちょん切ってしまいました。

一

1 連《つ》れだつ 동행하다, 함께 가다 2 出《で》かける 외출하다, 나가다 3 途中《とちゅう》 도중 4 柿《かき》の種《たね》 감씨 5 拾《ひろ》う 줍다 6 おむすび 주먹밥 7 けれども 하지만, 그렇지만 8 お腹《なか》が空《す》く 배가 고프다 9 ～てならない ~해서 견딜 수가 없다 10 取《と》り換《か》える 바꾸다, 교환하다 11 交《こう》換《かん》 교환 12 渋《しぶ》る 원활하지 않다, 지체되다, 망설이다 13 蒔《ま》く 뿌리다 14 芽《め》が出《で》る 싹이 트다 15 実《み》がなる 열매가 되다 16 確《たし》かに 확실히, 분명히 17 とうとう 드디어, 마침내 18 騙《だま》す 속이다 19 いかにも 아무리 봐도, 아무리 생각해도, 자못, 정말이지 20 うまい 맛있다, 잘하다 21 むしゃむしゃ 게걸스럽게, 우적우적 22 ごちそうさま 잘 먹었습니다 23 鼻歌《はなうた》 콧노래

二

24 早速《さっそく》 곧, 즉시 25 はさみ 가위 26 ちょん切《ぎ》る 싹뚝(댕강) 자르다 27 まもなく 머지않아, 얼마 안 되어 28 かわいらしい 귀엽다 29 にょきん 쑥하고 30 汲《く》む (물 등을) 긷다, 푸다, 퍼담다, 따르다 31 ～ては ~하고는(반복) 32 ずんずん 성큼성큼, 부쩍부쩍 33 枝《えだ》 가지 34 葉《は》が茂《しげ》る 잎이 우거지다, 잎이 무성해지다 35 やがて 이윽고 36 見《み》上《あ》げる 올려다 보다 37 ～てみたい ~해 보고 싶다 38 手《て》を伸《の》ばす 손을 뻗치다, 손을 내밀다 39 とても～ない 도저히 ~하지 못하다 40 手《て》が届《とど》く 손이 닿다 41 登《のぼ》る 오르다 42 ～(よ)うにも ~하려고 해도 43 横《よこ》ばい 게 걸음, 보합 44 恨《うら》めしい 원망스럽다, 한스럽다, 유감스럽다 45 眺《なが》める 바라보다 46 取《と》りかえっこ 교환 47 後悔《こうかい》する 후회하다 48 諦《あきら》める 포기하다 49 ～かける ~하기 시작하다, ~하다말다 50 うまそう 맛있어 보임 51 舌《した》なめずりする 혀로 입술을 핥다, (먹이 등을) 잔뜩 벼르고 기다리다 52 しめた 됐다! 53 ～と言《い》わんばかり 마치 ~이라고 말하는 듯이 54 スルスル 미끄러지듯, 스르르, 술술(거침없이) 55 腰《こし》をかける 걸터앉다 56 もぐ 비틀어 따다 57 わざと 일부러, 고의로 58 羨《うらや》ましい 부럽다 59 ～ばかり ~만, ~뿐 60 放《ほう》る 내던지다, 집어치우다 61 一口《ひとくち》 한 입, 한마디 62 ～なり ~하자마자 63 渋《しぶ》い 떫다, 수수하면서도 깊은 맛이 있다 64 うるさい 시끄럽다 65 食《く》らえ 먹어라 66 めがける 목표로 하다, 노리다 67 思《おも》い切《き》り 마음껏, 실컷 68 投《な》げつける 세게 던지다 69 甲羅《こうら》が割《わ》れる 등딱지가 벌어지다 70 泡《あわ》を吹《ふ》く 거품을 뿜다 71 ざまを見《み》ろ 꼴을 봐라 72 吐《は》き捨《す》てる 뱉어 버리다 73 独《ひと》り占《じ》め 독차지, 독점 74 たらふく 배불리, 배터지게, 실컷 75 抱《かか》えきれない 다 안을 수 없다

三

76 小川《おがわ》 작은 내, 시내, 실개천 77 水遊《みずあそ》び 물놀이 78 甲羅《こうら》 등딱지 79 砕《くだ》く (단단한 것을) 부수다, 깨뜨리다, 꺾다 80 びっくりする 깜짝 놀라다 81 おいおい 엉엉, 어이어이 82 いったい 도대체 83 ひどい 심하다 84 見事《みごと》 훌륭함, 멋짐, 뛰어남 85 実《みの》る 열매 맺다, 결실을 맺다 86 渋柿《しぶがき》 떫은 감, 날감 87 奴《やつ》 놈, 녀석 88 ～に違《ちが》いない ~임에 틀림없다 89 悔《くや》しがる 분해하다, 억울해하다 90 跳《は》ねる 뛰다, 뛰어오르다, 튀다, 팔팔하다 91 仇《かたき》を討《う》つ 원수를 갚다 92 憎《にく》い 밉다, 밉살스럽다 93 よしよし 좋아좋아 94 ～やむ (동사 ます형에 붙어) ~하기를 그치다, ~을 그만두다 95 羽音《はおと》をたてる 날개소리를 내다 96 かくかくしかじか 이러이러 여차여차 97 励《はげ》ます 격려하다 98 ぬるぬる 미끈미끈한 것,

미끈미끈, 번드르르 99 滑《すべ》る 미끄러지다 100 ごろごろ 데굴데굴, 빈둥빈둥 101 転《ころ》がる 구르다 102 わけ 까닭, 이유 103 やっと 겨우 104 泣《な》きやむ 울음을 그치다 105 仇《かたき》討《う》ち 원수를 갚음, 복수 106 作戦《さくせん》を練《ね》る 작전을 짜다

四

107 まとまる 합쳐지다, 통합되다, 정리되다, 성립되다 108 ～うちに ~동안에 109 打《う》ち合《あ》わせどおり 협의대로, 의논대로 110 囲炉裏《いろり》 난로, 화로 111 潜《もぐ》り込《こ》む 잠입하다, 몰래 들어가다 112 水《みず》がめの陰《かげ》 물항아리 뒤쪽 113 敷居《しきい》 문지방, 문턱 114 長々《ながなが》と 오래도록, 길게, 장황하게 115 寝《ね》そべる 엎드려 눕다, 배를 깔고 눕다 116 かもい 윗미닫이틀 117 這《は》い上《あ》がる 기어오르다, 고난을 극복하고 어느 지위에 오르다 118 炉端《ろばた》 화롯가 119 どっかり 털썩, 쿵(무거운 것), 의젓하게 자리잡고 앉은 모양 120 座《すわ》り込《こ》む 주저앉다, 눌러앉다 121 喉《のど》が渇《かわ》く 목이 마르다 122 やかん 주전자 123 手《て》をかける 손을 걸다, 손을 대다 124 ～とばかりに 마치 ~할 듯이 125 弾《はじ》ける 사방으로 튀다, 여물어 터지다 126 飛《と》びつく 달려들다, 덤벼들다 127 鼻面《はなづら》 콧등, 콧끝 128 押《お》さえる 누르다, 갖다 대다, 붙잡다 129 やけど 화상 130 冷《ひ》やす 식히다 131 嫌《いや》というほど 물리도록, 실컷, 몹시, 심히 132 刺《さ》す 찌르다, 꿰다, 쏘다, 물다 133 大慌《おおあわ》て 몹시 당황함 134 つるりと 매끈매끈, 반들반들 135 腹《はら》ばい 배를 땅에 대고 김, 포복, 배를 깔고 엎드림 136 飛《と》び降《お》りる 뛰어내리다 137 押《お》しつぶす 눌러 부수다, 으깨다, 무너뜨리다 138 ありったけ 있는대로, 죄다, 모조리 139 唸《うな》る 끙끙거리다(사람), 신음하다, (동물 등이) 으르렁거리다 140 バタバタさせる 퍼드덕거리다, 동동거리다 141 びくともしない 꿈쩍도 하지 않는다 142 隅《すみ》 구석 143 ちょろちょろ 졸졸(물), 홀홀(타는 모양), 조르르(작은 것) 144 這《は》い出《だ》す 기어 나오다, 기기 시작하다 145 親《おや》の仇《かたき》 부모의 원수 146 爪《つめ》 손톱

표현 문형

1 ～ては ~하고는 / 접속 : 동사(て형) + ては(반복)

···▸ 私は海辺《うみべ》の宿《やど》で、寄《よ》せては返《かえ》す波《なみ》の音を聞いていた。

나는 바닷가 숙소에서 밀려왔다 밀려가는 파도소리를 듣고 있었다.

···▸ 母は交通事故《こうつうじこ》で亡《な》くした息子の写真を見ては涙していた。

어머니는 교통사고로 죽은 아들의 사진을 보고는 눈물을 흘리고 있었다.

···▸ 彼女をデートに誘《さそ》ったが、誘っては断《ことわ》られ、誘っては断られた。

그녀에게 데이트 신청을 했지만, 신청하고는 거절당하고, 신청하고는 거절당했다.

2 ～ばかり ~만, ~뿐 / 접속 : 명사(+ 조사), 동사(る, て), い형용사(い), な형용사(な) + ばかり

···▸ 彼は嘘《うそ》ばかりつくので、誰も彼の言葉を信じなくなった。

그는 거짓말만 하니까, 아무도 그의 말을 믿지 않았다.

···▸ 遊《あそ》んでばかりいないで、少《すこ》しは勉強しなさい。

놀고만 있지 말고, 조금은 공부해라.

···▸ 彼女はうつむいて、何を聞《き》いても、ただ泣《な》くばかりだった。

그녀는 고개를 숙이고, 무엇을 물어도 그저 울기만 했다.

3 ～うちに ~동안에 / 접속 : 동사(る, ている, ない), 명사(の) + うちに

⋯▸ 鉄《てつ》は熱《あつ》いうちに打て。

쇠는 뜨거울 동안에 쳐라.

⋯▸ 生きてるうちが花なのさ。死んで花《はな》実《み》が咲くものか。

살아 있는 동안이 꽃이야. 죽은 후에 꽃과 열매가 맺히겠는가.

⋯▸ 午前中のうちに仕事をすませましょう。

오전 중에 일을 끝냅시다.

4 ～が早いか ~하자마자 / 접속 : 동사(る) + が早いか

⋯▸ バスが着くが早いか、乗客《じょうきゃく》は先を競《きそ》って乗《の》り込《こ》んだ。

버스가 도착하자마자, 승객은 앞을 다투어 올라탔다.

⋯▸ 主人《しゅじん》の足音《あしおと》を聞くが早いか、子犬《こいぬ》は駆《か》け寄《よ》ってきた。

남편의 발소리를 듣자마자, 강아지는 달려왔다.

⋯▸ 店《みせ》が開《ひら》くが早いか、お客はバーゲン会場に殺到《さっとう》した。

가게가 열리자마자, 손님은 바겐세일 매장으로 쇄도했다.

확인 문제

● 실력을 확인해 보세요.

1 適当なものを選んで、文を完成させてください。

1. にも / と言わんばかり / なり / うちに / が早いか

① 警察《けいさつ》は、「お前が犯人だろ」(　　　　)の態度《たいど》で男を尋問《じんもん》した。

② 善は急げと言うから、早い(　　　　)この企画に着手《ちゃくしゅ》した方がいい。

③ 君の行き先がわからなくて、連絡しよう(　　　　)連絡できない。

④ 娘が部屋に入った(　　　　)、いくら呼んでも出てこないんです。

⑤ 犯人はオートバイに乗る(　　　　)、フルスピードで逃げていった。

2. ことだろう / みたい / かける / だす / やむ

① 会社を辞めるだなんて、突然《とつぜん》何を言い(　　　　)んだよ。

② 雨が降り(　　　　)のを待って、出かけましょう。

③ お前が生まれたとき、私もお母さんも、どんなに喜んだ(　　　　)。

④ 私が会社から帰り(　　　　)と、部長から呼び止められた。

⑤ あなたは、何かこの会社で取り組んで(　　　　)ことがありますか。

2 文章の内容と合っているものに○、合っていないものに×を入れてください。

①( ) 蟹は、最初は自分のおむすびと柿の種を交換したくありませんでした。

②( ) 柿の木は成長し、実をつけましたが、なかなか赤く熟しませんでした。

③( ) 猿は蟹に柿の実を取ってほしいと言われ、しかたなく引き受けました。

④( ) 子蟹は親蟹が殺されているのを見て、犯人は猿だとすぐわかりました。

⑤( ) 子蟹は、どうしても殺された親の仇を取りたいと思いました。

⑥( ) 子蟹は、栗、蜂、昆布、臼に、仇討ちに協力してほしいと頼みました。

⑦( ) 栗、蜂、昆布、臼が猿の家の中に隠れると、すぐに猿は帰ってきました。

⑧( ) 栗、蜂、昆布、臼は、どうやって猿を攻撃するか事前に決めていました。

⑨( ) 猿は栗に攻撃されたとき、子蟹が親の仇討ちに来たことを知りました。

Part 14 牛方《うしかた》と山姥《やまんば》

Track 14

이야기 해설

山姥《やまんば》の伝説《でんせつ》は全国《ぜんこく》の山村《さんそん》に分布《ぶんぷ》しています。その多《おお》くは、山道《やまみち》に迷《まよ》った旅人《たびびと》に宿《やど》を提供《ていきょう》し、初《はじ》めはきれいな婦人《ふじん》の格好《かっこう》をして食事《しょくじ》を与《あた》え、旅人が寝入《ねい》った後《あと》で殺して食べる恐《おそ》ろしい妖怪《ようかい》として語《かた》られています。しかし、民話《みんわ》「足柄山《あしがらやま》の金太郎《きんたろう》」の育《そだ》ての親は山姥で、母性豊《ぼせいゆた》かな女性《じょせい》として描《えが》かれていますし、高知県《こうちけん》では山姥は「福《ふく》の神《かみ》」、「守護神《しゅごしん》」として祀《まつ》られていますから、決して恐ろしい妖怪とばかりは言えないと思うのです。

さて、山姥とは何かということですが、「遠野物語《とおのものがたり》」には、「山に捨《す》てられた狂人《きょうじん》、山の神に娶《めと》られた娘《むすめ》、山《やま》人《びと》にさらわれた女たちが山姥になった」と書かれています。その他《ほか》にも、口減《くちべ》らしのために山に捨てられた老婆《ろうば》(姥《うば》捨《す》て山)が姿《すがた》を変《か》えたものという人もいます。

「山姥と金太郎」喜多川歌麿作

では、いろいろある山姥伝説の中で、最《もっと》もポピュラーで恐ろしい、山形県《やまがたけん》の米沢《よねざわ》に伝《つた》わる「牛方《うしかた》と山姥」というお話をしましょう。

山姥《やまんば》(= 山姥《やまうば》) 깊은 산속에 살고 있다는 마귀할멈 | 伝説《でんせつ》 전설 | 分布《ぶんぷ》する 분포하다 | 山道《やまみち》に迷《まよ》う 산길을 헤매다 | 旅人《たびびと》 나그네, 여행자 | 宿《やど》を提供《ていきょう》する 숙소를 제공하다 | 格好《かっこう》 모습, 형색, 꼴 | 与《あた》える 주다 | 寝入《ねい》る 잠들다, 잠자리에 들다, 깊이 잠들다 | ～として ~으로서 | 妖怪《ようかい》 요괴 | 育《そだ》ての親《おや》 길러준 부모 | 母性豊《ぼせいゆた》か 모성애가 풍부함 | 描《えが》く 그리다, 묘사하다 | 福《ふく》の神《かみ》 복신, 복을 가져다 준다는 신 | 守護神《しゅごしん》 수호신 | 祀《まつ》る 제사 지내다, 신으로 받들어 모시다 | 狂人《きょうじん》 광인, 미친 사람 | 娶《めと》る 아내로 맞다, 장가들다 | さらう 날치기하다, 유괴하다, 채다 | 口減《くちべ》らし 부양하여야 할 식구를 줄임 | ポピュラー 포퓰러, 대중적, 통속적 | 牛方《うしかた》(= 牛《うし》追《お》い) 소몰이

一

昔むかし、荷物の運搬を生業[1]としている、牛方《うしかた》の勘助《かんすけ》という若者がいました。ある日の夕方、勘助がたくさんの塩鯖[2]を積んだ牛二頭を連れて高い峠[3]にさしかかった[4]とき、生暖かい[5]風がスーッと吹き抜けた[6]かと思うと[7]、後ろから「勘助や、勘助」と呼ぶ声がしました。

「こんな所で、誰がオラの名を？」、不審[8]に思って振り向く[9]と、そこには、鼠色[10]のぼろぼろ[11]の着物を着て、痩せこけた[12]一人の老婆が立っていました。

老婆は勘助を呼び止めると、「勘助や、その塩鯖を一匹くれや」と言いました。勘助が「これは庄屋[13]さまに届けるものだで、誰にもやれねぇ」と答えると、恐ろしい形相[14]で、「そんなことを言うと、塩鯖も牛も、おめえも喰っちまうぞ」と脅し[15]ました。

このとき勘助は、襟元[16]から水をかけられたようにぞっと[17]しました。この山には人を喰う山姥《やまんば》が住んでいるという言い伝えを思い出したからです。

勘助はぶるぶる[18]震え[19]ながら、荷の中から塩鯖を一匹さしだしました。すると、老婆は奪うように塩鯖を掴《つか》むと、頭からガブリと噛《か》みつき、ガツガツと尻尾の先まで、骨ごと[20]食べてしまいました。老婆はぺろり[21]と口をなめ回す[22]と、「勘助、塩鯖をもう一匹くれや」と言います。また一匹抜き取ってやると、ぱくりと食べて、また「もう一枚」とせがみます[23]。

山姥に違いありません。勘助はいよいよ[24]恐ろしくなり、塩鯖を一匹、また一匹と投げながら、必死[25]で逃げました。山姥は塩鯖を食べては[26]、勘助を追いかけ[27]ます。そのうち[28]塩鯖は全部[29]なく

なってしまいました。振り返る[30]と、山姥はすぐ後ろに迫っ[31]ています。

「勘助！その牛を喰わせろ[32]！喰わせねぇと、おめえも喰っちまうぞ[33]！」と怒鳴り[34]ました。勘助は恐怖[35]のあまり、牛も捨てて夢中[36]で逃げ出しました。後ろの方で牛が鳴き、「メシメシッ！ボキッ！ゴグッ！」と、山姥が牛を喰う大きな音が聞こえてきました。

このままでは自分も食べられてしまいます。勘助は死に物狂い[37]で逃げました。後から「勘助！待たぬか〜！」と恐ろしい声が迫ってきます。勘助は逃げて逃げて、逃げました。

二

逃げて逃げて、どれほど山を下ったでしょうか、勘助は月明かり[38]の中で、一軒[39]の家を見つけました。「ああ、ここまで来れば大丈夫だ。食われずに済んだ」と、家の戸を叩きました。しかし、返事がありません。勘助はこれを幸い[40]と中に入ると、二階に積ん[41]であった藁[42]の中へ潜り込ん[43]で隠れ[44]ました。

しばらくして、誰か帰って来たような気配[45]がしました。息を殺して[46]聞いていると、「せっかく[47]牛方を喰ってやろうと思っていたのに、逃げられてしまったわい」と言いながら、囲炉裏[48]の火をおこし[49]始めました。なんと[50]そこは山姥の住みか[51]だったのです。勘助は、いつ見つかる[52]かと生きた心地がしません[53]。

そのうち、山姥はまだ食べ足りない[54]のか、網[55]に餅を乗せて焼き始めました。

ところが[56]、山姥も走り疲れたのか、そのうちコクリコクリ[57]と居眠り[58]を始めました。餅の焼ける[59]いい匂い[60]がプ〜ンと天井裏[61]にまで漂って[62]きます。思えば、勘助はお昼から何も食べていません。お腹がグーッと鳴っています。勘助はとうとうがまん[63]できなくなって、天井裏に積んであった茅[64]を一本抜き取る[65]と、網の上にある餅に突き刺して[66]、そっと[67]持ち上げ[68]、ムシャムシャ[69]食べました。

すると、牛方が食べている音を聞きつけた[70]山姥が目を覚まし、餅が減っているのに気がつき[71]ました。

「誰がわしの餅を喰った！」

勘助は鼠[72]の真似[73]をして、「火の神、火の神」と言いました。山姥は「火の神が食べたのなら仕方[74]がない」と、今度は鍋[75]を持ってきて、甘酒[76]を暖め[77]始めました。そして、また山姥はうとうと[78]し始めました。

それを見た勘助は、天井裏から茅を鍋の中に伸ばすと、甘酒を残らず[79]吸ってしまいました。しばらく[80]して目を覚ました山姥は、「誰がわしの甘酒を飲んだ！」と怒鳴りました。勘助は、また鼠の真似をして、「火の神、火の神」と言いました。

山姥は、「また火の神の仕業[81]か、今日はよくよく[82]ついて[83]おらん。こんな日は早く寝るに限る[84]」と、ぶつぶつ[85]言っています。

三

やがて山姥は、「ああ、眠くなった。今夜はどこに寝よう[86]かな、下に寝ようか、二階に寝ようか。やはり二階の方が涼しいかな」と言って立ち上がりました。勘助は「もう今度こそ[87]助からない」と思いました。そして、「観音さま、観音さま、どうぞお助けくださいまし」と必死に念じ[88]ました。

すると山姥は、大きなあくび[89]をして、「二階に寝ると鼠が騒ぐ[90]。臼の中は蜘蛛[91]の巣だらけ[92]。石の櫃[93]は冷たいから、やっぱり[94]木の櫃にするか」と独り言[95]を言って、木の櫃の中に入ると、蓋[96]を閉めてグウグウ[97]と大いびき[98]をかきながら眠ってしまいました。

勘助は忍び足[99]で天井裏から降りると、山姥の寝ている櫃の蓋の上に、石臼[100]やら[101]瓶[102]やら、重いものを置いて、開けられないようにしました。そして囲炉裏に鍋を掛けると、たくさんのお湯をグラグラ[103]沸かしました。そして錐[104]を持ってきて、キリキリ[105]と櫃の蓋に穴を開けました。

山姥はうとうとしながら、「ああ、キリキリ虫が鳴いとるの」と言って、また眠ってしまいました。勘助はここぞとばかりに[106]、錐で開けた穴から熱湯を注ぎ込み[107]ました。中からは悲鳴がし、ドンドン[108]蓋を叩く音がします。勘助は、「蓋が割れたらそれまでだ[109]。観音さま、どうか私をお助けください」と声を限りに[110]唱え[111]ながら、熱湯を注ぎ込み続けました。

やがてお湯は一杯になり、櫃から流れ出し、中からは何も聞こえなくなりました。勘助は気が抜けた[112]ように、その場にへたり込み[113]ました。

「ああ、助かった。だが、塩鯖も牛も喰われてしもうたし、どうしたものじゃろう」

勘助は困り果てて[114]いました。その時です。湯気[115]が立ちこめた[116]部屋の奥に、ぼーっと[117]絹[118]やら金やら色んな宝物[119]が見えるではありませんか。

「ああ、これでまた牛を買って商売ができる」

勘助は宝物を持って、山を降りました。もう東の空は赤らみ[120]、朝陽が顔をのぞかせて[121]いました。

長沢蘆雪　絹本著色山姥図
（重要文化財，厳島神社蔵）

一

1 生業《せいぎょう》 생업 2 塩鯖《しおさば》 자반 고등어 3 峠《とうげ》 고개, 고비 4 さしかかる 막 당도하다, 다다르다, 접어들다 5 生暖《なまあたた》かい 뜨뜻미지근하다 6 吹《ふ》き抜《ぬ》ける 바람이 지나가다, 불길이 솟아 위로 빠지다 7 ～かと思うと ~인가 싶더니 8 不審《ふしん》 수상함, 의심스러움 9 振《ふ》り向《む》く 뒤돌아보다 10 鼠色《ねずみいろ》 쥐색 11 ぼろぼろ 너덜너덜함 12 痩《や》せこける 몹시 마르다, 앙상해지다 13 庄屋《しょうや》 마을의 사무를 맡아 보는 사람, 지금의 촌장 14 形相《ぎょうそう》 형상, (무서운) 안색 15 脅《おど》す 협박하다, 놀라게 하다 16 襟元《えりもと》 목 언저리, 옷깃 언저리 17 ぞっとする 오싹하다, 소름이 끼치다 18 ぶるぶる 벌벌, 와들와들, 부들부들 19 震《ふる》える 떨다 20 骨《ほね》ごと 뼈째 21 ぺろりと 날름, 순식간에 먹어치우는 모양 22 なめ回《まわ》す 구석구석까지 핥다 23 せがむ 조르다 24 いよいよ 드디어, 마침내 25 必死《ひっし》 필사 26 ～ては ~하고는(반복) 27 追《お》いかける 뒤쫓아가다 28 そのうち 그 사이에, 일간, 머지않아 29 全部《ぜんぶ》 전부 30 振《ふ》り返《かえ》る 뒤돌아보다, 회고하다 31 迫《せま》る 다가오다, 직면하다, 임박하다 32 喰《く》う 먹다 33 おめえ(=お前《まえ》) 너(남자) 34 怒鳴《どな》る 소리치다, 호통치다 35 恐怖《きょうふ》 공포 36 夢中《むちゅう》 열중함, 정신이 없음 37 死《し》に物狂《ものぐる》い 결사적인 몸부림, 필사적으로 발버둥침

二

38 月明《つきあ》かり 달빛, 달빛으로 밝음 39 一軒《いっけん》 한 채 40 これを幸《さいわ》いと 마침 잘됐다고 41 積《つ》む 쌓다, 거듭하다, 싣다 42 藁《わら》 짚 43 潜《もぐ》り込《こ》む 잠입하다, 몰래 들어가다 44 隠《かく》れる 숨기다, 감추다 45 気配《けはい》がする 낌새가 있다 46 息《いき》を殺《ころ》す 숨을 죽이다 47 せっかく 모처럼 48 囲炉裏《いろり》 난로, 화로 49 火《ひ》をおこす 불을 피우다 50 なんと 놀랍게도, 이 얼마나 51 住《す》みか 거처, 집 52 見《み》つかる 발견되다 53 生《い》きた心地《ここち》 살아 있는 기분 54 食《た》べ足《た》りない 먹는 것이 부족하다, 배가 덜 차다 55 網《あみ》 망, 그물 56 ところが 그렇지만 57 コクリコクリ 꾸벅꾸벅(조는 모양), 끄덕끄덕(승낙하는 모양) 58 居眠《いねむ》り 앉아서 졺, 말뚝잠 59 焼《や》ける 구워지다, 타다 60 匂《にお》い 냄새 61 天井裏《てんじょううら》 지붕 밑 62 漂《ただよ》う 표류하다, 정처없이 떠돌다 63 がまんする 참다 64 茅《かや》 억새풀 65 抜《ぬ》き取《と》る 뽑아내다, 빼내다, 골라내다 66 突《つ》き刺《さ》す 깊이 찌르다, 상대방의 아픈데를 찌르다 67 そっと 살그머니, 조용히, 가만히 68 持《も》ち上《あ》げる 들어올리다, 일으키다, 치켜세우다 69 ムシャムシャ 우적우적, 게걸스럽게 70 聞《き》きつける 우연히 들어서 알다, 들어서 귀에 익다 71 気《き》がつく 정신이 들다, 깨닫다 72 鼠《ねずみ》 쥐 73 真似《まね》をする 흉내를 내다 74 仕方《しかた》がない 어쩔 수 없다 75 鍋《なべ》 냄비 76 甘酒《あまざけ》 단술 77 暖《あたた》める 데우다, 따뜻하게 하다 78 うとうとする 꾸벅꾸벅 졸다 79 残《のこ》らず 남김없이 80 しばらくして 잠시 후 81 仕業《しわざ》 소행, 짓 82 よくよく 매우, 무척 83 ついていない 재수없다 84 ～に限《かぎ》る ~이 제일이다, ~이 최고다 85 ぶつぶつ言《い》う 투덜거리다(불평, 불만)

三

86 ～(よ)うか～(よ)うか (동사의 의지형에 붙어) ~할까 ~할까 87 ～こそ ~이야말로 88 念《ねん》じる 항상 마음에 두고 생각하다, 마음속으로 빌다 89 あくび 하품 90 騒《さわ》ぐ 떠들다, 소란스럽게 하다 91 蜘蛛《くも》の巣《す》 거미집 92 ～だらけ ~투성이 93 櫃《ひつ》 궤, 뚜껑이 위로 열리는 큰 상자

94 やっぱり 역시 95 独《ひと》り言《ごと》 혼잣말 96 蓋《ふた》を閉《し》める 뚜껑을 닫다 97 グウグウ 쿨쿨, 코고는 소리 98 大《おお》いびきをかく 코를 크게 골다 99 忍《しの》び足《あし》 발소리를 죽이고 걷는 걸음, 살금살금 걷는 걸음 100 石臼《いしうす》 돌절구, 맷돌 101 ～やら～やら ~와 ~와, ~하기도 하고 ~하기도 하고 102 瓶《かめ》 단지, 항아리, 꽃병 103 グラグラ 부글부글(물이 끓는 모양), 흔들흔들 104 錐《きり》 송곳 105 キリキリ 삐걱 삐걱, 뱅뱅, 팽팽하게 106 ここぞとばかりに 여기라는 듯이 107 注《そそ》ぎ込《こ》む 흘러들어가게 하다, 열중하다 108 ドンドン 탕탕, 쿵쿵 109 ～たらそれまでだ ~하면 그뿐이다, ~하면 끝장이다 110 声《こえ》を限《かぎ》りに 목청껏 111 唱《とな》える 외치다 112 気《き》が抜《ぬ》ける 맥이 빠지다, 정신이 나가다 113 へたり込《こ》む 털썩 주저앉다, 기진하여 일어서지 못하다 114 困《こま》り果《は》てる 곤경에 빠지다, 몹시 난감해지다 115 湯《ゆ》気《げ》 수증기, 김 116 立《た》ちこめる (연기나 안개 등이) 자욱이 끼다 117 ぼーっと 확(불이 갑자기 붙는 모양), 멍한 모양 118 絹《きぬ》 비단, 견직물 119 宝物《たからもの》 보물 120 赤《あか》らむ 붉어지다 121 顔《かお》をのぞかせる(のぞく 의 사역형) 얼굴을 슬쩍 내비치다

표현 문형

1 ~かと思うと ~인가 싶더니, ~했는가 생각하자 / 접속 : 동사(た형) + かと思うと

···› 父は家に帰ったかと思うと、すぐに出かけていった。
아버지는 집에 돌아갔나 싶더니, 금방 나갔다.

···› 一つ解決《かいけつ》したかと思うと、また一つ、次から次へと問題が出てくる。
하나 해결되었나 싶더니, 또 하나 연달아 문제가 나온다.

2 ~ずに済む ~하지 않고 끝나다 / 접속 : 동사(ない형) + ずに済む

···› けがも軽くて済み、大事に至《いた》らずに済んだのは何よりでした。
상처도 가볍게 끝나서, 큰일에 이르지 않고 끝난 것은 가장 좋았습니다.

···› 首《くび》にならずに済んだだけでも、ありがたいと思え。
해고되지 않고 끝난 것만으로도 고맙다고 생각해.

···› やらずに済むなら、それに越《こ》したことはない。
하지 않고 끝난다면, 그보다 더 좋은 일은 없다.

3 ~に限る ~이 제일이다, ~이 최고다 / 접속 : 동사(る, ない), い형용사(い), な형용사(に), 명사 + に限る

···› 疲《つか》れたときは何も考えず、ゆっくり休《やす》むに限ります。
피곤할 때는 아무것도 생각하지 말고, 푹 쉬는 것이 최고입니다.

···› サービスが似《に》たり寄《よ》ったりなら、ホテルは安いに限るよ。
서비스가 비슷하다면, 호텔은 싼 것이 제일이야.

···› 無理はしないに限る。無理はきっとどこかで破綻《はたん》するからね。
무리는 하지 않는 것이 제일이야. 무리는 틀림없이 어딘가에서 파탄날 테니까.

4 ~だらけ ~투성이 / 접속 : 명사 + だらけ

···▸ 借金だらけで、首が回りません。
빚투성이로, 옴짝달싹 못 합니다.

···▸ その男は、血《ち》だらけになって、そこに倒《たお》れていた。
그 남자는 피투성이가 되어, 그곳에 쓰러져 있었다.

···▸ 汚《きたな》い部屋ねえ。ほこりだらけじゃないの。
더러운 방이군. 먼지투성이잖아.

5 ~たらそれまでだ ~하면 그뿐이다, ~하면 끝장이다 / 접속 : 동사(た형) + たらそれまでだ

···▸ 万引《まんび》きなんかやめろよ。見つかったらそれまでだ。
물건을 훔치는 따위는 그만둬. 들키면 끝장이야.

···▸ これこそ千載一遇《せんざいいちぐう》の好機《こうき》、この機会《きかい》を逃したらそれまでだ。
이것이야말로 천재일우의 좋은 기회, 이 기회를 놓치면 끝장이야.

···▸ ここで諦めたらそれまでだ。今までの苦労が水の泡となる。
여기서 포기하면 끝장이야. 지금까지 한 고생이 물거품이 돼.

확인 문제

• 실력을 확인해 보세요.

Part 14

1 適当なものを選んで、文を完成させてください。

1. かと思うと / こそ / だらけ / やら / それまで

① こんな誤字《ごじ》(　　　)のレポートなんか、読む気にもなれない。

② その時の彼女は、泣く(　　　)騒ぐ(　　　)大変だった。

③ 父は家の帰ってきた(　　　)、すぐに着替えて飛び出していった。

④ 人間にとって、夢(　　　)進歩と創造《そうぞう》の原動力なのだ。

⑤ 人間、何があったにせよ、死んでしまったら(　　　)だよ。

2. いよいよ / また / なんと / とうとう / やはり

① 万里《ばんり》の長城《ちょうじょう》の(　　　)雄大《ゆうだい》なこと。とても言葉で表せないよ。

② 関東《かんとう》地域にあった古代王朝の遺跡《いせき》を(　　　)発見した。

③ 彼は教養《きょうよう》もあり、(　　　)人格も優れている。

④ 年をとって住むなら、(　　　)医療施設の整《ととの》った都会がいいね。

⑤ さあ、(　　　)待ちに待った初《はつ》オートレースだ。

2 文章の内容と合っているものに○、合っていないものに×を入れてください。

①( ) 牛方の勘助を呼び止めたのは、人を喰うという噂のある山姥でした。

②( ) 山姥は塩鯖さえもらえれば、勘助まで喰うつもりはありませんでした。

③( ) 勘助は山姥に塩鯖を投げて喰わせ、その間に逃げようとしました。

④( ) 勘助は山を下って逃げましたが、一軒の家を見つけてほっとしました。

⑤( ) 勘助は二階の藁の中に隠れて、下の階の山姥の様子を見ていました。

⑥( ) 山姥は焼いた餅を食べてお腹がいっぱいになり、居眠りを始めました。

⑦( ) 勘助は山姥が居眠りをしている間に、餅を全部食べてしまいました。

⑧( ) 山姥は木の櫃の中で寝ることにしたのは、石の櫃より涼しいからです。

⑨( ) 勘助は木の櫃の蓋の上に重い物を載せて、開けられないようにしました。

Part 15 安寿《あんじゅ》と厨子王《ずしおう》

Part 15 安寿《あんじゅ》と厨子王《ずしおう》

直江津にある「安住と厨子王」の供養塔

Track 15

이야기 해설

「安寿《あんじゅ》と厨子王《ずしおう》」は、磐城地方《いわきちほう》(今の福島県《ふくしまけん》)に伝わる古いお話です。九百年も昔の平安時代《へいあんじだい》に起《お》こった実話《じつわ》に基《もと》づくお話のようで、現在《げんざい》のいわき市内《しない》には彼らが住《す》んでいたとされる住吉城跡《すみよしじょうあと》があり、田村郡三春町《たむらぐんみはるまち》は安寿と厨子王の祖母《そぼ》の出身地《しゅっしんち》と言われています。

この「安寿と厨子王」は、中世《ちゅうせい》に起こった「語《かた》り」の一種《いっしゅ》で、説経節《せっきょうぶし》と呼《よ》ばれ、庶民《しょみん》に親《した》しまれてきました。江戸《えど》時代に入《はい》ると、人形浄瑠璃《にんぎょうじょうるり》や歌舞伎《かぶき》などにも取り入れられ、しばしば上演《じょうえん》されました。明治《めいじ》に入って「語り」は廃《すた》れますが、「安寿と厨子王」を素材《そざい》として、森鴎外《もりおうがい》が1915年に「山椒大夫《さんしょうだゆう》」を文学作品《ぶんがくさくひん》として書き表《あらわ》したことから、一躍有名《いちやくゆうめい》になりました。しかし、元《もと》の「語り」では安寿が拷問《ごうもん》で殺《ころ》されるのですが、自《みずか》ら沼《ぬま》に身《み》を投《な》げて死《し》ぬ場面に変《か》わっています。また厨子王が山椒大夫らを鋸《のこ》引《び》きで処刑《しょけい》する場面も書き換《か》えられています。

では、ここでは、オリジナルの「語り」に近いストーリーの復元《ふくげん》を試《こころ》みてみましょう。

実話《じつわ》 실화 | ～に基《もと》づく ～에 근거하다 | 祖母《そぼ》 할머니 | 出身地《しゅっしんち》 출신지 | 庶民《しょみん》 서민 | 親《した》しむ 친하게 지내다, 즐기다, 가까이하다 | ～てきた ～해 왔다 | 人形浄瑠璃《にんぎょうじょうるり》 조루리나 샤미센에 맞추어 놀리는 일본 고유의 인형극 | 歌舞伎《かぶき》 에도 시대에 발달하고 완성된 일본특유의 민중연극 | 取《と》り入《い》れる 받아들이다, 도입하다, 거두어들이다 | しばしば 자주, 여러 차례 | 上演《じょうえん》する 상연하다 | 廃《すた》れる 쇠퇴하다 | 素材《そざい》 소재 | 一躍《いちやく》 일약 | 拷問《ごうもん》 고문 | 沼《ぬま》 늪 | 身《み》を投《な》げる 몸을 던지다 | 場面《ばめん》 장면 | 書《か》き換《か》える 고쳐 쓰다 | 鋸引《のこび》き 톱질 | 処刑《しょけい》する 처형하다 | オリジナル 오리지널 | ストーリー 스토리 | 復元《ふくげん》を試《こころ》みる 복원을 시험하다

一

今は昔、平安朝も末のこと、越後《えちご》の今津《いまづ》(今の新潟県直江津《にいがたけんなおえつ》)へ向かう浜辺[1]の道を、疲れた[2]足取り[3]で歩く子供づれ[4]の旅人[5]の姿がありました。母と息子と娘、乳母[6]の四人づれでした。この主従[7]四人は、七年前、農民の窮状[8]を救うため将軍に楯をつき[9]、左遷[10]された父平正氏《たいらのまさうじ》が住む筑紫《つくし》(今の九州《きゅうしゅう》)へ向かう途中でした。母は三十歳過ぎ、姉は安寿(十四歳)、弟は厨子王(十二歳)でした。

この四人は磐城《いわき》(今の福島県《ふくしまけん》)からいくつもの山を越えて、はるばる[11]日本海に[12]面するこの異郷[13]の地まで来たのですが、歩く姿も痛々しく[14]、姉の安寿は脚を引きずる[15]ようにして歩いています。

乳母は、「もうすぐ宿に着きますからね」と子どもたちを励ます[16]のですが、子どもたちはただ[17]うなずく[18]ばかり、返事をする元気もありません。

しばらく行くと、藁葺き[19]の家が立ち並ぶ[20]海辺の村がありました。もう日も暮れかかって[21]います。四人が宿を探そうと思っていたとき、ちょうど向こうから、空桶[22]を担いだ女がやってきました。

乳母はその女に「もしもし。この辺り[23]に宿はありませんか」と声をかけました。すると女は、「お気の毒[24]ですが、この土地には旅の人を泊めてあげられる家は一軒もありません」と言います。

「どうして泊まることができないのですか」

「国の守[25]の掟[26]ですから、しかたがないのです。あそこに立ってる高札[27]に書いてありますが、近ごろ悪い人買い[28]がこの辺りに現れては、人をさらって[29]いきます。それで見知らぬ[30]人に宿を貸してはならぬというお触れ[31]が出たのです。泊めたものには、重いお咎め[32]があります」

「そこを何とかならないでしょうか」、乳母が尋ねると、女は、「野宿なさるよりほか[33]ありますまい[34]。野宿[35]されるなら、風が当たらぬ[36]あの橋の下がいいでしょう」と教えてくれました。そして、「私は塩浜[37]の持ち主[38]のところにいます。あそこに見える森の中のうちです。夜になったら、藁[39]や薦[40]を持って来てあげましょう」と言いました。

主従四人は橋のある方へ急ぎ[41]ました。橋のたもと[42]に着くと、河原[43]へ下りる道がありました。河原には石垣[44]があり、大きな材木[45]が何本も立てかけて[46]ありました。見ると、材木と石垣の間がちょうどほら穴[47]のようになっています。厨子王は奥に入っていって、「お姉さん、こちらへおいで」と手招き[48]しました。

「まあ、お待ちなさい」、乳母は背[49]に負っていた包から着換え[50]の衣類を出すと、河原の砂利[51]の上に敷い[52]て、親子を座らせました。そして、携帯食[53]の乾飯[54]を取り出しながら言いました。

「ここでは焚火[55]をすることは出来ません。もし悪い人に見つけられてはならぬからでございます。私はあの塩浜の持ち主の家まで行って、お湯をもらってまいりましょう。そして藁や薦のことも頼んでまいりましょう」

乳母は、まめまめしく[56]出て行きました。

二

しばらくして、ザクザク[57]と人が近づいてくる足音[58]がしました。「姥竹《うばたけ》かい」と母親が声をかけました。姥竹というのは乳母の名です。しかし、森まで行って来たにしては[59]、戻ってくるのが早すぎます。

入って来たのは、四十歳[60]ばかりの骨組み[61]のたくましい[62]男でした。男は近寄る[63]と、顔に笑み[64]を浮かべながら、こんなことを言いました。

「わしは山岡大夫《やまおかだゆう》という船乗り[65]じゃ。国守のお触れ[66]のせいで、難儀[67]している旅の者がいると聞いてやってきたんじゃが、見れば暖[68]も取らず、子ども衆も硬い乾飯を食べていなさる。そんな物では腹の足し[69]にもなるまい。たいした[70]もて[71]

なしはできぬが、わしのうちでよければ、芋粥《いもがゆ》でも進ぜよう[72]。幸い[73]わしの家は街道[74]の外れで、人を泊めても、見つかる[75]恐れ[76]がない」

男の親切な申し出に、母親は「誠に[77]ありがとうございます。貸すなという掟のある宿を借りて、あなた様にご迷惑[78]をかけることにならないか、そればかりが気がかり[79]でございますが、私どもはともかく[80]、子どもらには温かいお粥[81]なりと、食べさせてやりとうございます」と言いました。

山岡大夫はうなずいて言いました。「それならば、すぐに案内[82]して進ぜましょう」、男はそう言って立ち上がりました。母親は申し訳なさそうに言いました。「どうぞ、少しお待ちくださいませ。実はもう一人連れがございます」

山岡大夫は、「うぬ？」と耳をそばだて[83]ました。

「連れがおありなさる。それは男か女子《おなご》か」

「子供たちの乳母でございます。今、お湯をもらいに、塩浜の持ち主のところに行っておりますが、まもなく帰ってまいりましょう」

「おお、お女中[84]か。そんなら待って進ぜよう」

山岡大夫の顔に、ニヤリと[85]薄ら笑い[86]が浮かびました。こうして、主従一行は、山岡大夫のうちに泊まることになりました。

三

その夜、母親は山岡大夫に問われる[87]ままに[88]、夫が筑紫へ行ったきり[89]帰らないので、二人の子供を連れて会いに行くところだと話しました。そして、筑紫までどうやっていけばいいかと男に聞きました。

山岡大夫は、「それはわかりきった[90]こと、船路[91]しかあるまい[92]。陸[93]を行けば、隣《となり》の越中《えっちゅう》(今の富山県《とやまけん》)に入る国境[94]に、親知らず子知らずの難所[95]がある。そこは削り立てた[96]ような岩石に荒波[97]が打ち寄せていて、旅人は横穴[98]に入って、波[99]の引くのを待って、狭い岩石の下の道を[100]走り抜け[101]ねばならぬ。そのときは親は子を[102]顧みることが出来ず、子も親を顧みることが出来ぬ。[103]それ故、親知らず子知らずと呼ばれているのじゃ。また山を越えると、[104]足下の石が一つ[105]揺るげば、[106]千尋の谷底に落ちるような、[107]険しい山道がある。それに比べれば、船路は安全だ。しかも、[108]確かな[109]船頭に[110]さえ[111]頼めば、百里でも千里でも行ける。わしは西国まで行くことはできぬが、諸国の船頭を知っているから、いい船頭を紹介することもできる」と、[112]さも親切そうに話しました。

母親は、「[113]願ってもないことです。[114]ぜひお願いします」と答えました。乳母の姥竹は、母親の[115]袖を引いて、「お気をつけくださいませ」と[116]めくばせしたのですが、母親は「[117]せっかくのご[118]厚意をお[119]断りするのは失礼です」と[120]はねつけると、山岡大夫に向かって、「よろしくお願いいたします」と深々と頭を下げました。[121]世慣れた姥竹は男に[122]不審の念を抱いていたのですが、主人の[123]命には[124]従う[125]しかありません。

夜が明ける[126]か明けないかのうちに、山岡大夫は主従四人を[127]せき立てるようにして家を出ました。まだ薄暗い浜辺に着くと、[128]人目につかない[129]岩蔭に、船頭を乗せた小舟が二艘泊まっていました。

山岡太夫は、「さあ、ご覧のとおり舟も小さいから、二人[130]ずつ[131]分かれてお乗りなされ。どれも西国への[132]船便じゃ。[133]舟足というものは、荷が重いと走りが悪いのだ」と言って、母親と姥竹を一つの舟に、安寿と厨子王をもう一つの舟に乗せました。

山岡大夫は、「わしはこれでお暇《いとま》をする。[134]ご機嫌よう[135]お越しなされ」と言って立ち去りました。

四

二艘の舟は、だんだん浜を遠ざかって[136]行きます。母親は不安になって尋ねました。「同じ道を漕いで行って、同じ港に着くのでございましょうね」

二人の船頭は顔[137]を見合わせて、声[138]を立てて笑いました。そして、二人の船頭は何も答えず、沖へ[139]沖へと舟をぐんぐん[140]漕ぎ出し[141]ました。しかし、しばらくは併走[142]していた二艘の舟でしたが、突然、母親と姥竹を乗せた舟は北へ、安寿と厨子王を乗せた舟は南へと向かい始めました。

「安寿や～、厨子王や～」「お母さま～」、呼び交わす[143]親子は、ただ遠ざかって行くばかりです。

姥竹は「もし船頭さん、これはどう[144]したことですか」と言いましたが、船頭は返事[145]もしません。そこで[146]、とうとう船頭の脚[147]にすがって叫び[148]ました。

「お話[149]が違います。どうかあの舟の行く方へ漕いで行ってくださいまし」

絵師　歌川国芳

船頭は「うるさい」と怒鳴る[150]と、振り向きざまに[151]姥竹を蹴り[152]上げました。その弾み[153]に、姥竹は真っ逆さま[154]に海の中に落ちました。「奥さま、安寿さま、厨子王さま、これまででございます」、姥竹はブクブクと海の中に沈ん[155]でいきました。

母親は船端[156]に手をかけて[157]、物[158]狂おしげ[159]に姥竹の名を呼び続けました。もう何もかも[160]手遅れ[161]です。母親も、もはやこれまでだと思いました。「もうしかたがない。ここでお別れだよ。安寿は守り[162]本尊《ほんぞん》のお[163]地蔵様を、厨子王はお父さまのくださった護り刀[164]を大切におし。いつまでも二人が離れぬように」と子どもたちに言うと、海に身[165]を投げようとしました。船頭は、「お前まで死なせてなるもの[166]か。大事[167]な商品じゃ」と、髪[168]を掴んで引き倒[169]しました。

子どもたちは、「お母さま、お母さま」と泣き叫んでいます。しかし、二艘の舟は遠ざかるばかり、もはや[170]声[171]も届きません。「お母さま」、安寿と厨子王の叫び声が、波間[172]に空しく[173]響き[174]ました。

彼らは人買いの罠[175]に落ちたのです。

五

安寿と厨子王は、小舟の中で抱き合って[176]泣いています。故郷[177]を離れるのも、遠い旅をするのも、母と一緒だと思っていたからこそ[178]、二人は耐える[179]ことができたのです。しかし、今、母親と引き裂かれて[180]、どうしていいかわかりません。ただ泣き続けることしかできませんでした。

お昼になって、船頭は餅[181]を取り出して食べ始めました。そして、「もう泣くな。お前らの母御は、今ごろはもう佐渡の島へ渡って[182]いることじゃろう」と言って、安寿と厨子王に餅を一つずつくれました。しかし、二人は食べようともせず、目[183]を見合わせて泣いています。そのうち二人は泣き疲れ[184]たのか、抱き合って寝入り[185]ました。

船頭と二人は、幾日か舟で夜[186]を明かしました。人買いの船頭は、越中、能《の》登《と》、越前《えらぜん》、若狭《わかさ》と、安寿と厨子王を売り歩いたのですが、二人は幼い[187]上に[188]体もか弱く見えるので、なかなか[189]買い手が現れ[190]ません。たまに[191]買い手があっても、値段[192]が折り合い[193]ません。船頭はしだいに[194]いらいら[195]し始め、「いつまでも泣くな」

と、二人を殴る[196]ようになりました。

舟は廻り回って、丹後《たんご》の由良《ゆら》の港に来ました。ここには山椒大夫《さんしょうだゆう》という分限者[198]がいて、石浦に大きな屋敷《やしき》を構えて[199]、奴隷[200]を使って田畑《たはた》を耕作させ[201]、山で狩りをさせ、海で漁をさせ、機織り[202]をさせ、たいそうな権勢[203]をふるっていました。

港に出張って[204]いた山椒大夫の奴頭《やっこがしら》は、安寿と厨子王をすぐに七貫文《かんもん》で買いました。

船頭は、「やれやれ、餓鬼[205]どもが片づいて[206]、身が軽うなった」と言って、受け取ったお金を懐[207]に入れると、波止場《はとば》の居酒屋[208]に入っていきました。

六

太い柱が何本も立ち並ぶ[209]大広間の奥に、布団《ふとん》を何枚も重ねて、その上で肘掛け[210]に肘をついて、酒を飲んでいる男がいます。歳《とし》の頃《ころ》は六十歳ぐらいで、朱《しゅ》を塗《ぬ》ったような赤ら顔[211]、額が広く、顎《あご》が張って、逆立った[212]髪《かみ》も鬚[213]も銀色に光っています。この男こそ山椒大夫でした。その左右には二郎、三郎という二人の息子が狛犬[214]のように座っています。

もともと[215]山椒大夫には三人の息子がいましたが、長男の太郎は今から十九年前、逃亡を企てて[216]捕まえられた[217]奴[218]に、父が焼印[219]をするのを見るに見[220]かねて[221]、家を出たまま、行方知れず[222]になりました。

奴頭は安寿と厨子王を連れて、山椒大夫の前へ出ました。そして二人の子どもに「お辞儀[223]をせい」と言いましたが、二人は奴頭の言葉が耳に入らない[224]のか、頭を下げようとしません。

山椒大夫は、「買うて来た子どもはそれか。わざわざ[225]連れて来させてみれば、顔も青白く、体もか細い[226]。何に使えばよいか、わしにはわからぬ」と言いました。

すると、一番下の三郎がすかさず[227]言いました。

「いや、お父《と》っさん。さっき[228]から見ていれば、辞儀をせいと言われても辞儀もせぬ。ほかの奴のように名のり[229]もせぬ。弱々しゅう[230]見えても、しぶとい[231]者どもじゃ。我が館[232]では、奉公[233]はじめは男が柴刈り[234]、女が汐汲み[235]と決まっている」

「おっしゃるとおりです。この者たち、いくら聞いても、私にも名を言いませぬ」と、奴頭が言いました。大夫は嘲る[236]ように笑うと、「よいよい、名はわしがつけてやる。姉は垣衣《しのぶぐさ》、弟は萱草《わすれぐさ》じゃ。垣衣は浜へ行って、日に三荷[237]の汐を汲め。萱草は山へ行って、日に三荷の柴を刈れ。お前らの弱々しい体に免じ[238]て、荷は軽う[239]して取らせる」

奴頭は二人の子供を新参小屋[240]に連れて行って、安寿には桶[241]と杓[242]、厨子王には籠[243]と鎌[244]を渡しました。

新参小屋は、ほかの奴隷の居所[245]とは別になっていて、この小屋には明かり[246]もありませんでした。

七

翌日の朝はひどく寒く、屋根の藁の上にも霜[247]が降りていました。厨房[248]にはもう大勢[249]の奴隷たちが順番[250]を待って並んでいます。みんな、どんぶり[251]に入ったお粥[252]とお椀に入ったお湯をもらっているのです。

安寿と厨子王もお粥とお湯をもらいました。二人はその朝げ[253]を食べながら、「こうした身の上[254]になった以上、運命[255]と思って諦める[256]しかない」と、けなげ[257]にも話し合いました。そして姉は浜辺へ汐汲みに、弟は山へ柴刈りに向かいました。

木戸[258]を出ると、海は右へ山は左へと道が分かれます。二人はお互い[259]に何度も振り返りながら、別々の道を歩いていきました。

厨子王は、雑木林[260]の中に立って、呆然[261]としていました。どうやって柴を刈ればいいのかも知らなかったのです。ようやく[262]気を取り直して[263]、一枝二枝《ひとえだふたえだ》と刈り始めましたが、うまくいきません。そこに一人の木こり[264]が通りかかって[265]、「お前も山椒大夫のところの奴《やっこ》か、柴は日に何荷刈るのか」と問いました。

「日に三荷です。しかし、どうやって刈ればいいのかわかりません」、厨子王は正直に[266]言いました。すると、木こりは、「柴はこうして刈るものだ[267]」と教えてくれ、すぐに厨子王のために一荷刈ってくれました。

浜辺に行った姉の安寿は、汐を汲む場所に降り立ちました[268]が、汐の汲みよう[269]を知りません。困っている安寿を見て、隣りで汲んでいる女が、「どれどれ[270]、私が汲みようを教えて上げよう。右手の杓《ひしゃく》でこう汲んで、左手の桶でこう受けて」と教えてくれ、安寿のために一荷汲んでくれました。

女は無邪気な[271]安寿がとても気に入り[272]、二人は昼げ[273]を食べながら、身の上を打[274]ち明けあって、義姉妹[275]の誓い[276]をしました。その女は伊勢《いせ》の小萩《こはぎ》といって、二見《ふたみ》が浦《うら》から買われて来た女子《おなご》でした。

絵師　歌川国芳

最初の日はこんな具合[277]に、姉が言[278]いつけられた三荷の汐も、弟が言いつけられた三荷の柴も、なんとか整[279]えることができました。

そんな日々[280]が過ぎていきました[281]。姉は汐を汲み、弟は柴を刈って、日暮れになって小屋に帰れば、二人は手を取り合って[282]、筑紫にいる父が恋[283]しい、佐渡にいる母が恋しいと言って泣いていました。

八

やがて十日が経ち、新参小屋を出なければならないときが来ました。小屋を出れば、男と女は別の組に入るのです。二人は「離ればなれ[284]にされるぐらい[285]なら、死ぬ」と言って、激しく泣きました。

奴頭がそのことを山椒大夫に訴える[286]と、「たわけた[287]話じゃ。奴は奴の組へ引きずって[288]いけ。婢[289]は婢の組へ引きずっていけ」と命じ[290]ました。

その時、二郎が父に言いました。

「おっしゃるとおり[291]に童[292]どもを引き分け[293]させてもよろしゅうございますが、童どもは死んでも別れぬと申しております。私の見たところ[294]、あの者たちは本当に死ぬかも知れません。それでは元も子も[295]ありません。私に任せ[296]てくださいませんか」

山椒大夫は、「それもそうだな。損[297]になるのはわしも嫌じゃ。どうにでもお前の好きなようにしろ」と言って、脇[298]を向きました。

二郎は三の木戸の側に小屋を作って、姉と弟とを一緒に住ませました。二郎の仕事は、館を見回って[299]は、強い者が弱い者をいじめ[300]たり、けんか[301]や盗み[302]をしたりするのを取り締まる[303]ことでした。

ある日、二郎は二人が母や父のことを話しながら泣いているのを見ました。二郎は小屋に入ってくると、「いくら[304]父母のことが恋しくても、佐渡は遠いし、筑紫はそれよりなお[305]遠い。子どもの行ける所ではない。そんなに父母に逢いたいなら、大きくなる日を待つがよい」と言い残して、出て行きました。

それから幾日か過ぎたある日のこと、二人はいつものように、父母のことを語り合っていました。その日は、逢いたさのあまり[306]に、逃げ出す[307]算段[308]を話し合っていました。姉がこう言いました。「私は体も丈夫[309]ではないし、二人で一緒に逃げるのは無理[310]。だから、私にはかまわ[311]ないで、お前一人で逃げて。そして先に筑紫へ行って、お父さまにお目にかかり[312]、どうしたらいいか伺う[313]のだね。それから佐渡へお母さまのお迎えに行く[314]がいいわ」

ところが[315]、運が悪い[316]ことに[317]、小屋の前をたまたま[318]通りかかった三郎が、この話を耳にして[319]しまいました。三郎はぬっと[320]小屋に入ると、鬼のような[321]形相[322]で二人を睨みつけて[323]言いました。

「こら。お前ら、今、逃げるたくらみ[324]をしておったな。逃亡[325]の企てをした者には焼印をする。それがこの館の掟[326]じゃ。赤うなった鉄は熱いぞよ」

二人の顔は蒼白[327]になりました。安寿は、「あれは言葉の弾み[328]でございます。親に逢いたいあまりに、あんなことを申しましたが、決して本気[329]で逃亡しようなどと考えていたのではありません」

しかし、三郎は、「言い訳[330]をするでない。お前たちの話は、俺が確か[331]に聞いておったぞ」、そう言うと、三郎は二人の手を掴んで[332]、山椒大夫がいる大広間《おおひろま》に引っ張って[333]いきました。

そこには大勢[334]の手下[335]が並んでいました。三郎は何やら[336]山椒大夫の耳元[337]でつぶやく[338]と、二人を真っ赤に炭火[339]がおこった[340]炉[341]の前に引きずって行こうとしました。二人は「ご免なさい。ご免なさい」と泣き叫びましたが、三郎の力には適い[342]ません。

絵師　歌川豊国

正面には山椒大夫が座っていて、「やれ」と手で合図[343]をしました。三郎は炭火の中から、赤く焼けた鉄の火箸[344]を抜き出す[345]と、安寿を引き寄せて[346]、その額に十文字[347]に当てました。「ぎゃーっ」、安寿の悲鳴[348]が大広間に響き渡り[349]ました。三郎は、今度は倒れていた厨子王の髪を掴んでを引き起こし[350]、その額にも火箸をジュウ[351]と十文字に当てました。厨子王の悲鳴がまた大広間に響きました。三郎はまるで[352]楽しむ[353]かのように[354]、残忍な[355]笑いを顔に浮かべています。

それから三郎は、また二人の首根っこ[356]を掴んで外に連れ出すと、家の外に放り出し[357]ました。

九

どこをどう歩いたのか、二人はよろよろ[358]と自分たちの小屋に戻ると、死骸[359]のように倒れていました。

しばらくして、厨子王が、「姉さん、お母さんが渡してくれたお地蔵様を」と言いました。

安寿はすぐに起き上がって、肌につけたお守袋[360]の中からお地蔵様を出すと、枕元[361]に置きました。今の二人には、神仏[362]に頼るしか道がなかったのです。

二人は手を合わせて祈り[363]ました。「どうか私たちをお助けくださいまし」、必死[364]で祈りました。するとどうでしょう。あの激しい額の痛み[365]が、掻き消す[366]ようになくなりました。そして、二人がお地蔵様に触れた[367]手のひら[368]で額を撫でる[369]と、瞬く間に[370]傷も消えました。はっと[371]して、お地蔵様の額を見ると、その額には十文字の傷が鮮やか[372]に刻まれて[373]いました。

その日を境に[374]、安寿は人が変わったようになりました。眉には皺[375]が寄り、毎日何かを思い詰めた[376]ように、目ははるか[377]に遠いところを見つめています。そして、すっかり[378]無口[379]になってしまいました。

やがて年も暮れ、丹後にも小雪[380]が舞う季節になりました。奴も婢《はしため》も外に出る仕事を止めて、家の中で働くことになりました。安寿は糸を紡ぎ[381]、厨子王は藁を打ちます。

そして、また月日が流れ、水が温み[382]、草が萌える[383]ころになりました。正に[384]明日からは外の仕事が始まろうという日に、二郎が小屋にやって来ました。

「どうじゃな。明日から仕事に出られるかな。今日は小屋を見て廻っているのじゃ」

すると、安寿が糸を紡《つむ》ぐ手を止めて、二郎の前に[385]進み出て言いました。

「それ[386]について、お願いがございます。私は弟と同じ所で仕事がしとうございます。どうか一緒に山へやってくださるよう、お[387]取り計らいください」

二郎は何も[388]言わずに、安寿の目を[389]じっと見ていましたが、二郎には安寿が何か思い詰めていることがわかりました。

「[390]わし一人では決められぬが、[391]なんとか父を[392]取りなして、山へ行けるようにしてやろう。[393]何はさておき、お前たちが無事に[394]冬を過ごせてよかった」

こう言って小屋を出て行きました。

翌朝、奴頭がやってきて、安寿に言いました。

「二郎さまのお[395]口添えで、お前が山へ行くのを大夫さまがお許しになった。しかし、三郎さまが『それなら垣衣の髪を切り、[396]大童にして山へやれ』と私に命じられた。そこで、わしはお前さんの髪をもろうて行かねばならぬのじゃ」

厨子王は、この話を[397]胸を刺されるような思いで聞いていました。ところが姉の安寿は、鎌を[398]手にすると、何の[399]迷いもない[400]かのように、自分の長くて美しい黒髪を[401]ざくりと[402]切り取って、「これをお持ち下さい」と奴頭に渡しました。

十

[403]明くる朝、二人は背に籠を負い、腰に鎌を下げて木戸を出ました。山椒大夫のところに来てから、二人が一緒に歩くのはこれが初めてです。山の[404]麓に来たとき、厨子王は[405]こらえ[406]かねて聞きました。

「姉さん。あなたは私に[407]隠して、何か考えていますね。どうか私にだけは[408]本心を話してください」

しかし、安寿は答えよう[409]としません。岩の間に咲いた小さな菫[410]の花を指して、「ご覧、厨子王。もう春になるのね」と、晴れやか[411]に笑うだけです。

厨子王は、去年も柴を刈った辺り[412]までやって来たので、「姉さん。柴はここらで刈るのです」と言いました。しかし、安寿は、「もっと高い所へ行ってみましょう」と言って、ずんずん[413]登って行きます。やがて雑木林を抜けて、頂上[414]近くまで来たとき、 安寿は、突然足を止めました。そして、急に[415]真剣[416]な表情[417]になって、厨子王に言いました。

「厨子王や。今日は、私の言うことをよくお聞き。小萩は伊勢から売られて来たので、故郷からこの土地までの道を、詳しく[418]話して聞かせてくれた。ご覧なさい。あの山を越せば、都[419]は近い。筑紫へ行くのは難しいし、佐渡へ渡るのもたやすい[420]ことではないけれど、都へならきっと[421]行ける。お前は、今日、ここから逃げ延びて[422]、都へ上って[423]おくれ。神仏のご加護[424]でよき[425]人に出会えたら[426]、筑紫へ[427]お下りになったお父さまのお身の上[428]も知れよう[429]。佐渡へお母さまをお迎えに行くことも出来よう」

厨子王は黙って聞いていましたが、涙が頬[430]を伝って流れました。姉が何を考えていたのか、今、はっきりわかったからです。

「それで、姉さん、あなたはどうするのですか」

「私のことはかまわない[431]で。お前一人ですることを、私と一緒にするつもりでしておくれ」

「でも、私がいなくなったら、山椒大夫はあなたをひどい[432]目に遭わせ[433]ましょう」

「そうかも知れない。しかし、私は耐え[434]抜いて[435]みせる。耐えて、あなたの迎えを待つ。あの人たちは、金で買った婢を殺したりはしない」

こう言って、安寿は先に立って山道を下りて行きました。その毅然[436]とした後[437]

ろ姿に、厨子王は姉の言葉に背く[438]ことはできぬと感じました。木立ち[439]の所まで下りて、二人は落ち葉[440]の上に腰[441]を下ろしました。そこで、姉は守り本尊《ほんぞん》のお地蔵様を取り出す[442]と、弟に手渡し[443]て言いました。

「これを、今度会う日までお前に預ける[444]よ。このお地蔵様を私だと思って、護《まも》り刀《がたな》と一緒に、大事に持って行っておくれ」

「でも、姉さんにもお守りがなくては」

「いいえ。私より危ない[445]目に遭うのはお前。晩になってもお前が帰らなければ、きっと追っ手[446]がかかるよ。子どもの足では、いくら急いでも、追いつかれる[447]に決まって[448]いる。その時は、さっき見た川の上手[449]にある和江《わえ》という所まで行って、あの塔《とう》が見えていたお寺に入って隠して[450]おもらい」

「でも、お寺の坊さんが隠してくれるでしょうか」

「神仏のご加護しだい[451]です。開ける[452]運なら、坊さんがお前を隠してくれるでしょう」

「わかりました。何でも姉さんのおっしゃるとおり[453]にします」

「よく聞いておくれだ。坊さんはよい人で、きっとお前を隠してくれるでしょう」

厨子王は安寿に別れ[454]を告げると、一目散[455]に坂道[456]を駆け下りて[457]、沼に沿って[458]街道[459]に出ました。幸い[460]人通り[461]もありません。厨子王は、姉に言われたように、大《おお》雲川《くもがわ》の岸沿い[462]に、川上[463]へ向かって急ぎました。

安寿は厨子王の姿が見えなくなるのを見届ける[464]と、夕暮れまで柴を刈って、素知らぬ顔[465]で舘に戻りました。奴頭に「萱草はどうした？」と聞かれましたが、「もう少し柴を刈ってから戻ると申すので、私が先に戻ってきました」と告げました。

しかし、一時間経っても、厨子王は帰ってきません。おかしいと思った奴頭は、安寿を山椒大夫のところに連れて行きました。三郎は、「萱草はどうしたのか」と問いただし[466]ましたが、安寿は口を開き[467]ません。山椒大夫は、部下に「すぐに追っ手を差し向け[468]よ」と命じました。そして、「垣衣が言わぬなら、言えるようにしてやれ」と、三郎に言いました。

三郎は安寿を拷問室[469]に連れていき、激しく鞭[470]で打ちましたが、安寿は何も言いません。それからは、水責め[471]、火責め[472]、膝[473]の皿に錐[474]で穴[475]を開けるなど、口にするのもおぞましい[476]拷問[477]を加えました。大広間にも三郎の怒声[478]と安寿のうめき[479]声が聞こえてきます。

大広間でこれを聞いていた二郎が、ついに[480]耐え[481]がたく[482]なり、止めに行ったときには、安寿はもう息絶え[483]ていました。三郎は「ちっ」と舌打ち[484]すると、安寿の顔にぺっと唾[485]を吐きかけました。

一方、山椒大夫一家の追っ手も、厨子王の後ろに迫って[486]いました。

十一

厨子王が丹後の国分寺《こくぶんじ》の門前《もんぜん》にたどり着いたときは、追っ手は厨子王のすぐ近くにまで迫っていました。厨子王は、「お願いします。門を開けてください」、何度も声を限り[487]に叫びました。あわや[488]これまでかと思われたとき、寺《てら》の門が開きました。厨子王が駆け込む[489]と、再び[490]寺の門は閉められました。

絵師　歌川豊国

国分寺の門前には松明[491]の火が乱れて、大勢の追っ手が集まって騒いでいます。薙刀[492]を手にした三郎は、寺の門の前に立つと、大声で言いました。「われは石浦の山椒大夫のところのものじゃ。館の奴の一人が、この山に逃[493]

げ込んだのを見た者がいる。隠れるとすれば[494]、この寺よりほかにはない。すぐにここへ出してもらおう」

僧侶[495]たちは、残忍[496]で悪名高い山椒大夫の手下[497]たちと聞いて、門を開けまい[498]としましたが、住持《じゅうじ》の曇猛律師《どんみょうりつし》が開けさせました。しかし、本堂[499]の戸は閉じられたままです。

三郎は本堂の前までやって来ると、いらいらしながら、大声で「奴を出せ！奴をここに出せ！」と叫んでいます。しばらくして、本堂の扉[500]が静かに開きました。律師が自分で開けたのです。律師は本堂の階の上に立ちました。律師はまだ五十歳を越したばかりでしたが、威厳[501]に満ちています。追っ手の者たちは、律師の姿を見て一瞬[502]静まり[503]ました。

律師は、静かに口を開きました。

「聞けば逃げた下人[504]を捜しに来られたようじゃが、当山では住持のわしの許可[505]なくして[506]、見知らぬ[507]者を入れることはせぬ。わしが知らぬから、その者は当山にはおらぬ。それでも探すというなら、お堂の中に入るもよかろう[508]。だが[509]、当山は帝[510]が勅願《ちょくがん》の寺院であり、もしここで狼藉[511]を働けば、お主[512]ら、ただでは[513]済まぬぞ。また、わしが総本山東大寺《そうほんざんとうだいじ》に訴え[514]たら、お主らの首[515]が飛ぶことになろう」

こう言って、律師はお堂の扉を閉めました。三郎は歯ぎしり[516]しましたが、扉を打ち破って[517]踏み込む[518]だけ[519]の勇気[520]もありません。

このとき、大声で叫ぶ者がいました。それは鐘楼守[521]の親爺[522]でした。「もしや[523]、その逃げたというのは十二、三の小童[524]じゃないかい。それなら先ほど[525]、築泥[526]の外を通って、南へ駆けて[527]行ったわ」

それを聞くと、三郎は、「それじゃ。子どもの足ではまだ遠くへは行けまい[528]。続け」と部下たちに言うと、馬に乗って追いかけ[529]ました。松明の行列[530]が寺の門を出て南へ行くのを鐘楼から見て、鐘楼守の親爺は大声で笑いました。

十二

それから数日後、鐘楼守の親爺と頭[531]を剃って僧衣[532]をまとった[533]厨子王は、寺の門を出て、都に向かいました。昼間[534]は街道を歩いて、夜は行く[535]先々の寺に泊りました。都の南、山城《やましろ》の地《ち》まで来たときです。鐘楼守の親爺は、「ここまで来れば、もう追っ手の心配もない。守り本尊を大切にして都に行け。ここから都までは、もう目と鼻の先[536]だ」と言うと、踵[537]を返して丹後に戻っていきました。

都に上った厨子王は、僧形[538]になっているので、東山の清水寺《きよみずでら》に泊りました。

翌朝目が覚めると、一人の見るからに[539]高貴[540]な身なり[541]の老人が、厨子王の枕元《まくらもと》に立っていました。

「おれは関白[542]師実《もろざね》じゃ。お前は誰の子じゃ。もし何か大切な物を持っているなら、おれに見せてくれい。おれは娘の病気の平癒[543]を祈るために、夕べ[544]こちらに参った[545]のだが、昨夜、夢で仏[546]のお告げがあった。僧形の童が持っている守り本尊を借りて拝ませれば[547]、娘の病は治るというお告げじゃった」

厨子王は、「私は陸奥掾正氏《むつのじょうまさうじ》という者の子でございます。父は筑紫に行ったきり、帰ってまいりません」と言いました。そして、母ともども[548]父を訪ねて旅立ったことや、恐ろしい人買いにさらわれて、母は佐渡へ、姉と自分が丹後の由良《ゆら》へ売られたことなど、つぶさに[549]話しました。

そして、「これが私の持っている守り本尊のお地蔵様でございます」と言って、師実に見せました。

師実はお地蔵様を手に取って見るなり[550]、「これこそ[551]、かねて[552]聞き及んだ[553]、百済[554]の国から渡ったと言われる放光王地蔵菩薩《ほうこうおうじぞうぼさつ》じゃ。これを持っているからには[555]、お前は筑紫へ左遷[556]させられた平正氏《たいらのまさうじ》が嫡子[557]に相違[558]ない。しばらく、おれの家の客として滞在[559]するがいい」と言いました。

関白師実の娘は、長い間、病の床[560]についていたのですが、厨子王の守り本尊を借りて拝むと、日に日に[561]回復しました。師実は喜んで、厨子王を還俗させる[562]と同時に[563]、正氏がいる筑紫へ赦免状[564]を持たせて遣い[565]をやりました。しかし、この遣いが筑紫に着いたときには、正氏はもう亡くなっていました。

既に元服[566]して正道《まさみち》と名のって[567]いた厨子王は、父の死を知って、身のやつれる[568]ほど歎《なげ》きました。

十三

その年の秋、正道は朝廷[569]から丹後の国の守に命じられました。国守《こくしゅ》となった正道が行った最初の政[570]は、丹後における[571]人の売買と奴隷の使用を禁ずることでした。正道は、すぐさま[572]山椒大夫の館へ赴き[573]、家財産[574]を没収[575]し、奴隷たちを全て解放[576]しました。正道は姉の所在[577]を尋ねましたが、姉をいたわって[578]くれた小《こ》萩《まき》の口から、安寿が三郎に責め殺され[579]たことを知らされました。正道は怒りで体が震え[580]ました。直ちに[581]山椒大夫と三郎を裁判《さいばん》にかけ、鋸引き[582]の刑にしました。二郎はというと、安寿のことがあって以来[583]、館を出て僧門[584]に入っていました。もちろんお咎め[585]はありませんでした。続いて、正道は越後に赴いて、山岡《やまおか》大夫《だゆう》を探し出すと、火あぶり[586]の刑にしました。

正道は丹後の国でこれらの仕事を終えると、朝廷に退官《たいかん》を申し出て、単身佐渡へ渡りました。母が生きていれば、佐渡にいるはずでした。

ところが、役人に頼んで島中を探してもらいましたが、母の行方[587]はわかりません。正道は思案に暮れ[588]ながら、どこへ行くともなく[589]歩いていると、町外れにある遊女[590]の村にやってきていました。

畑道《はたみち》を歩いていると、壊れた土塀[591]に囲まれた一軒の古びた[592]百姓家[593]がありました。庭には粟[594]の穂が干して[595]あり、庭に敷かれたござ[596]の上に、乞食[597]のようなぼろ[598]を着た老女《ろうじょ》が座っていました。老女は長い棒で雀を追いながら、なにやら[599]歌うかのようにつぶやいています。

正道はなぜか老女の声に懐かしさ[600]がこみ上げ[601]、足を止めました。よく見ると、老女は盲目です。耳を澄まし[602]て聞くと、老女がつぶやいていたのは、こんな歌でした。

安寿恋し[603]や、ほうやれほ。

厨子王恋しや、ほうやれほ。

鳥も生《しょう》あるものなれば、

疾う疾う[604]逃げよ、逐わず[605]とも。

「は、は、母上《ははうえ》」、正道は思わず駆け寄り[606]ました。それは、まちがいなく厨子王の母親でした。佐渡に売られた母親は遊女にさせられていましたが、島から脱走[607]を図り[608]失敗[609]して、逃げられないように、足の筋[610]を切られ、目を針で刺されてつぶされていたのでした。正道は老女の前に手をついて、泣きながら言いました。

「母上、お迎えが遅れて、申しわけのう[611]存じます[612]。ただ今、厨子王がお迎えに上がりました」

厨子王の目には、止めどなく[613]涙が湧いて[614]きます。

「厨子王かい？ほんとうに厨子王かい？」

厨子王は、肌《はだ》身《み》離《はな》さず持っていた守り本尊のお地蔵様を、母親の手に握らせました。母親はそのお地蔵様を手で探り[615]ながら、「おお、これは確か[616]に私が安寿に渡したもの。夢ではないのですね」と声を上げました。

老女の目から涙が流れました。その時です。両方[617]の目には潤い[618]が戻り[619]、母親の目が開いたのです。

「見える。見えるぞ、厨子王」

二人は強く抱き合って、さめざめ[620]と泣きました。お地蔵様の目からも涙が流れています。

西の空には夕陽[621]が沈み、夕焼け[622]が二人の顔を赤く染め[623]ていました。

一

1 浜辺《はまべ》の道《みち》 바닷길 2 疲《つか》れる 피곤하다 3 足取《あしど》り 발걸음, 걸음걸이, 발자취 4 子供《こども》づれ 아이를 동반함 5 旅人《たびびと》の姿《すがた》 나그네의 모습 6 乳母《うば》 유모 7 主従《しゅじゅう》 주종 8 窮状《きゅうじょう》を救《すく》う 궁핍한 상태를 도와주다 9 楯《たて》をつく 대들다, 반항하다, 이의를 제기하다 10 左遷《させん》する 좌천하다 11 はるばる 아득히 먼 모양, 멀리서 오는 모양 12 〜に面《めん》する ~에 면하다 13 異郷《いきょう》の地《ち》 이국 땅, 타향 땅 14 痛々《いたいた》しい 애처롭다, 딱하다 15 脚《あし》を引《ひ》きずる 발을 질질 끌다 16 励《はげ》ます 격려하다 17 ただ〜ばかり 그저 ~만, 그저 ~뿐 18 うなずく 수긍하다, 머리를 끄덕이다 19 藁葺《わらぶ》き 짚으로 지붕을 임, 초가지붕 20 立《た》ち並《なら》ぶ 늘어서다 21 日《ひ》が暮《く》れかかる 해가 저물어가다, 저녁때가 되다 22 空桶《からおけ》を担《かつ》ぐ 빈 통을 짊어지다, 빈 통을 메다 23 辺《あた》り 주변, 언저리 24 お気《き》の毒《どく》 불쌍함, 가엾음, 딱함 25 国《くに》の守《かみ》 옛날의 지방 장관 26 掟《おきて》 법도, 규정, 법률 27 高札《たかふだ》 게시판, 팻말 28 人買《ひとか》い 인신매매 29 さらう 날치기하다, 채다, 유괴하다, 휩쓸다 30 見知《みし》らぬ 낯선, 알지 못하는 31 お触《ふ》れ 관청에서 내는 공고 32 お咎《とが》め 문책, 책망, 비난, 꾸중 33 〜よりほかない ~할 수밖에 없다 34 〜まい ~하지 않겠다, ~하지 않을 것이다 35 野宿《のじゅく》する 노숙하다 36 風《かぜ》が当《あ》たる 바람이 닿다 37 塩浜《しおはま》 염전 38 持《も》ち主《ぬし》 소유자, 임자 39 藁《わら》 짚, 볏짚 40 薦《こも》 거적 41 急《いそ》ぐ 서두르다 42 たもと 소매, 기슭, 곁, 옆 43 河原《かわら》 강가나 냇가의 모래밭, 자갈밭 44 石垣《いしがき》 석벽, 돌담 45 材木《ざいもく》 재목 46 立《た》てかける 기대어 세우다 47 ほら穴《あな》 동굴 48 手招《てまね》きする 손짓하며 부르다 49 背《せ》に負《お》う 등에 업다 50 着替《きが》え 옷을 갈아입음 51 砂利《じゃり》 자갈 52 敷《し》く 깔다, 펴다, 깔고 앉아 누르다, 베풀다, 배치하다 53 携帯食《けいたいしょく》 휴대 식량 54 乾飯《かれいい》 말린 밥(물에 불려서 먹는 휴대 식량) 55 焚火《たきび》 모닥불, 횃불 56 まめまめしい 충실하고 부지런하다

二

57 ザクザクと 서벅서벅(걸어갈 때), 석둑석둑(썰 때) 58 足音《あしおと》 발소리 59 〜にしては ~치고는 60 (수사)ばかり ~정도 61 骨組《ほねぐ》み 뼈대, 골격, 기본구조 62 たくましい 다부지다, 힘차다, 강인하다 63 近寄《ちかよ》る 다가오다, 접근하다 64 笑《え》みを浮《う》かべる 미소를 띄우다 65 船乗《ふなの》り 선원, 뱃사람 66 〜せいで ~탓으로 67 難《なん》儀《ぎ》する 고생하다 68 暖《だん》を取《と》る (난로나 모닥불 등으로) 몸을 녹이다 69 腹《はら》の足《た》し 요기거리, 약간의 음식 70 たいした 대단한, 엄청난, 놀랄만한, 별 이렇다 할 71 もてなし 대접 72 進《しん》ぜる 드리다, 진상하다 73 幸《さいわ》い 다행히 74 街道《かいどう》の外《はず》れ 가도를 벗어남 75 見《み》つかる 발견되다 76 恐《おそ》れがない 우려(걱정)가 없다 77 誠《まこと》に 정말로, 참으로, 매우 78 迷惑《めいわく》をかける 폐를 끼치다 79 気《き》がかり 마음에 걸림, 근심, 걱정 80 〜はともかく ~은 어찌되었든, ~은 그렇다치고 81 〜なりと ~든지 82 案内《あんない》する 안내하다 83 耳《みみ》をそばだてる 귀를 기울이다 84 お女中《じょちゅう》 하녀, 여자 하인 85 ニヤリと 히죽, 빙긋 86 薄《うす》ら笑《わら》い 엷은 웃음, 남을 비웃는 웃음

三

87 問《と》う 묻다 88 〜ままに ~하는 대로 89 〜たきり〜ない ~한 채 ~하지 않다 90 わかりきったこと 뻔한 일, 자명한 일, 당연한 일 91 船路《ふなじ》 뱃길, 항로, 배로 가는 여행 92 〜しか〜ない ~밖에 ~없다 93 陸《おか》 뭍, 육지 94 国境《こっきょう》 국경 95 難所《なんしょ》 험한 곳 96 削《けず》り立《た》てる 깎아 세우다 97 荒波《あらなみ》が打《う》ち寄《よ》せる 거친 파도가 밀

려오다 98 横穴《よこあな》 옆으로 뚫린 굴, 횡혈 99 波《なみ》の引《ひ》く 파도가 빠지다 100 走《はし》り抜《ぬ》ける 달려서 빠져나가다 101 ～ねばならぬ ~하지 않으면 안 된다 102 顧《かえり》みる 돌아보다 103 それ故《ゆえ》 그러므로 104 足下《あしもと》 발밑 105 揺《ゆ》るぐ 흔들리다, 동요하다 106 千尋《ちひろ》の谷底《たにそこ》 천길 깊은 골짜기(밑바닥) 107 険《けわ》しい 험하다 108 確《たし》か 확실함, 틀림없음 109 船頭《せんどう》 뱃사공 110 ～さえ～ば ~만 ~하면 111 頼《たの》む 부탁하다 112 さも～そう 자못 ~할 듯이 113 願《ねが》ってもない 바라지도 못할 만큼 좋다 114 ぜひ 꼭 115 袖《そで》を引《ひ》く 소매를 끌다 116 めくばせする 눈짓하다 117 せっかく 모처럼 118 厚意《こうい》 후의 119 断《ことわ》る 거절하다 120 はねつける 딱 거절하다, 퇴짜놓다 121 世慣《よな》れる 세상 물정에 익숙해지다, 세정에 밝아지다 122 不審《ふしん》の念《ねん》を抱《いだ》く 미심쩍은 생각을 품다 123 命《いのち》 목숨 124 従《したが》う 따르다 125 ～しかない ~밖에 없다 126 ～か～ないかのうちに ~하자마자 127 せき立《た》てる 재촉하다, 독촉하다, 다그치다 128 人目《ひとめ》につく 남의 주의를 끌다, 남의 눈에 띄다 129 岩陰《いわかげ》 바위 뒤쪽 130 ～ずつ ~씩 131 分《わ》かれる 갈리다, 구별되다, 갈라지다 132 船便《ふなびん》 배편, 선편 133 舟足《ふなあし》 배의 속도 134 ご機嫌《きげん》よう 안녕히 계세요(가십시오) 135 お越《こ》しなされ 오세요

四

136 遠《とお》ざかる 멀어지다, 사라지다 137 顔《かお》を見《み》合《あ》わせる 얼굴을 마주보다 138 声《こえ》を立《た》てる 소리를 내다 139 ～へ～へと ~으로 ~으로 140 ぐんぐん 부쩍부쩍, 쭉쭉 141 漕《こ》ぎ出《だ》す 배를 저어 나가다, 배를 젓기 시작하다 142 併走《へいそう》 함께 나란히 달리는 것 143 呼《よ》び交《か》わす 서로 부르다 144 どうしたこと 어떻게 된 일 145 返事《へんじ》 답장, 대답 146 そこで 그래서 147 脚《あし》にすがる 다리에 매달리다 148 叫《さけ》ぶ 외치다, 부르짖다 149 話《はなし》が違《ちが》う 이야기가 다르다 150 怒鳴《どな》る 소리치다, 호통치다 151 振《ふ》り向《む》きざま 뒤돌아봄과 동시에, 뒤돌아 보면서 152 蹴《け》り上《あ》げる 차내다, 차다 153 その弾《はず》みに 그 반동으로, 그 여파로 154 真《ま》っ逆《さか》さま 완전히 거꾸로임 155 沈《しず》む 가라앉다 156 船端《ふなばた》 뱃전 157 手《て》をかける 손을 대다, 손을 얹다, 손에 걸다 158 物狂《ものくる》おしげ 미친 듯이, 미칠 것 같이 159 ～げ(=そうに) ~할 듯이 160 何《なに》もかも 뭐든지, 전부 161 手遅《ておく》れ 때늦음, 시기를 놓침 162 守《まも》り本尊《ほんぞん》 수호신으로 모시는 부처(님) 163 お地蔵様《じぞうさま》 지장보살님 164 護《まも》り刀《がたな》 수호칼, 부적칼 165 身《み》を投《な》げる 몸을 던지다 166 ～ものか ~할 것 같냐, 절대 ~하지 않는다 167 大事《だいじ》な商品《しょうひん》 소중한 상품 168 髪《かみ》を掴《つか》む 머리를 움켜쥐다 169 引《ひ》き倒《たお》す 잡아당겨 쓰러뜨리다, 끌어당겨 넘어뜨리다 170 もはや 이제는, 벌써, 이미 171 声《こえ》が届《とど》く 소리가 닿다 172 波間《なみま》 파도와 파도 사이, 파도가 밀려오지 않는 사이 173 空《むな》しい 허무하다 174 響《ひび》く 울리다 175 罠《わな》に落《お》ちる 함정에 빠지다

五

176 抱《だ》き合《あ》う 서로 끌어안다, 서로 얼싸안다 177 故郷《ふるさと》を離《はな》れる 고향을 등지다 178 ～からこそ ~때문에야말로 179 耐《た》える 견디다 180 引《ひ》き裂《さ》く 찢다, 억지로 사이를 갈라 놓다 181 餅《もち》 떡 182 渡《わた》る 건너다, 건너가다(오다) 183 目《め》を見《み》合《あ》わせる 눈을 마주보다 184 泣《な》き疲《つか》れる 울다 지치다 185 寝入《ねい》る 잠들다, 깊이 잠

들다 186 夜《よ》を明《あ》かす 밤을 지새우다, 철야하다 187 幼《おさな》い 어리다, 유치하다 188 ～上《うえ》に ~한데다가 189 なかなか～ない 좀처럼 ~하지 않다 190 現《あらわ》れる 나타나다 191 たまに 가끔 192 値段《ねだん》 가격 193 折《お》り合《あ》う 서로 타협하다, 서로 양보하여 매듭짓다 194 しだいに 서서히, 차츰, 점점 195 いらいら 안달복달하는 모양 196 殴《なぐ》る 때리다 197 廻《まわ》り回《まわ》って 여기저기 돌아다닌 끝에, 돌고 돌아서 198 分限者《ぶげんしゃ》 부자, 자산가 199 構《かま》える 차리다, 꾸미다, 자세를 취하다, 준비하다 200 奴隷《どれい》 노예 201 耕作《こうさく》する 경작하다 202 機織《はたお》り 베틀로 베를 짬, 또는 그 사람 203 権勢《けんせい》をふるう 권세를 휘두르다 204 出張《でば》る 튀어나오다, 출장가다 205 餓鬼《がき》 아귀, 개구쟁이 206 片《かた》づく 치우다, 정돈되다 207 懐《ふところ》に入《い》れる 품에 넣다 208 居酒屋《いざかや》 선술집

六

209 立《た》ち並《なら》ぶ 줄지어서다, 어깨를 나란히 하다 210 肘《ひじ》掛《か》け 팔걸이 211 赤《あか》ら顔《がお》 불그레한 얼굴 212 逆立《さかだ》つ 곤두서다, 거꾸로서다 213 鬚《ひげ》 수염 214 狛犬《こまいぬ》 신사 앞에 마주보게 놓은 한쌍의 사자 비슷한 짐승의 상 215 もともと 원래 216 企《くわだ》てる 기도하다, 계획하다 217 捕《つか》まえられる 붙잡히다 218 奴《やっこ》 남자 하인 219 焼印《やきいん》 낙인 220 見《み》るに見《み》かねる 차마 볼 수가 없어서 221 ～かねる (동사 ます형에 붙어서) ~하기 어렵다, ~할 수가 없다 222 行方《ゆくえ》知《し》れず 행방을 알 수 없다 223 お辞儀《じぎ》 인사, 절 224 耳《みみ》に入《はい》る 귀에 들어오다 225 わざわざ 일부러, 특별히 226 か細《ぼそ》い 연약하다, 가냘프다 227 すかさず 사이를 두지 않고, 곧 228 さっき 좀 전, 아까 229 名《な》のり 자기 이름을 댐 230 弱々《よわよわ》しい 약하디 약하다, 연약하다, 가냘프다 231 しぶとい 끈질기다, 강인하다, 고집이 세다 232 我《わ》が館《やかた》 우리 집 233 奉《ほう》公《こう》はじめ 고용살이 시작 234 柴刈《しばか》り 잡목(땔감)을 벰, 또는 그 사람 235 汐汲《しおく》み 소금을 만들려고 바닷물을 길음 236 嘲《あざけ》る 비웃다, 조소하다 237 荷《か》 짐, 짐을 세는 말 238 ～に免《めん》じて ~을 보아 239 ～して取《と》らせる ~해 주다(젠체하는 말투) 240 新参小屋《しんざんごや》 신참의 오두막집 241 桶《おけ》 통 242 杓《ひしゃく》 국자 243 籠《かご》 바구니 244 鎌《かま》 낫 245 居所《いどころ》 있는 곳, 거처 246 明《あ》かり 불빛, 등불

七

247 霜《しも》が降《お》りる 서리가 내리다 248 厨房《ちゅうぼう》 주방 249 大勢《おおぜい》 많은 사람 250 順番《じゅんばん》を待《ま》つ 순서를 기다리다 251 どんぶり 사발 252 お粥《かゆ》 죽 253 朝《あさ》げ 아침식사, 조반 254 身《み》の上《うえ》 신상, 처지, 신세, 운명 255 運命《さだめ》 운명 256 ～しかない ~할 수밖에 없다 257 けなげ 씩씩하고 부지런함, 기특함 258 木戸《きど》 나무로 된 외짝 여닫이문, 출입구 259 互《たが》いに 서로 260 雑木林《ぞうきばやし》 잡목림 261 呆然《ぼうぜん》とする 어안이 벙벙하다, 망연하다 262 ようやく 겨우 263 気《き》を取《と》り直《なお》す 마음을 새로이 하다 264 木《き》こり 나무를 벰, 나무꾼 265 通《とお》りかかる 마침 그곳을 지나가다 266 正直《しょうじき》 정직 267 ～ものだ ~하는 법이다, ~하는 것이 보통이다 268 降《お》り立《た》つ 내려서다, 내려가다, 스스로 일을 하다 269 汲《く》みよう 푸는 방법 270 どれどれ 어디어디 271 無邪気《むじゃき》 악의가 없음, 천진난만함, 순진함 272 気《き》に入《い》る 마음에 들다 273 昼《ひる》げ 점심 274 打《う》ち明《あ》ける 숨김없이 털어놓다 275 義姉妹《ぎきょうだい》 의형제, 의자매 276 誓《ちか》い 맹세 277 具合《ぐあい》 형편, 상태 278 言《い》いつける 명령하다, 고자질하다 279 整《ととの》える 가지런하게 하다, 정돈하다, 조정하다, 갖추다, 마련하다 280 日《ひ》々《び》が過《す》ぎる 하루하루가 지나가다 281 ～ていく ~해 가다

282 手《て》を取《と》り合《あ》う 손을 맞잡다, 서로 손을 잡다 283 恋《こい》しい 그립다

八

284 離《はな》ればなれ 따로따로 떨어짐, 뿔뿔이 흩어짐 285 ～ぐらいなら ~정도라면 286 訴《うった》える 호소하다 287 たわけた話《はなし》 실없는 이야기 288 引《ひ》きずる 질질 끌다, 억지로 끌고가다 289 婢《はしため》 하녀 290 命《めい》じる 명하다 291 ～とおり ~대로 292 童《わらべ》ども 아이들 293 引《ひ》き分《わ》ける 억지로 갈라 놓다 294 ～ところ ~한 바 295 元《もと》も子《こ》もない 원금도 이자도 없어지다, 깡그리 없어지다 296 任《まか》せる 맡기다 297 損《そん》 손해 298 脇《わき》を向《む》く 엉뚱한 데를 향하다, 딴 데를 향하다 299 見《み》回《まわ》る 돌아보다, 둘러보다 300 いじめる 괴롭히다 301 けんか 싸움 302 盗《ぬす》み 도둑질 303 取《と》り締《し》まる 단속하다 304 いくら～ても 아무리 ~해도 305 なお 역시, 더욱, 또한 306 ～あまりに ~한 나머지 307 逃《に》げ出《だ》す 도망치다, 달아나기 시작하다 308 算段《さんだん》 변통함, 돈이나 물건을 마련할 대책을 세움 309 丈《じょう》夫《ぶ》 튼튼함, 건강함 310 無《む》理《り》 무리 311 かまう 상관하다, 보살피다, 놀리다 312 お目《め》にかかる 만나 뵙다 313 伺《うかが》う 여쭙다, 방문하다 314 ～がいい ~(하는) 것이 좋다 315 ところが 그렇지만 316 運《うん》が悪《わる》い 운이 나쁘다 317 ～ことに ~하게도 318 たまたま 가끔, 간혹, 우연히 319 耳《みみ》にする 듣다 320 ぬっと 불쑥, 우뚝 321 鬼《おに》 도깨비, 귀신 322 形相《ぎょうそう》 형상 323 睨《にら》みつける 매섭게 쏘아보다 324 たくらみ 기도, 계획, 음모 325 逃亡《とうぼう》の企《くわだ》て 도망 계획 326 館《やかた》 여관, 공공의 건물, 큰 건물 327 蒼白《そうはく》 창백 328 言《こと》葉《ば》の弾《はず》み 이야기의 경위, 어쩌다 한 이야기 329 本《ほん》気《き》 본심 330 言《い》い訳《わけ》 변명 331 確《たし》かに 분명히, 확실히 332 手《て》を掴《つか》む 손을 잡다 333 引《ひ》っ張《ぱ》る 잡아당기다 334 大勢《おおぜい》 많은 사람 335 手《て》下《した》 부하, 수하 336 何《なに》やら 무엇인가, 어쩐지 337 耳元《みみもと》 귓가 338 つぶやく 중얼거리다 339 炭《すみ》火《び》 숯불 340 (火《ひ》が) おこる (불이) 피다, (불이) 피어오르다 341 炉《ろ》 화로 342 適《かな》う 대적하다, 당해내다 343 合《あい》図《ず》をする 신호를 하다 344 火《ひ》箸《ばし》 부젓가락 345 抜《ぬ》き出《だ》す 빼다, 빼내다, 골라내다 346 引《ひ》き寄《よ》せる 끌어당기다, 가까이 잡아끌다 347 十文《じゅうもん》字《じ》 십자형 348 悲《ひ》鳴《めい》 비명 349 響《ひび》き渡《わた》る 울려퍼지다 350 引《ひ》き起《お》こす 일으키다, 다시 일으키다 351 ジュウ 어떤 물체가 뜨거운 것에 닿는 소리 352 まるで 마치 353 楽《たの》しむ 즐거워하다, 즐기다 354 ～かのように ~할 것 처럼 355 残忍《ざんにん》 잔인함 356 首《くび》根《ね》っこ 목덜미 357 放《ほう》り出《だ》す 밖으로 내던지다, 난폭하게 내팽개치다

九

358 よろよろ 비틀비틀, 비칠비칠 359 死《し》骸《がい》 시체, 송장 360 お守袋《まもりぶくろ》 부적 주머니 361 枕元《まくらもと》 배갯머리, 머리맡 362 神仏《しんぶつ》に頼《たよ》る 신불에 의지하다 363 祈《いの》る 기도하다, 기원하다 364 必《ひっ》死《し》 필사 365 痛《いた》み 아픔, 고통 366 掻《か》き消《け》す 완전히 지우다 367 触《ふ》れる 닿다, 스치다, 눈에 띄다 368 手《て》のひら 손바닥 369 撫《な》でる 쓰다듬다 370 瞬《またた》く間《ま》に 눈깜짝할 사이에, 순식간에 371 はっとする 깜짝 놀라다 372 鮮《あざ》やか 선명함 373 刻《きざ》む 잘게 썰다, 새기다 374 ～を境《さかい》に ~을 경계로 375 眉《まゆ》に皺《しわ》が寄《よ》る 눈썹에 주름이 잡히다 376 思《おも》い詰《つ》める 골똘히 생각하여 결심하다, 외곬으로 깊이 생각

하다 377 はるか 아득히 378 すっかり 완전히, 깨끗이 379 無口《むくち》 말이 없음 380 小雪《こゆき》が舞《ま》う 눈이 조금 흩날리다 381 糸《いと》を紡《つむ》ぐ 실을 잣다 382 温《ぬる》む 미지근해지다 383 草《くさ》が萌《も》える 풀이 움트다, 풀이 싹트다 384 正《まさ》に 바로, 확실히, 정말로 385 進《すす》み出《で》る 앞으로 나가다 386 ～について ~에 대해서 387 取《と》り計《はか》らう 조처하다, 배려하다 388 ～ずに(=ないで) ~하지 않고 389 じっと 가만히, 꼼짝하지 않고, 꾹 390 わし(＝俺) 나 391 なんとか 어떻게 392 取《と》りなす 중재하다, 무마하다, 달래다 393 何《なに》はさておき 딴 일을 제쳐놓고라도, 먼저 394 冬《ふゆ》を過《す》ごす 겨울을 지내다 395 口添《くちぞ》え 조언 396 大童《おおわらわ》 힘껏 노력하거나 분투하는 모양 397 胸《むね》を刺《さ》す 가슴을 찌르다 398 手《て》にする 손에 쥐다, 손에 넣다, 입수하다 399 迷《まよ》い 망설임, 헤맴, 헷갈림 400 ～かのように ~인 것처럼 401 ざくり 푹, 짝(쪼개지거나 찢어지는 모양) 402 切《き》り取《と》る 잘라내다, 일부를 도려내다, 빼앗다

十

403 明《あ》くる朝《あさ》 다음날 아침 404 麓《ふもと》 산기슭 405 こらえかねる 억제하기 힘들다, 참을 수가 없다 406 ～かねる (동사 ます 형에 붙어) ~하기 어렵다 407 隠《かく》す 숨기다, 감추다 408 本心《ほんしん》 본심 409 ～(よ)うとしない ~하려고 하지 않다 410 菫《すみれ》の花《はな》 제비꽃 411 晴《は》れやか 마음이 영령한 모양, 쾌청한 모양, 화려한 모양 412 辺《あた》り 주변, 언저리 413 ずんずん 부쩍부쩍, 성큼성큼, 척척 414 頂上近《ちょうじょうちか》く 정상 가까이, 정상 근처 415 急《きゅう》に 갑자기 416 真剣《しんけん》 진지함, 심각함 417 表情《ひょうじょう》 표정 418 詳《くわ》しい 자세하다, 상세하다 419 都《みやこ》 천황의 궁궐이 있는 곳, 수도, 도시 420 たやすい 손쉽다, 용이하다, 만만하다 421 きっと 꼭, 틀림없이 422 逃《に》げ延《の》びる 붙잡히지 않고 멀리 달아나다, 멀리 도망치다 423 ～へ上《のぼ》る ~으로 올라가다 424 ご加護《かご》 가호 425 よき人《ひと》 좋은 사람 426 出《で》会《あ》う 만나다 427 ～へ下《くだ》る ~으로 내려가다 428 身《み》の上《うえ》 신상, 처지, 사람의 운명, 신수 429 ～(よ)う ~하려고 430 頬《ほほ》を伝《つた》う 볼을 타고 흘러내리다 431 かまう 상관하다, 개의하다, 보살피다, 건드리다 432 ひどい目《め》 심한 꼴 433 遭《あ》う 만나다, 당하다 434 耐《た》え抜《ぬ》く 견디어내다, 이겨내다 435 ～抜《ぬ》く (동사 ます 형에 붙어) 끝까지 ~하다, 몹시 ~하다 436 毅然《きぜん》とする 의연하다, 꿋꿋하고 단호하다 437 後《うし》ろ姿《すがた》 뒷모습 438 背《そむ》く 등지다, 어기다, 거역하다 439 木《こ》立《だ》ち 나무숲, 또는 그 나무들 440 落《お》ち葉《ば》 낙엽 441 腰《こし》を下《お》ろす 앉다 442 取《と》り出《だ》す 꺼내다, 골라내다 443 手《て》渡《わた》す 손수 건네다, 직접 전하다 444 預《あず》ける 맡기다, 보관시키다, 위임하다 445 危《あぶ》ない目《め》 위험한 경우 446 追《お》っ手《て》がかかる 추적자가 뒤쫓다 447 追《お》いつかれる 따라잡히다 448 ～に決《き》まっている ~일 것임에 뻔하다 449 川《かわ》の上手《かみて》 강의 상류 450 隠《かく》す 숨기다, 감추다 451 ～しだい ~에 따라서 452 開《ひら》ける運《うん》 트일 운 453 ～とおりに ~대로 454 別《わか》れを告《つ》げる 이별을 고하다 455 一目散《いちもくさん》に 곁눈질 한 번 않고 곧장 내달리는 모양, 쏜살같이 456 坂道《さかみち》 언덕길 457 駆《か》け下《お》りる 뛰어 내려가다 458 ～に沿《そ》って ~을 따라 459 街道《かいどう》 가도 460 幸《さいわ》い 다행 461 人通《ひとどお》り 사람의 왕래 462 岸沿《きしぞ》い 물가 463 川上《かわかみ》 강의 상류 464 見《み》届《とど》ける 끝까지 지켜보다, 끝까지 보고 확인하다 465 素《そ》矢《し》らぬ顔《かお》 시치미를 뗀 얼굴 466 問《と》いただす 캐묻다, 따지다, 추궁하다 467 口《くち》を開《ひら》く 입을 열다 468 差《さ》し向《む》ける 보내다, 파견하다, 그쪽으로 돌리다 469 拷問室《ごうもんしつ》 고문실 470

鞭《むち》で打《う》つ 채찍으로 때리다 471 水《みず》責《ぜ》め 물 고문 472 火《ひ》責《ぜ》め 불 고문 473 膝《ひざ》の皿《さら》 슬개골, 종지뼈 474 錐《きり》 송곳 475 穴《あな》を開《あ》ける 구멍을 뚫다 476 おぞましい 역겹다, 불쾌하다 477 拷問《ごうもん》を加《くわ》える 고문을 가하다 478 怒声《どせい》 노성, 화난 목소리 479 うめき声《ごえ》 신음소리 480 ついに 드디어, 마침내 481 耐《た》えがたい 참을 수 없다, 견디기 어렵다 482 ～がたい (동사 ます형에 붙어) ~하기 어렵다, ~할 수 없다 483 息絶《いきた》える 숨이 끊어지다 484 舌打《したう》ちする 혀를 차다, 입맛을 다시다 485 唾《つば》を吐《は》きかける 침을 뱉다 486 迫《せま》る 닥치다, 임박하다, 다가오다

十一

487 声《こえ》を限《かぎ》りに 목청껏 488 あわやこれまで 하마터면 끝장 489 駆《か》け込《こ》む 뛰어들다, 뛰어 들어가다 490 再《ふたた》び 다시, 재차 491 松明《たいまつ》が乱《みだ》れる 횃불이 흐트러지다 492 薙刀《なぎなた》 왜장도 493 逃《に》げ込《こ》む 도망쳐 들어가다, 숨다 494 ～とすれば ~이라고 한다면 495 僧侶《そうりょ》 승려 496 悪名高《あくめいたか》い 악명이 높다 497 手下《てした》 수하, 부하 498 ～まいとする ~하지 않을 거라고 하다, ~하지 않겠다고 하다 499 本堂《ほんどう》 본당, 법당 500 扉《とびら》 문짝 501 威厳《いげん》に満《み》ちる 위엄에 가득차다 502 一瞬《いっしゅん》 일순간 503 静《しず》まる 조용해지다 504 下人《げにん》 하인, 비천한 사람 505 許可《きょか》 허가 506 ～なくして ~없이 507 見知《みし》らぬ者《もの》 낯선 사람 508 よかろう 좋을 것이다 509 だが 하지만 510 帝《みかど》 천황, 황실, 궁중 511 狼藉《ろうぜき》を働《はたら》く 난폭한 행동을 하다 512 お主《ぬし》ら 너희들, 자네들 513 ただでは済《す》まない 그대로는 끝나지 않는다 514 訴《うった》える 호소하다 515 首《くび》が飛《と》ぶ 목이 날아가다 516 歯《は》ぎしり 이를 갊 517 打《う》ち破《やぶ》る 쳐부수다, 무찌르다, 격파하다 518 踏《ふ》み込《こ》む 힘차게 발을 내딛다, 발을 들여놓다, 덮치다 519 ～だけの ~정도의, ~만큼의 520 勇気《ゆうき》 용기 521 鐘楼守《しょうろうもり》 종루(종각)를 지키는 사람 522 親爺《おやじ》 노인, 영감, 가게 주인, 회사 사장 523 もしや 어쩌면, 혹시나 524 小童《こわっぱ》 풋내기, 애송이 525 先《さき》ほど 아까, 조금 전 526 築泥《ついじ》 토담 527 駆《か》ける 전속력으로 달리다, 뛰어가다 528 ～まい ~하지 않겠다(의지), ~하지 않을 것이다(추측) 529 追《お》いかける 뒤쫓아가다, 추적하다 530 行列《ぎょうれつ》 행렬

十二

531 頭《あたま》を剃《そ》る 삭발하다 532 僧衣《そうい》 승복 533 まとう 걸치다 534 昼間《ひるま》 낮, 주간 535 行《ゆ》く先々《さきざき》 가는 곳마다 536 目《め》と鼻《はな》の先《さき》 엎어지면 코 닿을 데 537 踵《きびす》を返《かえ》す 발길을 돌리다, 돌아서다 538 僧形《そうぎょう》 승려의 모습(행색) 539 見《み》るからに 언뜻 보기에도, 보기만 해도 540 高貴《こうき》 고귀 541 身《み》なり 옷차림, 옷을 입은 모습, 몸매 542 関白《かんぱく》 관백, 헤이안시대 이후 천황을 보좌하여 정무를 맡았던 최고의 중직 543 平癒《へいゆ》 병이 나음 544 夕《ゆう》べ 어젯밤 545 参《まい》る (行《い》く, 来《く》るの 겸양어) 오다, 가다 546 仏《ほとけ》のお告《つ》げ 부처님의 계시 547 拝《おが》む 절하다 548 ともども 모두 함께, 다 같이 549 つぶさに 자세하게, 소상히, 죄다, 빠짐없이 550 ～なり ~하자마자 551 ～こそ ~이야말로 552 かねて 미리, 전부터 553 聞《き》き及《およ》ぶ 전해 듣다, 들어서 알다 554 百済《くだら》の国《くに》 백제국 555 ～からには ~한 이상 556 左遷《させん》する 좌천하다 557 嫡子《ちゃくし》 적자, 적출자 558 ～に相違《そうい》ない ~임에 틀림없다 559 滞在《たいざい》する 체재하다 560 病《やまい》の床《とこ》につく

병상에 들다 561 日《ひ》に日《ひ》に 날마다, 날이 갈수록 562 還俗《げんぞく》する 환속하다 563 ～と同時《どうじ》に ~와 동시에 564 赦免状《しゃめんじょう》 사면장 565 遣《つか》い 심부름, 사자 566 元《げん》服《ぷく》 원복, 관례, 성인식, 에도시대에 여자가 결혼하여 눈썹을 밀고 이를 검게 물들이며, 머리를 쪽지던 풍습 567 名《な》のる 자기 이름이나 신분을 대다 568 やつれる 수척해지다, 까칠해지다

十三

569 朝廷《ちょうてい》 조정 570 政《まつりごと》 정사, 영토와 국민을 다스림 571 ～における ~에 있어서의, ~의 경우의 572 すぐさま 즉시, 당장 573 赴《おもむ》く 향하여 가다, 어떤 상태로 향하다 574 家財産《いえざいさん》 집재산 575 没収《ぼっしゅう》する 몰수하다 576 解放《かいほう》する 해방하다 577 所在《しょざい》 소재 578 いたわる 친절히 대하다, 돌보다, 노고를 위로하다 579 責《せ》め殺《ころ》す 괴롭혀 죽이다, 고문해 죽이다 580 震《ふる》える 떨리다, 흔들리다 581 直《ただ》ちに 곧, 당장 582 鋸《のこぎり》引《び》きの刑《けい》 톱질형 583 ～て以来《いらい》 ~한 이래 584 僧門《そうもん》 승문, 불가 585 咎《とが》め 책망, 비난, 가책, 벌 586 火《ひ》あぶりの刑《けい》 화형 587 行方《ゆくえ》 행방 588 思案《しあん》に暮《く》れる 어떻게 해야 할지 몰라 궁리에 빠지다 589 ～ともなく 특별히, 문득, 작정없이 590 遊女《ゆうじょ》 유녀, 중세의 기생, 창녀 591 土塀《どべい》 토담, 흙담 592 古《ふる》びる 낡다, 헐다 593 百姓《ひゃくしょう》家《や》 농가 594 粟《あわ》の穂《ほ》 좁쌀이삭 595 干《ほ》す 말리다 596 ござ 돗자리 597 乞食《こじき》 거지 598 ぼろを着《き》る 누더기를 입다 599 なにやら 무엇인가, 무엇인지, 어쩐지 600 懐《なつ》かしさ 그리움 601 こみ上《あ》げる 솟다, 감정이 치밀다, 복받치다 602 耳《みみ》を澄《す》ます 귀를 기울이다 603 恋《こい》しい 그립다 604 疾《と》う疾《と》う 빨리 빨리 605 逐《お》う 쫓다 606 駆《か》け寄《よ》る 달려들다, 달려가다 607 脱走《だっそう》 탈주 608 図《はか》る 도모하다, 꾀하다 609 失敗《しっぱい》する 실패하다 610 足《あし》の筋《すじ》 발목, 발의 근육 611 申《もう》しわけない 죄송하다 612 存《ぞん》じる (知《し》る의 겸양어) 알다 613 止《と》めどなく 그칠 줄 모르고, 끊임없이 614 涙《なみだ》が湧《わ》く 눈물이 솟다 615 手《て》で探《さぐ》る 손으로 더듬다 616 確《たし》かに 확실히 617 両方《りょうほう》 양쪽 618 潤《うるお》い 습기, 눅눅함, 마음의 여유, 혜택 619 戻《もど》る 돌아가다 620 さめざめと 하염없이, 주룩주룩 621 夕《ゆう》陽《ひ》 석양 622 夕《ゆう》焼《や》け 저녁놀 623 染《そ》める 물들이다

표현 문형

1 ~よりほかない ~할 수밖에 없다 / 접속 : 동사(る) + よりほかない

…▸ こうなっては、また一から出直《でなお》すよりほかない。
이렇게 되어서는 또 처음부터 다시 시작할 수밖에 없다.

…▸ 手術《しゅじゅつ》をするよりほか、この患者《かんじゃ》を救う道はありません。
수술을 하는 것 외에는 이 환자를 구할 길은 없습니다.

…▸ どう答えていいのかわからず、笑ってごまかすよりほかなかった。
어떻게 대답하면 좋을지 몰라서, 웃으며 얼버무릴 수밖에 없었다.

2 ~にしては ~치고는 / 접속 : 명사, 보통체 + にしては

…▸ 子供にしては、ずいぶん難《むずか》しい言葉を知っているね。
아이치고는 꽤 어려운 단어를 알고 있네.

…▸ 日本語の勉強を始めたばかりにしては、なかなか会話がうまい。
막 일본어 공부를 시작한 것치고는 상당히 회화를 잘한다.

…▸ 彼は大きい体にしては力がない。
그는 큰 몸치고는 힘이 없다.

3 ~はともかく ~은 어찌 됐든 간에, ~은 그렇다치고 / 접속 : 명사 + はともかく

…▸ この料理《りょうり》は、見《み》かけはともかく、味《あじ》はいい。
이 요리는 겉보기는 어찌 됐든 간에 맛은 좋다.

…▸ 細《こま》かい点《てん》はともかく、全体的《ぜんたいてき》に見ればうまくいっている。
세세한 점은 어찌 됐든 간에, 전체적으로 보면 잘 되어가고 있다.

…▸ 勝敗《しょうはい》はともかく、明日の試合には全力を尽くそう。
승패는 어찌 됐든 간에 내일 시합에는 전력을 다하자.

4 ~さえ~ば

~만 ~하면 /
접속 : さえ + 동사(ば), い형용사(ければ), な형용사(なら), 명사(なら) + ば

···▸ 金さえあれば、何でもできるという風潮《ふうちょう》が支《し》配的《はいてき》だ。
돈만 있으면 뭐든지 할 수 있다는 풍조가 지배적이다.

···▸ 君は、自分さえよければ、他人はどうなってもいいというのか。
너는 너만 좋다면 다른 사람은 어떻게 되도 상관없다는 거냐?

···▸ 品質《ひんしつ》が良くさえあれば、多少高くても、物は売れます。
품질이 좋기만 하다면, 다소 비싸도 물건은 팔립니다.

5 ~からこそ

~때문에, ~이기에(강조) / 접속 : 보통체 + からこそ

···▸ 君のことを心配《しんぱい》するからこそ、注意《ちゅうい》しているのだ。
너를 걱정하기 때문에, 주의하고 있는 것이다.

···▸ 健康《けんこう》だからこそ、幸せな日々が過ごせるのよ。
건강하기 때문에, 행복한 나날을 보낼 수 있는 거야.

···▸ 愛するからこそ、別れるということもある。
사랑하기 때문에, 헤어지는 일도 있다.

6 ~上に

~뿐만 아니라 /
접속 : 보통체[な형용사(な, である), 명사(の, である)] + 上に

···▸ この辺《あた》りは閑静《かんせい》な上に、駅からもそれほど遠くない。
이 주변은 한산할 뿐만 아니라, 역으로부터도 그다지 멀지 않다.

···▸ この店は、値段が高い上に、サービスも悪いときいている。
이 가게는 가격이 비쌀 뿐만 아니라, 서비스도 나쁘다고 듣고 있다.

···▸ 彼女は艶《あで》やかな上に教養《きょうよう》もある、まさに才色兼《さいしょくけん》備《び》の女性だ。
그녀는 고운 데다가 교양도 있는 그야말로 재색을 겸비한 여성이다.

7 ～かねる ~하기 어렵다, ~할 수 없다 / 접속 : 동사(ます형) + かねる

…› あなたの意見には、私は賛成しかねます。

당신의 의견에는 저는 찬성할 수 없습니다.

…› いじめに耐えかねて、中学一年生の男の子が自殺した。

괴롭힘에 못 견뎌서, 중학교 1학년 남학생이 자살했다.

…› 当館《とうかん》では、傘《かさ》の保管《ほかん》には責任《せきにん》を負《お》いかねます。

본 관에서는 우산 보관에는 책임을 지기 어렵습니다.

8 ～以上 ~한 이상 / 접속 : 보통체[な형용사(である), 명사(である)] + 以上

…› お引き受けした以上、精一杯《せいいっぱい》の努力《どりょく》はするつもりです。

받아들인 이상, 있는 힘껏 노력은 할 생각입니다.

…› こうなった以上、オレが責任を取って辞めるしかない。

이렇게 된 이상, 내가 책임을 지고 사퇴할 수밖에 없다.

…› 日本語を学《まな》ぶ以上、日本の文化も学ばなくてはなりませんね。

일본어를 배우는 이상, 일본의 문화도 배우지 않으면 안 되겠네요.

9 ～しだい ~에 따라서 / 접속 : 명사 +しだい

…› この世の中は、お金しだいでなんとでもなる。

이 세상 속은 돈에 따라서 뭐든지 된다.

…› するかしないかは、あなたしだいです。

할지 하지 않을지는 당신에게 달려 있습니다.

…› 結婚《けっこん》した相手しだいで、人生が変わってしまうことがある。

결혼한 상대에 따라서, 인생이 바뀌어버리는 경우가 있다.

10 ～がたい

~하기 어렵다 / 접속 : 동사(ます형) + がたい

···▸ 信じがたいことだが、それは実際《じっさい》に起こったことなのだ。

믿기 어려운 일이지만, 그것은 실제로 일어난 일이다.

···▸ 天才《てんさい》の発想《はっそう》というのは、凡人《ぼんじん》には理解《りかい》しがたいものだ。

천재의 발상이라는 것은 평범한 사람에게는 이해하기 어려운 법이다.

···▸ このような侮辱《ぶじょく》は、私には耐えがたいことだ。

이러한 모욕은 나로서는 참기 어려운 일이다.

확인 문제

● 실력을 확인해 보세요.

1 適当なものを選んで、文を完成させてください。

1. にしては / さえ / からこそ / 以上 / しだい

① 中学生が書いた小説(　　　)、実に内容のあるみごとなできばえだ。

② 人一倍の努力をした(　　　)、彼は事《じ》業《ぎょう》家《か》として成功したのだ。

③ この資料、コピーでき(　　　)、会議室に届けてください。

④ 君が僕の側にいてくれ(　　　)すれば、僕は何も要らない。

⑤ 一旦契約《いったんけいやく》を交わした(　　　)、守ってもらわなければ困ります。

2. よりほかない / ねばならない / ぬく / かねる / がたい

① 申しわけないが、あなたのご意見には賛成し(　　　)。

② 君に話しておか(　　　)ことがある。

③ 会社の方針に従えないと言うのであれば、辞めてもらう(　　　)ね。

④ すぐには信じ(　　　)だろうが、これは本当の話なんだ。

⑤ グローバル経済の下で、国際競争《こくさいきょうそう》に勝ち(　　　)ことは容易ではない。

2 文章の内容と合っているものに○、合っていないものに×を入れてください。

①( ) 乳母の姥竹だけが、山岡大夫が人さらいではないかと疑っていました。

②( ) 安寿と厨子王は、母親と乳母と別の船に乗せられ、売られていきました。

③( ) 安寿と厨子王は山椒大夫の屋敷に売られ、そこで奴隷にさせられました。

④( ) 安寿と厨子王を別々にしなかったのは、死なれては困ると思ったからです。

⑤( ) 安寿と厨子王は、何度も屋敷を逃げ出そうとしましたが、失敗しました。

⑥( ) 安寿は厨子王だけでも逃がしてやりたいと、密かに機会を待っていました。

⑦( ) 厨子王は関白師実の下で元服し、やがて丹後の国守へと出世しました。

⑧( ) 国守となった厨子王は、早速、丹後に行き、姉と母の行方を捜しました。

⑨( ) 厨子王がやっと母を捜し出した時、母は盲目で、乞食のような姿でした。

MEMO

MEMO